COLLECTED WRITINGS OF
ASIA-PACIFIC STUDIES

Volume 12

亚太研究论丛

第十二辑

北京大学亚洲-太平洋研究院 编

图书在版编目(CIP)数据

亚太研究论丛. 第12辑/北京大学亚洲-太平洋研究院编. —北京:北京大学出版社,2016.1
 ISBN 978 – 7 – 301 – 26692 – 2

Ⅰ. ①亚… Ⅱ. ①北… Ⅲ. ①亚太地区—研究—文集 Ⅳ. ①D730.0 – 53

中国版本图书馆 CIP 数据核字(2015)第 315035 号

书　　　名	亚太研究论丛·第十二辑 YA-TAI YANJIU LUNCONG
著作责任者	北京大学亚洲-太平洋研究院　编　李谋　吴杰伟　执行主编
责 任 编 辑	胡利国
标 准 书 号	ISBN 978 – 7 – 301 – 26692 – 2
出 版 发 行	北京大学出版社
地　　　址	北京市海淀区成府路 205 号　100871
网　　　址	http://www.pup.cn
电 子 信 箱	ss@ pup.pku.edu.cn
新 浪 微 博	@北京大学出版社
电　　　话	邮购部 62752015　发行部 62750672　编辑部 62753121
印 刷 者	北京宏伟双华印刷有限公司
经 销 者	新华书店 730 毫米×980 毫米　16 开本　19.5 印张　310 千字 2016 年 1 月第 1 版　2016 年 1 月第 1 次印刷
定　　　价	40.00 元

未经许可,不得以任何方式复制或抄袭本书之部分或全部内容。
版权所有,侵权必究
举报电话: 010 – 62752024　电子信箱: fd@ pup.pku.edu.cn
图书如有印装质量问题,请与出版部联系,电话: 010 – 62756370

亚太研究论丛

第十二辑

北京大学亚洲-太平洋研究院 编

执行主编 李 谋 吴杰伟

目　录

专论

亚太经济合作组织框架下的绿色供应链发展：政策含义
　　与发展前景 ……………………………… 周国梅　谢来辉　李　霞（3）
中国古代诗歌中的自然观浅探 …………………………… 程郁缀（17）

东北亚研究

中国在第二次世界大战中的地位和作用评析 ……………… 梁云祥（27）
中日相互认识的演变及思考 ……………………………… 李　玉（36）
日本高校与东京都携手环保事业合作培养环保人才 … 〔日〕小矾明（64）
从半岛三韩到三国时代
　　——古代韩半岛的国家认同历程 ……………………… 王小甫（74）
试论高丽"变异"唐律的原因、方法与效果 ……………… 张春海（86）
建设中蒙俄经济走廊的有利条件与不利因素 ……………… 王　浩（109）

东南亚研究

2014 年中国—东盟经贸合作回顾与展望 ………………… 袁　波（125）
中国企业投资东南亚的机遇与挑战 ………………………… 刘新生（134）

南亚研究

走进 21 世纪的亚洲两巨人 ………………………………… 尚会鹏（145）
中巴经济走廊：当前争论与前景思考 ……………………… 张　元（158）

拉丁美洲研究

巴西城市化进程初探 ………………………………………… 陈　禹（173）
1910 年前墨西哥农村社会关系的变化与革命的根源
　　——以莫雷洛斯州和奇瓦瓦州为中心 ………………… 董经胜（190）

妇女问题研究

由2015 年联合国第 59 届妇女地位委员会暨非政府组织周边会议
　　看《北京宣言》暨《行动纲领》二十年后的女性行动 ……… 叶德兰（211）
《北京行动纲领》实施 20 年来韩国的主要法律进展
　　及课题 ……………………………………………〔韩〕李露利（221）
为妇女发声而设的跨界别全面方案：以性骚扰为例 ……… 张妙清（236）
自主与唯我论的客体化：女性主义关于色情观的
　　多元辨析 …………………………………………〔美〕苑莉均（245）

学术著作评介

《中国特色社会主义妇女理论研究》评介 …………………… 金　梦（261）
求真求实续新篇
　　——评三卷本新版《中韩关系史》……………………… 吴　康（269）
首届姚楠翻译奖与获奖的七部东南亚译著
　　………………………………………… 陈静怡　宋研若然　马学敏（276）

北京大学亚太研究院 2014 年活动简报 ……………………………（292）
编后语 ………………………………………………………………（295）
稿约 …………………………………………………………………（302）

Contents

Special Report

APEC Green Supply Chain: Policy Implications and Development Trends
·· Zhou Guomei Xie Laihui Li Xia (3)
The View of Nature in Chinese Ancient Poetry ············ Cheng Yuzhui (17)

Studies on North East Asia

The Evaluation of China's Role and Effect
　　in the World War II ···································· Liang Yunxiang (27)
Study on the Evolution of Mutual Understanding
　　Between China and Japan ································ Li Yu (36)
The Japanese Universities Cooperate with Tokyo to Train
　　Personnel in Environmental Protection ······ [Japan] Koiso Akira (64)
From Samhan Era to Three Kingdoms Era: the Nation Recognition
　　of Ancient Korea ·· Wang Xiaofu (74)
Study on the Transformation of the Korean Legal System from Tang Dynasty:
　　the Reasons, Methods and Impacts ················· Zhang Chunhai (86)
The Favorable and Unfavorable Factors in the Construction of
　　China-Mongolia-Russia Economic Corridor ············ Wang Hao (109)

Studies on South East Asia

Review and Forecast of China-ASEAN Economic Cooperation
　　in 2014 ··· Yuan Bo (125)
Chinese Enterprises' Investment in ASEAN: Opportunities and
　　Challenges ··· Liu Xinsheng (134)

Studies on South Asia

Asian Giants: An Insight of China and India in the 21st
　　Century ·· Shang Huipeng （145）
China-Pakistan Economic Corridor: Current Debate and Prospect
　　Thoughts ·· Zhang Yuan （158）

Studies on Latin America

Study on the Brazilian Urbanization ························· Chen Yu （173）
The Change of the Rural Social Relations and the Origin of the 1910 Revolution
　　in Mexico: Focus on Morelos and Chihuahua ··· Dong Jingsheng （190）

Studies on Women

Beijing +20 and Beyond: Observations at the 2015 UN CSW
　　································· Yeh Theresa Der-Lan （211）
The Major Legal Progress and Challenges in Korea over the Last 20 Years
　　after the Adoption of the Beijing Platform for Action
　　································· [Korean S.] Yi Lori （221）
A Comprehensive Cross-Domain Approach for Women in Action: The Case
　　of Sexud Harassment ······················· Fanny M. Cheung （236）
The Objectification of Autonomy and Solipsism: Analysis on the
　　Diversity of the Feminist Critiques of Pornography
　　································· [USA] Yuan Lijun （245）

Academic Review

Review of "Research on Feminist Theory in Socialism with
　　Chinese Characteristic" ··························· Jin Meng （261）
In Seek of Truth: A Review of the Revised Edition of "A History
　　of Sino-Korean Relations" ······················· Wu Kang （269）
The First Yao Nan Translation Prize and Seven Prize-winning Translated Southeast
　　Asian Books ········ Chen Jingyi, Song Yanruoran, Ma Xuemin （276）

Peking University Asian-Pacific Institution 2014 Annual Report ··· （292）
Postscript ·· （295）
Notice for Authors ·· （302）

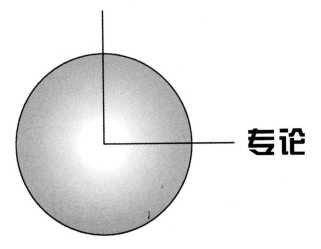

亚太经济合作组织框架下的绿色供应链发展：政策含义与发展前景

周国梅　谢来辉　李霞

【内容提要】 绿色供应链是追求经济和环境相平衡的供应链，通常定义为利用绿色可持续发展的理念来设计供应链的各个环节，包括采购、生产、包装、流通、消费和循环利用等。绿色供应链旨在降低产品生命周期的每个环节对环境的压力和影响力，促进企业遵守环境法规和标准，提高环境绩效，提升供应链效率和有效性，从而实现经济和环境效益双赢，是一种缘于市场机制的环境管理手段创新。从宏观层面来看，绿色供应链可以成为政府引导的新型管理手段，政府通过绿色采购、绿色金融、绿色贸易等手段，提供适当激励和管理规范，引导供应链上的企业以基本的环境政策为基础，进而达到更高层次的产品和服务绿色化，倡导生态标识和最佳实践，从而达到节能减排和改善环境质量的目的。在亚太区域机制下提出建立绿色供应链合作网络，有助于推动绿色贸易，促进区域绿色增长。

【关键词】 绿色供应链；环境产品与服务；实践与政策

2014年11月，亚太经济合作组织（简称 APEC）第二十二次领导人非正式会议在北京举办，会议主题是"共建面向未来的亚太伙伴关系"。会议发表了《北京纲领：构建融合、创新、互联的亚太——亚太经合组织第二十二次领导人非正式会议宣言》。《北京宣言》第22条明确提出："我们积极评价亚太经合组织绿色发展高层圆桌会议及《亚太经合组织绿色发展高层圆桌会议宣言》，同意建立亚太经合组织绿色供应链合作网络。我们批准在中国天津建立首个亚太经合组织绿色供应链合作网络示范中心，并鼓励其他经济体建立示范中心，积极推进相关工作。"该项倡议成为 APEC 领导人会议下正式达成的关于环境保护与绿色发展的合作成果，标志着亚太经合组织绿色供应链合作网络建设正式启动，开启了亚太框架下绿色发展与环境保护的新进程。本文就绿色供应链的概念及对亚太区域和中国环境与发展的意义、亚太绿色供应链合作网络的建设意义、重点及发展趋势进行了分析阐述，并从国际、国内两个层面提出了有关政策建议。

一、绿色供应链发展的概念与背景

绿色供应链是追求经济和环境相平衡的供应链，源自20世纪90年代美国的企业管理学界，通常定义为利用绿色可持续发展的理念来设计供应链的各个环节，包括采购、生产、包装、流通、消费和循环利用等。绿色供应链旨在降低产品生命周期的每个环节对环境的压力和影响力，促进企业遵守环境法规和标准，提高环境绩效，提升供应链效率和有效性，从而实现经济和环境效益双赢，是一种缘于市场机制的环境管理手段创新。

目前，国内国际一些著名大型企业都在积极推行绿色供应链管理，通过对供应链上的企业进行统一的节能环保要求，提高企业的环境绩效，降低其对环境的负面影响，实现绿色、低碳的发展要求，以履行企业社会责任，提升品牌绿色影响力。

我国作为制造业与贸易大国，各行业产业链体系相对完整，以机电、汽车、物流企业为主的行业又是主导行业，其中有很多自主创新意愿强烈、富有社会责任意识的大型企业。引入绿色供应链管理实践，将促进供应链上的企业进行绿色改革，有利于创新政府环境经济政策手段，完善企业环境管理模式，借助市场的力量建立开放的、激励和倡导型的管理机制，为深入推进市场化的节能减排、促进绿色转型进行有益尝试。

从宏观层面来看，绿色供应链可以成为政府引导的新型管理手段，政府通过绿色采购、绿色金融、绿色贸易等手段，提供适当的激励和管理规范，引导供应链上的企业从最基本的环境政策合规做起，进而达到更高层次的产品和服务绿色化，倡导生态标识和最佳实践，从而达到节能减排和改善环境质量的目的。

二、APEC框架下推进绿色供应链议题的分析

2014年在APEC框架下达成共同建设绿色供应链合作网络的倡议，是

在APEC机制下推动环境保护合作的重大突破。在全球化时代，各国都积极加入到全球供应链之中，因此绿色供应链的发展必然也是"全球供应链的绿色化"。在APEC框架下开展绿色供应链网络建设有利于推动区域绿色转型与发展，促进中国将绿色、低碳发展要求融入向全球产业链的中高端转型进程中。

（一）APEC的环境议题一直以来缺乏动力，尚未取得较大进展，绿色供应链成为突破点

APEC的主要职能表现在三大方面：贸易投资自由化、贸易便利化和经济技术合作，也被称为APEC的"三大支柱"。随着世界经济的不断发展，APEC各成员除了在"三大支柱"上展开合作之外，还在其他许多领域进行了合作，可持续发展与环境保护是其中的重要领域之一。

1994年3月，在温哥华召开了第一届APEC环境部长会议，其中提出APEC应该在处理全球环境问题上率先行动，并且肯定了市场经济在实现可持续发展方面的作用。当年8月的名人小组（EPG）会议提出要鼓励各成员方"协同各国的产品标准，开发和分享有利于环境的技术，共同资助环境稳健的开发项目，寻求对环境保护成本内部化原则的国际共识"。不过1994年最终达成的《茂物宣言》虽然提出了"可持续和平等增长"作为长期愿景，但是重点转向了贸易自由化议程，而较少讨论可持续发展议题。

APEC也提出了可以体现区域政策重点的环境合作议题。1996年APEC在马尼拉召开了第二次环境部长会议，会上提出了三大议题作为环境事务合作的重点：海洋环境；清洁技术和生产；可持续的城市。APEC确定了六大优先领域，其中之一是推动保护环境的可持续经济增长。在2007年澳大利亚悉尼召开的第15次APEC领导人非正式会议上，气候变化和清洁发展成为了首要议题。但是，与WTO相比，这些环境议题并没有整合到APEC的贸易议程中去，没有成立专门类似"贸易与环境委员会"（CTE）的机构。APEC设立的11个工作组中包括了海洋资源保护工作组、能源工作组和渔业工作组等，都与环境保护有关联，但是相比之下，其他议题的工作组活动更为频繁。

2010年，绿色增长被纳入了APEC的发展议程。2011年和2012年在美国和俄罗斯召开的APEC年会上，也响应了这一主题。2013年印尼举办的年会上，APEC再次明确提出的三大主题之一就是要推动"公平和可持续的增长"。其中环境友好型产品自由化议题取得了重要进展，特别是在

2012年APEC通过了包括54种绿色产品的清单,要求在2015年之前实现降低关税至少5%。APEC在环境产品与服务议题上的进展,实现了WTO多哈谈判在该议题上未能实现的突破,体现出了APEC平台的灵活性和优越性。这说明,一旦各方的政治意愿达成,APEC可以成为有效的合作平台,甚至可以对TPP乃至WTO的环境议题谈判产生影响。

(二) 绿色供应链议题与APEC的支柱联系紧密

APEC的核心支柱是贸易自由化、投资便利化以及经济技术合作,有必要明确绿色供应链议题与它们之间的关系。

绿色供应链的倡议与贸易的自由化和便利化密切相关。2009年,APEC纳入了加强供应链联通性(Supply-chain Connectivity)的议题,要求加快清除阻碍全球供应链的政策障碍。绿色供应链是对这一议题的进一步拓展。2010年APEC正式提出环境友好型产品及服务(EGS)自由化的倡议,到2015年之前实现降低至少5%的关税,这是直接对应贸易投资自由化便利化的议题。绿色供应链议题综合了上述两个议题的关切,指出了APEC绿色发展目标的大方向。

绿色供应链的倡议,其涵盖范围大于目前的环境友好型产品及服务(EGS)的自由化。具体来说,体现在以下几个方面:(1)环境友好型产品的贸易自由化只涉及进出口环节和贸易政策,绿色供应链涉及面更广,更彻底地考虑产品的生命周期,涵盖了全方位的宏观经济政策。(2)环境友好型产品的贸易自由化有利于推动企业实现绿色供应链管理。(3)目前的环境友好型产品的贸易自由化是肯定式清单的枚举法,APEC已经列举的EGS清单是54种,当然未来的谈判肯定将扩大清单范围。绿色供应链的方向要求实现"贸易流的绿色化",要求更多供应商生产出环境友好型产品,它们将不断扩充到产品清单中去。(4)环境产品贸易的自由化和便利化也将鼓励环保技术的创新和扩散,推动相关产业标准和规制的发展,有利于更多发展中经济体加入到相关环境产品的全球供应链中来。

绿色供应链的倡议与经济技术合作也密切相关。绿色供应链的发展依赖于节能环保技术的研发和扩散,也会促进相关技术的市场需求不断增长。发达经济体和发展中经济体、公共和私人的企业和各种机构都需要投入到低碳和绿色技术的研发、转让、应用和示范等过程中去,以响应绿色供应链的倡议。发达经济体应大力加强环境技术传播和能力建设,帮助发展中经济体提升环境产业的自身发展能力。

(三) APEC 经济体在供应链方面已有紧密的网络联系，为推进绿色供应链合作打下良好基础

APEC 成员方的贸易量占世界贸易的比例接近 50%，中国与区域内成员方的贸易量占对外贸易总量的 70% 左右。APEC 中的主要成员，比如东盟、日本、韩国以及中国和美国等都是全球贸易中的重要角色。目前在东亚地区已经形成了紧密的制造业生产网络，经由中国集成组装，主要销往美国和欧洲等最终市场。其中特别是中国已经成为全球供应链的重要节点。

这种紧密的贸易联系为各国加强供应链管理提出了要求，也为政策协调构成了良好的基础。供应链管理是 APEC 近年来努力推进的工作领域之一，这主要是因为各经济体之间的生产链条联系越来越紧密。如果这一地区能够率先实现绿色供应链的合作，对全球贸易的绿化将做出重要贡献。

另外，APEC 也是区域内大国的合作与博弈，中、俄、美、日等区域内主要大国都参与其中，每年都有各国首脑峰会的例行机制。我方积极推动"亚太自由贸易区"（FTAAP）的倡议和路线图，尽量降低甚至避免与 TPP 在亚太地区推动经贸合作框架的对抗性和冲突性。通过在 APEC 框架中推动环境议题，推动 APEC 机制下的环境保护与绿色增长，有利于缓解对抗与冲突，易于取得共识。

三、绿色供应链管理成为推动绿色转型的重要途径与措施

(一) 在资源与环境约束趋紧的背景下，中国正面临环境与发展的重大挑战，迫切需要加快绿色转型

中国已经是世界第二大经济体，而且刚刚成为全球最大贸易国。2013年，中国进出口贸易总额首次突破 4 万亿美元，占世界贸易总额的 11%，其中进口贸易量仅次于美国，出口总额居世界第一位。中国的人均生态足迹虽然仍低于全球平均水平，但是总体上是世界上生态足迹最大的国家，已经高于国内生态承载能力的 1.5 倍，而且正在以较快的速度增长。

经济全球化帮助中国获得了巨大的发展空间,但是尽快实现可持续的生产、投资、贸易和消费,已经日益迫切。在过去25年多的时间里,美国的消费一直是全球经济发展的一个主要动力。有研究认为,中国中产阶级的消费量可以在十年内超过美国。中国在未来几十年里以指数增长的中产阶级作为新的消费群体,有望成为全球总需求一个新的长期来源。中国应该积极引导这一趋势,实现生产、消费和贸易的绿色化。

中国积极参与绿色供应链管理,对于亚太区域实现绿色转型具有枢纽性的重要意义。中国作为一个经济大国,已经深深嵌入到全球供应链之中。2008年全球金融危机以来,全球供应链和价值链的组织发生了结构性的变化,以中国为代表的新兴经济体越来越多地成为了终端市场。这种转移为出口国提供了替代西方发达国家市场的新出路,也提高了中国在全球价值链治理中的地位。为此,有西方学者担心,与西方国家较高的环境要求相比,随着相对较缺乏对产品生产过程的环境要求的中国和印度等新兴经济体成为替代进口市场,大量出口原材料的发展中国家的国内环境会因此而加速恶化。当然从另一个角度来看,这意味着中国等新兴经济体也正在日益走向一个转折点,那就是可以利用市场的力量实现经济、社会和生态管理的升级。

中国积极推进绿色供应链管理,一方面是应对全球问题挑战的需要,可以作为中国参与全球经济治理和全球环境治理的重要途径。随着生态文明的总体布局以及"绿色化"的强力推进趋势,中国在全球绿色转型进程中的角色正在发生转变,正在从追随者和被动接受者转变为引领和推动者。另一方面,这也是支持和推动国内企业培养新的竞争优势、迎接"中国制造2025"趋势的必然要求。只有及早通过相关的政策引导,中国才能尽快发展节能环保方面的战略性新产品、新技术和新产业,实现以"生态化""绿色化"带动工业化、城镇化等的作用。

(二)绿色供应链国际合作,有利于推动国内相关领域的变革与发展

我国环境保护的战略与措施在逐渐从"末端治理"转向全过程控制。十八大报告明确提出,要"把生态文明建设放在突出地位,融入经济建设、政治建设、文化建设、社会建设各方面和全过程"。中国正在进入到一个"以环境保护优化经济发展的新阶段",不能再"单纯依靠末端治理缓解环境压力"。绿色供应链的概念基于产品从设计到回收的整个生命周期的环

境影响,正好契合了新时期中国对于环境保护政策发展的战略性要求。

由于长期的粗放型发展和较低的技术水平,我国一直处于全球供应链的较低端,在出口量迅速增长的同时,也大量消耗了国内的资源和破坏了环境。近年来大量研究显示,中国自加入 WTO 以后,污染排放迅速增长,其中净出口对污染总量的贡献占到四分之一左右。如果我们能够及时加强供应链的管理,可望加快经济发展方式的转型,同时提升中国制造业在全球价值链中的位置。

早在 2000 年左右,中国学术界和企业界就开始关注绿色供应链管理的相关理论和国外企业的实践,几乎与发达国家同步。但是在实践层面,国内的政策和企业实践却一直未能有效发展跟进。研究发现,中国企业在面临国际压力时进行环境保护,相比在面对国内压力时要更加积极。随着中国企业继续走向世界,国际组织也试图在中国寻找全球供应链的合作伙伴。中国企业能否绿色化,将在某种程度上决定自身能否进入高端的全球供应链,产生更多的附加值。在缺乏政策引领的背景下,企业可能仍然停留在低端,无法把握升级的机遇。

因此,中国通过绿色供应链议题的国际合作,将有望更加迅速和有力地推动相关政策和企业实践的发展,既有利于加快产业转型升级,也有利于推动其他环境政策的设计和实施。

(三)构建亚太区域绿色供应链,有利于改善中国与资源供应国、进口来源国的关系,促进"走出去"战略的绿色化

积极利用"两种资源,两个市场",是中国保持经济快速发展的重要战略。中国仍然处于快速发展的工业化和城市化进程中,对能源和资源的需求仍然保持快速增长趋势。中国对外投资的相当大比例也是集中在资源开发产业。面对这样一种情况,西方社会经常指责中国在非洲等地进行资源攫取、造成环境污染,渲染"中国威胁论"。

2011 年中国环境与发展国际合作委员会(CCICED)关于"投资、贸易与环境"的一项课题研究,围绕中国海外投资与贸易的环境影响问题,前往印尼、南非等国进行调研。调研发现,尽管中国企业大多严格遵循了当地的环境标准,但是当地的民众往往表达了严重的担忧。中国企业作为贸易和投资的后来者,相比之前的日本与韩国等贸易和投资伙伴,在环境管理方面没有明显差异,却常常被认为是造成了相关经济活动的环境影响的责任主体。当地往往希望中国企业采取更高的环境标准,而不仅仅只是遵循当地的环境管理标准。他们希望分享中国经济增长的红利,但是对中国的巨大需求所可能产生的资源和环境影响又心怀不安甚至恐惧。他们往往更寄希望于中国作为负责任的发展中大国,能够引领世界经济的绿色转型。

这种海外投资与贸易的环境影响,正在潜在地造成国家关系的紧张,削弱国家间的政治互信,也削弱了中国的软实力。这在周边国家尤为明显,比如缅甸的密松水电站停建事件。相关问题也可能归结为环境事件,因此在某种程度上应该视为生态安全,属于综合安全观的一部分。习近平总书记已经提出要建设"中国—东盟命运共同体",双方不仅在经贸方面加强合作,更要在政治和安全领域强化互信合作。因此,如果我们通过发展全球绿色供应链在环境问题上采取积极的国际合作,显然不仅有利于保护经贸合作的顺利开展,也有利于改善政治和安全关系。

从这个角度来看,构建亚太区域绿色供应链可以成为中国通过世界经济的市场途径另辟一个参与全球环境治理的路径,并成为促进中国"走出去"战略绿色化的一个重要手段与途径。

(四)在 APEC 框架下推动绿色供应链议题,有利于各方达成共识,降低竞争性贸易制度的影响力

美国自 2009 年以来积极推动"跨太平洋伙伴计划"(TPP),TPP 号称是一个 21 世纪的高标准的贸易协定,在规则的深度和综合性方面前所未有。这也特别体现在其中的环境条款方面。

TPP 的环境条款主要涵盖三大目标:(1)环境友好型产品及服务的贸易自由化;(2)确保多边环境协议中的义务与全球贸易规则相一致;(3)利用贸易手段推动环境保护。从目前的情况来看,TPP 环境专章的重点是环境友好型产品的自由化以及跨境污染问题的治理,包括保护区、生物多样性、非法伐木以及气候变化政策相关的贸易问题等等。另外,作为 TPP 环境专章的主要推动者,美国在双边 FTA 谈判中明确规定要定期对各国的环境政策进行评估;在双边投资协定中对环境影响提出要求。这些规则不仅有利于美国发挥其在环保产业和技术方面的优势,也有利于美国在环境与贸易议题上实现其在 WTO 谈判中未能实现的目标。从过去的实践来看,美国希望把国内较高水平的环境政策强加给贸易伙伴,进而转化为经济优势。

十八届三中全会上制定的《中共中央关于全面深化改革若干重大问题的决定》已经专门提出要在对外贸易战略中加强环境问题的考虑:"加快环

境保护、投资保护、政府采购、电子商务等新议题谈判,形成面向全球的高标准自由贸易区网络。"因此,我们有必要通过APEC这一适当的平台积极推动适当的环境议题,以在中美之间取得更多共识。绿色供应链的倡议就体现了这一努力,并且获得了包括美国在内的所有成员方的认可。

四、推动绿色供应链相关政策建议

在各方努力下,构建绿色供应链合作网络已经达成共识。下一步就是落实好这个倡议,取得进展与成果。相关政策建议涵盖国际、国内两个层面,一是推动国内层面,将绿色供应链建设作为节能减排的重要抓手,开展试点,为改善环境质量做出贡献;二是国际层面,按照《北京宣言》达成的倡议,制定工作计划,总结试点经验,加强能力建设。

推动绿色供应链成为有效的环境管理措施,需要充分发挥政府、企业、公众三个主体的作用,形成"**政府政策引导、企业主体实践、发挥市场评判、公众监督参与**"的政策与实践机制。

(一) 发挥政府的引导与规制作用,建立和完善中国绿色供应链法律、政策与标准体系

绿色供应链的全面实施需要借助于政府决策,只有配合政府有关鼓励、协调和投资方面的政策,才能有效推动绿色供应链管理制度的实施。

(1) 发挥政府引导作用,制定绿色供应链管理规范和绿色供应链行业评价标准,建立并发展绿色供应链认证制度

我国绿色供应链的法制建设相对滞后,相关标准缺乏,这不仅使企业绿色供应链的发展受到影响,也使我国出口产品不得不忍受国外标准的打压;技术指南的缺乏也使得国内企业各个链结点之间对接的困难;绿色供应链管理政策基础薄弱则已成为制约我国企业绿色供应链发展的瓶颈。

针对目前绿色供应链制度与标准缺乏的现状,建议研究出台中国绿色供应链行业评价标准。在此基础上,结合具体行业,制定绿色供应链管理规范。同时,结合现有环境管理制度,建立并发展绿色供应链认证制度,使绿色供应链做到可操作、可监督,做到有章可循、有据可依。

其中,为了减少产品全生命周期的环境影响,鼓励再循环和再利用,建议政府部门制定包括以生产者延生责任为基础的主要消费品和工业产品

回收管理规范,要求生产商回收、再利用或正确处置相关产品。规范中应当明确政府、生产商和消费者的各自责任:政府负责确定各产品类别回收再利用的目标和时间表,并向消费者和生产商进行产品回收管理的宣传教育;生产商将负责完成回收再利用某类产品规定的市场份额,但是如何完成目标可以发挥各自的灵活性;消费者可以在相关产品使用后将其放置于指定的回收地点,且产品回收不需要消费者支付任何费用。

为了对供应链相关主体违反相关环境与健康卫生法律法规、损害人民健康和公共资源的违法行为予以约束,建议政府出台生产者延伸责任法。该法律条款应与中国现行的环境法律法规和民事责任法律法规相协调,规定违法设施的现有法人或经营者负有相关延伸责任。

(2) 将经济政策与绿色供应链相结合,从而促进供应商的市场行为向绿色化转变

经济利益是鼓励企业参与绿色供应链管理的根本动力。应给予绿色供应链参与企业税收优惠、绿色信贷优惠等,通过经济手段引导、扶植绿色供应链市场。通过出台绿色税收优惠政策、绿色补贴等政策,引导企业的生产经营行为,鼓励企业在环境改善方面提高效率、增加投资,以此推动供应链的可持续发展。此外政府可以推动以下几点市场化工作:

● 设立绿色供应链自愿项目,强化企业参与绿色供应链管理。通过与政府签订绿色供应链自愿协议,实现企业绿色供应链的有效实施。

● 鼓励企业定期发布涉及生产链的可持续发展报告、企业社会责任报告,强化企业环境责任,鼓励企业披露其供应链中环境影响的相关信息。

● 通过生态工业园区内的绿色供应链体系建设,开展具体示范。目前,国内有关生态工业园区建设与绿色供应链理念相通,建议选取一批生态工业园区开展相关示范工作。

● 完善行业环境技术标准,加快与国际技术标准接轨的步伐。推动企业技术创新,刺激企业绿色转型,通过逐步建立与全球接轨的行业排放绩效标准和行业技术标准,强化企业绿色供应链管理,为保障减排目标顺利完成提供支持。

(3) 提高绿色公共采购的监督水平,加强标准化和精细化管理

要加强政府绿色采购审计监督,推行网上监督和实地监督相结合的采购监督新形式,从编制预算至采购结束,从投入使用到后期绩效,进行全方位的监督,从根本上降低绿色采购成本,节约财政资金,加快政府采购的步

伐。应加强对采购代理机构的考核检查工作，促进采购代理机构健全内部监督制约机制。完善协议供货和定点采购管理，规范网上电子竞价和开展区域联合采购。推进政府采购诚信体系建设，建立健全不良行为公示制度和政府采购市场负面清单制度。

此外，应把标准化建设放在更加突出的位置，以标准化促进信息化，进一步加强政府采购科学化精细化管理。完善政府绿色采购工作规程，规范采购文件编制以及招投标、质疑投诉等各类信息公告内容。按照建立绿色采购管理、电子交易、绿色采购网站三位一体的政府采购信息化建设工作任务，积极推动中央管理交易系统和全国共享基础数据库建设工作，升级改造中国绿色采购网站。加强对地区政府绿色采购信息化建设的规划和系统建设运用工作，促进提高政府绿色采购整体管理水平。

（4）丰富绿色供应链自愿管理手段，完善企业自愿环境管理的鼓励政策

针对我国绿色供应链自愿管理手段单一、配套鼓励措施缺乏的问题，建议引入和推广生命周期评价、生态管理审核、社会责任合规方案等国际通用的绿色供应链管理自愿项目，进一步完善相关的激励政策，如在国家层面设计新型的环境税、能源税等，明确参与自愿环境管理的企业在达到既定的目标后，可以给予相应的减免税收优惠政策等。地方上也应当积极探索适宜地区和产业园区企业参与自愿环境管理的各类激励政策手段，加快推进自愿环境管理手段的实践探索。

（5）建设绿色供应链信息网络平台和行业协作平台，加强行业间、企业与政府、非政府组织和其他外部团体间的合作

建立绿色供应链信息数据系统，为绿色供应链管理中的供应商、制造商、采购商特别是广大的消费者提供绿色产品信息数据及相关技术服务，为多方交流互动搭建平台。通过建立"绿色供应链网络平台"，促进中国绿色供应链企业进一步扩大市场范围，发挥网络平台建设的积极作用，整合市场资源，促使绿色供应链上下游企业的行业整合，发挥平台建设的集约化、集成化作用。

（二）推动企业实践，创建中国绿色供应链的经济体系

（1）开展企业绿色供应链管理试点工作，在实践中校验相关法规与政策体系。

建议开展企业绿色供应链管理试点工作,并遵循"三可"原则,由第三方机构对企业绿色供应链水平进行评价。可选取重点行业如电子、汽车、零售等和相关核心企业,试点绿色供应链运作参考模型的应用,并采集数据以测试和完善模型。同时推动供应链上各企业的绿色价值体系建设,使企业在生产和运营中自觉贯彻可持续发展理念。

(2) 开展区域试点,把绿色供应链管理的探索落到实处。

开展绿色供应链管理区域综合试点是加快我国绿色供应链管理体系建设的客观需要和有效途径。区域试点主要包括四个方面:一是发挥政府引导监督作用,探索促进绿色供应链管理的政策保障体系,丰富和完善政府绿色采购制度,践行绿色采购。二是激发市场动力,探索建立绿色供应链认证和市场服务体系,推动标准国际互认和绿色贸易。三是在生态工业园区及新兴金融物流中心区开展特定产业链条和绿色建筑供应链管理试点。四是加强绿色文明建设,围绕绿色供应链建设,塑造绿色价值观,引导绿色消费。

(三) 激活市场力量,加强市场的服务与评判功能

发展绿色供应链管理市场专业服务。成立绿色供应链促进中心,提供认证、平台运营服务和绿色供应链规划设计、运营、风险管理、合规、战略发展咨询服务和合同能源管理绿色供应链综合服务,带动各类专业服务企业发展。

建议由政府引导,通过政府、企业和社会机构共同出资的方式,建立我国"绿色供应链发展基金",充分调动企业特别是中小企业积极性,激励其使用更加先进的环境技术和环境管理理念,促使我国绿色供应链更加全面均衡地发展。

发展绿色供应链金融,前期主要发展绿色融资和绿色保险,逐步向其他金融服务领域拓展。为供应链企业节能减排改造提供融资,给予相应优惠贷款条件。支持供应链企业系列合同能源管理改造项目打包融资,扶持节能服务公司发展。推动绿色保险,探索针对绿色供应链风险管理的险种和相关绿色合规因素带来的风险,以及针对绿色供应链第三方中介服务提供的执业责任保险等。

(四) 促进公众参与,培育中国绿色供应链发展的良好社会氛围

(1) 重视市场绿色消费培育,逐步消除推行绿色供应链的市场阻力。

消费市场是绿色供应链管理体系能否建立的核心,"没有绿色消费就没有绿色市场,没有绿色市场就没有企业绿色供应链的真正整合"。为此,应充分发挥公众消费市场机制的调节作用,利用市场经济手段引导公众的绿色消费行为,对可持续发展的环境政策体系给予支持。同时,应重视公众在绿色供应链运行过程中"信号灯"的作用,适时对政府推行的各项绿色供应链政策进行调整,满足绿色供应链终端消费者的需要。

(2) 不断宣传绿色供应链理念,提高公众绿色意识。

通过绿色供应链明星企业试点、政府绿色采购宣传、绿色消费进社区等一系列社会活动,在全社会宣传环保的重要性和紧迫性,唤醒社会组织和公众的绿色理念与消费意识,为实施绿色供应链管理营造良好的舆论氛围和社会环境,培养公众的绿色供应链认知意识,培育全民"绿色消费思想"。

(五) 统筹国际与国内,制定长期发展战略,做好国内配套政策,研究国际贸易与绿色供应链之间的关系

绿色供应链的发展,从企业的自愿行动、政府扶持再到强制认证的标准和标识,需要有一个长期的战略安排。通过在 APEC 框架下进行绿色供应链议题的国际合作,可以向国内企业发出积极的政策信号,让企业做好准备,积极培养竞争优势。与发达国家相比,我国还处于较为落后的阶段。企业和消费者的意识较为不足,全过程控制的相关政策准备也较为滞后。

为了应对国际贸易规则的快速发展,国内应该加强准备工作,为相关议题的谈判提供支撑,也防止陷入发达国家因此而设立对我不利的绿色贸易壁垒。从长远来看,也需要考虑相关措施可能对中小企业产生的冲击以及应对政策。具体来说,应该加强现有环境政策的执行力度,大力推动政府绿色采购、绿色补贴和绿色金融的发展,鼓励自愿环境认证,推进节能生态标识和品牌保护,发展绿色和低碳生态园区的建设,加强对绿色和生态环保技术的知识产权工作等等。

绿色产品的贸易自由化和绿色供应链管理涉及当前国际贸易规则发展的关键内容,较多涉及国际贸易管理程序问题,在这方面还存在大量的法律和行政管理问题。目前在多边、区域、双边等多种场合都有相关议题,因此我们应该在多个场合进行多维度的统筹考虑。

(六) 加强能力建设,收集先进案例,落实亚太绿色供应链合作网络建设

在亚太区域建设绿色供应链合作网络建设,对于推动区域绿色增长有重要意义。发达国家在国内环境管理政策上往往占有优势,因此倾向于在贸易协定中加强环境考虑并要求强制实施。发展中国家往往侧重发展议程,希望非约束性的政策合作和趋同。

在此平台下,我们可以积极向发达国家学习绿色供应链的企业支持政策以及投资贸易管理的措施;同时也要加强与新兴经济体的立场协调,与发展中国家及时进行政策的沟通,强化南南环境合作。对于推动建立亚太绿色供应链网络,倡议从能力建设入手,加强试点,收集先进案例,形成示范效应。

(本文作者周国梅系环保部中国东盟环境保护合作中心副主任、研究员,谢来辉系中国社会科学院亚太研究所博士、副研究员,李霞系中国东盟环境保护合作中心亚太处副处长、副研究员)

APEC Green Supply Chain: Policy Implications and Development Trends

Zhou Guomei Xie Laihui Li Xia

Abstract: The Green Supply Chain is meant for the balance of economics and environment. It applies the idea of sustainable development to all links of supply chain. Keeping less affect to the environment and enhance the efficiency of production, it is a great method to achieve the win-win of economics and environment. It could be a new management idea led by the government to build a Green Supply Chain network among the Asia-Pacific region and improve the sustainable trade development.

Key words: Green Supply Chain, Environmental products and services, practice and policy

中国古代诗歌中的自然观浅探

程郁缀

【内容提要】 中国古代诗歌中的自然观是：将自然作为崇拜和敬畏对象的自然观；将自然作为审美和欣赏对象的自然观；将自然作为亲近和启迪对象的自然观。在今天，这种自然观给我们的启示是：要回归人和自然友好相处的美好情景，重新回归到大自然的怀抱！

【关键词】 中国；古代诗歌；自然观

中华文化源远流长，博大精深。在中华文化寥廓广袤的星空中，诗歌毫无疑问是一条灿烂的银河。这条灿烂的银河，是由无数大大小小的星星和星座组成的。在内容丰富的蕴含中，诗歌中所体现的自然观，就是其中一个重要方面。

自然，本是一个抽象的概念，指的是一切非人为的、天然的存在。老子《道德经》："人法地，地法天，天法道，道法自然。"《后汉书·李固传》："夫穷高则危，大满则溢，月盈则缺，日中则移。凡此四者，自然之数也。"既可以包括自然界，即宇宙间生物界和非生物界的总和，也就是整个物质世界；也包含不勉强、不拘束、不呆板的人的自然天性。

本文所说的自然，是指客观自然界；所说的自然观，是指人与客观自然关系的观念。简要地浅探一下中国古代诗歌中所体现的人对客观自然的认识和审美情趣，希望从中获得有益的借鉴。

一、将自然作为崇拜和敬畏对象的自然观

大自然是人类赖以生存的主要物质基础。作为客观存在的自然山水，从古到今都跟人类生活都有着十分密切的关系，人类离不开自然，人类生

活离不开山水空间。人类社会的发展有一个过程,人类对于自然山水的认识也有一个逐步深化的过程。越是在远古时代,人们对自然的依赖性就越强,对山水的感受就越深。从畏惧自然山水,到盲目崇拜自然山水,到逐步亲近喜爱乃至于欣赏自然山水,进而发展到适度地利用和改造自然山水。人类用语言文字、用诗歌文学来记录、描写和讴歌自然山水,抒发和阐述自己的情感、感受和观念,这自然而然也经历了一个逐步发展、不断提高、持续升华的过程。

在生产力十分低下的夏商周时代,人们对于自然的认识还是十分幼稚的。周人是崇拜百神的泛神论者,自然界中与农业生产和日常生活关系密切的日月、雷电、风云、山川等,都是人们崇拜的对象。《诗经》已经有对山岳崇高和河水猛烈的描写。如:"崧高维岳,骏极于天"(《大雅·崧高》),"江汉浮浮"(《大雅·江汉》),"河水洋洋"(《卫风·硕人》)等,在诗中山水主要是作为背景来描写的,表现的也主要是人们对巍峨高山和奔涌河水的敬畏和景仰之情。

与此相关连,人们也在生产和生活实践中逐步意识到自然山水也能起到娱悦和慰藉作用。《秦风·蒹葭》的第一章写道:"蒹葭苍苍,白露为霜。所谓伊人,在水一方。溯洄从之,道阻且长。溯游从之,宛在水中央。"通过自然界中苍苍的蒹葭、蜿蜒的河水,创造和渲染了一种飘缈惝恍、迷离不定的意境,抒发了追求伊人、可望而不可即的美好而又美妙的心情。从中我们可以看出人们对自然景物,已经有了初步的审美意识和欣赏情趣。

从《诗经》到楚辞,时间上经历了三百多年,空间上是从黄河流域中原文化,到长江流域南方文化,人们对于自然山水的认识和审美,也向前推进了一步。诗人们所关切的不仅仅是自然山水的物质功用,而且开始显示出对自然山水之美的赏爱意识,开始注重对自然山水审美过程中的精神价值的追求。如《九歌·湘君》中所描写的"令沅湘兮无波,使江水兮安流",《九章·抽丝》中所描写的"望北山而流涕兮,临流水而太息"等,开始借登山临水以直接或者间接抒发作者内心的某些情感,既可能是离别之情,也可能是故国之思。

总而言之,在先秦早期的诗歌中所体现出来的,主要是人们对自然山水的崇拜和敬畏之情;诗歌中所出现的山水景物,往往是作为生活的背景和陪衬,或者用来比兴的媒介物,而不是作为一种独立的审美对象。而人们受道家"道法自然"(《道德经》)思想的影响,开始更多地发现自然和自然美的价值,并且用诗歌将自己对自然的观察和从中获得的愉快的心情表达出来,那还要等到魏晋南北朝时期的诗歌了。

二、将自然作为审美和欣赏对象的自然观

中国传统文化讲天人合一;中国古代思想家认为,人与万物一体,都属于一个大生命的世界,人与万物同类,都是平等的物种。到了宋人张载则总结出一句名言:"民,吾同胞;物吾与也"(《西铭》)。意思就是说:世上的民众都是我的亲兄弟,天地间的万物都是我的好伙伴。所以,人们渐渐地把自然看做审美对象,从对自然的喜爱和欣赏中获得欢愉、满足和精神上的宽慰。到了魏晋时期玄学盛行,当时的玄学把儒家提倡的"名教"与老庄提倡的"自然"结合在一起,引导人们从山水中寻求人生的哲理与趣味。所以随着对山水审美意识的日益浓厚,以描写自然为对象的田园诗山水诗便应运而生。

东晋大诗人陶渊明(365—427)每当做官为宦时,就感到不自由,受到羁绊和束缚:"望云惭高鸟,临渊愧游鱼。"强烈渴望回到自然田园的怀抱中来:"羁鸟恋旧林,池鱼思故渊。"一旦回到田园,诗人便进入了一种自由适意的生活境界,欣喜之情便溢于言表之外。其《饮酒》(其五)诗,抒发了诗人与自然达于和谐圆融最高境界的人生体味。诗曰:

结庐在人境,而无车马喧。问君何能尔,心远地自偏。
采菊东篱下,悠然见南山。山气日夕佳,飞鸟相与还。
此中有真意,欲辩已忘言。

诗人一俯东篱采菊,一仰则悠悠然、不期然而然见南山;太阳自然而然升起落下,飞鸟呼朋唤侣结伴而还,大自然充满生机而又有规律地运转不息。诗人取山气自然生成之佳景,飞鸟结伴相还之常象,寓人生自得之意。这当中,"心远地自偏"已经超出了人与物质自然的和谐,而进入到一个更高的境界。诗人认为即便是人在红尘闹市,身在寰宇之中,只要心无滞物,置官场名利于度外,也能够神游象外,身心自由——这是超乎人与物质自然的关系,而在更高的精神层次上达到了天人合一。清人王士禛对这首诗的评价十分精彩,兹录如下:"通篇意在'心远'二字,真意在此,忘言亦在此。

从古高人只是心无凝滞,空洞无涯,故所见高远,非一切名象之可障隔,又岂俗物之可妄干?有时而当静境,静也,即动境亦静。境有异而心无异者,远故也。心无滞物,在人境不虞其寂,逢车马不觉其喧。篱有菊则采之,采过则已,吾心吾菊。忽悠然而见南山,日夕而见山气之佳,以悦鸟性,与之往还,山花人鸟,偶然相对,一片化机,天真自具,既无名象,不落言诠,其谁辨之。"(《古学千金谱》)

这之后,把自然界的美景引到诗中,使山水成为独立的审美对象,那还是南朝宋谢灵运(385—433)所开创的山水诗。谢灵运的山水诗,把自然界中的美景引进诗中,使山水成为独立的审美对象。如"春晚绿野秀,岩高白云屯""林壑敛暝色,云霞收夕霏""野旷沙岸净,天高秋月明""池塘生春草,园柳变鸣禽"等等,犹如一幅幅鲜明的图画,从不同的角度向人们展示了大自然的美。

与谢灵运同时代的陶弘景,在书信体散文《与谢中书书》中,描述江南山水之美,清丽自然,精当传神:"高峰入云,清流见底;两岸石壁,五色交辉;青林翠竹,四时俱备;晓雾将歇,猿鸟乱鸣;夕日欲颓,沉鳞竞跃;实是欲界之仙都。"他的小诗《诏问山中所有赋诗以答》:"山中何所有,岭上有白云。只可自怡悦,不堪持赠君。"诗人隐居山林,只可自己以山水陶娱性情,自得其乐,但无法将这种体会转赠他人。潇洒通脱,风神高逸。南朝民歌《子夜四时歌》中也有这样一首小诗:"春风动春心,流目瞩山林。山林多奇采,阳鸟吐清音。"以山水入诗,山水与人的情感水乳交融,温馨美好。

以谢灵运为奠基人的山水诗,比以陶渊明为奠基人的田园诗,更进一步地表现了人与自然的沟通与和谐,标志着一种新的自然审美观念和审美趣味的产生。诚如林庚先生所指出的:"山水诗是继神话之后,在文学创作上大自然的又一次的人化。"[1]袁行霈先生也认为:"山水诗的产生,标志着人对自然美的认识加深了。大自然已经从作为陪衬的生活环境或作为比兴的媒介物,变成具有独立美学价值的欣赏对象。山水诗启发人们从一个新的角度,即美学的角度去亲近大自然,发现和理解大自然的美,这无论在文学史上或美学史上都是具有积极意义的。"[2]

---

[1] 林庚:《中国文学简史》,北京大学出版社1988年版,第172页。
[2] 袁行霈:《中国山水诗选》,中州书画社1983年版,第2页。

三、将自然作为亲近和启迪对象的自然观

到了唐宋时期,唐诗宋词中所体现出来的人们对自然山水的观念和审美情趣,发生了更大的变化,有了更进一步的提高和升华。一方面,人们与自然山水的关系更加亲近友好,把山水拟人化、朋友化,心心相印,情景交融;另一方面,人们从自然山水的种种特性和奇异形态中,受到启迪,获得灵感,创作出意味深长的哲理诗,从而将山水诗的创作推进到一个新的阶段。

盛唐大诗人李白(701—762)自称"常时饮酒逐风景,壮心遂与功名疏",因为饮酒和游山玩水,竟然连功名都不想要了。他"五岳寻仙不辞远,一生好入名山游",写下了大量气势豪迈的山水诗。如:歌颂黄河——"黄河之水天上来,奔流到海不复回""黄河落天走东海,万里写入胸怀间";歌颂长江——"大江茫茫去不还";歌颂庐山——"屏风九叠云锦张";歌颂横江大潮——"涛似连山喷雪来"等等。所有这些充满浪漫情调的山水描写,或雄奇壮丽,或飘逸明秀,极具个性色彩,充满了欣赏喜悦之情。

在李白笔下,最能体现诗人与自然山水亲近关系的,还要数他的绝句《独坐敬亭山》。诗曰:

众鸟高飞尽,孤云独去闲。相看两不厌,只有敬亭山。

敬亭山在今安徽宣城北,山上原有亭曰敬亭,相传为南齐诗人谢朓吟咏处。《古今图书集成·山川典》载:"敬亭山,一名昭亭山,又名查山,东临宛句,南俯城闉,万壑千岩,云蒸霞蔚,固近郊胜境。"诗人李白在现实生活中怀才不遇而感到孤独寂寞时,便到大自然的怀抱中去寻求慰藉。前两句写众鸟都高飞远去了,长空中一片云彩也没有,静谧的大自然中,只剩下诗人和敬亭山了。诗人深情地凝视着敬亭山,敬亭山似乎也在一动不动地看着诗人;人世间似乎只有敬亭山愿意与诗人相依为命,亲密陪伴。"相看两不厌"的"相"字和"两"字同意重复,把诗人和敬亭山紧紧地联系在一起。人山相对,脉脉含情,人与自然物我两忘,浑然一体,遗世之情,自在言外。清人黄叔灿评赞此诗曰:"'尽'字、'闲'字是'不厌'之魂,'相看'下著'两'字,与敬亭山对若宾丰,共为领略,妙!"(《唐诗笺注》卷七)

到了宋代,自然与人的关系更为亲近。绘画领域里,北方出现了荆浩、南方出现了董源等一批山水画大家,全景山水画气势磅礴,笔墨间体现了

人对自然的由衷欣赏和喜悦感受。如董源的《潇湘图》，苍茫的山峦延绵起伏，平远而又幽深；滩涂浅水间有俯仰多姿的芦苇；岸边有人奏乐，船上有人撒网。观此图，好像置身于烟雨迷蒙的江南山水幽境之中，产生出超乎尘世的联想。

绘画中如此，诗词中也是如此。南宋词人辛弃疾《贺新郎》(甚矣吾衰矣)中有句曰："问何物，能令公喜？我见青山多妩媚，料青山见我应如是。情与貌，略相似。"这与李白《独坐敬亭山》"相看两不厌"是一样的手法。词人在现实生活中无人无物可喜，只好将一往深情倾注到自然物上，不仅词人自己觉得青山如此"妩媚"，而且感知到青山看词人似乎也很"妩媚"。(蔡厚示先生评语)"这种手法，先把审美主体的感情楔入客体，然后借助染有主体感情色彩的客体形象，来揭示审美主体的内在情感。这样便大大加强了作品里的主体意识，易于感染读者。"

辛弃疾还有一首《西江月·遣兴》词，写作者与自然的关系，也十分传神。词曰：

　　醉里且贪欢笑，要愁那得工夫。近来始觉古人书，信着全无是处。
　　昨夜松边醉倒，问松"我醉何如？"只疑松动要来扶，以手推松曰"去"。

词的下阕描写了一个极富有戏剧性的场景：词人昨夜在松边酣饮醉倒，居然跟松说起话来。词人问松："我醉的样子如何？"醉眼中见风吹松枝摇动，词人误以为是松树要来扶他，便用手推开松树说"你一边去吧！"意思是我自己可以，不用你扶。这首词既活灵活现地展示了词人酣醉的神态，又显露出词人狂放不羁的倔强性格。人与松为友，人与自然和谐相融，亲密无间。

唐宋诗词中所描写的山水，不仅表现了作者与山水亲近友好的一面，还有不少描写作者从山水中受到哲理的启迪，创作出耐人寻味的哲理诗，读了给人以理性的教益和艺术的享受。

中唐宣宗皇帝李忱与庐山禅师在游庐山瀑布时，曾经写过一首《瀑布联句》。共四句，前两句是禅师所作，充满了禅意，意在说明人生出处要高，出处不高，难免下游。后两句乃宣宗皇帝续作，表现了一种志存高远、一往无前的博大襟怀。诗是这样写的：

　　千岩万壑不辞劳，远看方知出处高。
　　溪涧岂能留得住，终归大海作波涛。

面对那认准远大目标而义无反顾的瀑布，从瀑布那不会在小花小草前流连忘返、不会在小溪小涧前徘徊止步的自然属性中,诗人得到启发:"溪涧岂能留得住,终归大海作波涛。"这是何等的笔力,何等的气势,鼓舞人们自强不息,奋力前行,奔向人生和事业的浩瀚大海,去掀起万顷波涛,成就辉煌未来!

宋代诗人中从自然山水中得到启发,而将思想观念渗透到山水形象中的哲理诗,还有王安石的《登飞来峰》:"飞来峰上千寻塔,闻说鸡鸣见日升。不畏浮云遮望眼,只缘身在最高层。"从飞来峰上登高望远中,说明身居高层,自然能不畏浮云遮蔽,高瞻远瞩,"一览众山小"(杜甫《望岳》)。又如苏东坡的《题西林壁》:"横看成岭侧成峰,远近高低各不同。不识庐山真面目,只缘身在此山中。"从庐山峰峦高低起伏、前后错落中,引发出当局者迷、旁观者清的生活哲理。再如南宋诗人杨万里的《过松原晨炊漆公店六首》其五曰:"莫言下岭便无难,赚得路人错喜欢。正入万山圈子里,一山放过一山拦。"这也是从自然山脉重重环绕的现象中,感悟出人生当不断进取,犹如翻过一山、又有一山在前一样,必须努力不懈,进取不息,才能登上峰巅,领略无限风光!

四、余论

应该承认,从远古的蒙昧时代到漫长的农业文明时代,再到工业文明时代,以至于今天的信息革命时代,人类取得了飞速的发展和巨大的进步。但是,人类与自然的关系却发生了巨大的,甚至可以说是不良的变化,出现了这样那样的问题,令人深思,促人警醒。

正如我们北大教授楼宇烈先生在今年的"北京论坛"主旨报告中所揭示的那样:"当人类从神的脚下站立起来以后,人的主体性、独立性、能动性得到肯定以后,人就想要替代神来主宰天地万物了。随着理性的肯定,随着科学的发展、科技力量的增长,人类竟然喊出了'人定胜天'的豪言壮语,认为人类应当,而且能够征服自然、改造自然。并且在作为人类理性力量的成果——科学和技术的日益发展、不断进步下,'科学主义''科技万能'的思想日益滋长和膨胀。人类自以为凭着人类理性的力量,科学、技术的力量,可以随心所欲地去征服自然、改造自然、主宰宇宙。原来的人本主义,逐渐被异化为人类要去主宰天地万物的'人类中心主义'了。而人类对自然的征服与改造,又异化成了对自然资源财富的过度开发和掠夺,以满足人类的物欲,使人沦落为物欲的奴隶。"

其实,人类在亲近自然、欣赏自然的过程中,适度地利用和改造自然,也是正常的,是人类发展所需要的,实际上也一天没有停止过;但一定要切实把握好"度"。而"人类中心主义"的思想观念,极大地破坏了人与自然亲近友好的关系。体现在诗歌中,最突出的就是50年代末期的"大跃进"民歌。诸如"喝令三山五岳开道,我来了!""大红旗下逞英豪,端起巢湖作水瓢。不怕老天不下雨,哪方干旱哪方浇。"把自然作为改造和征服的对象,移山填海,改天换地,人定胜天,结果出现了气候失调、"厄尔尼诺现象"、水土流失、洪水泛滥、沙尘暴、雾霾天等种种生态危机,人类自作自受,尝到了自己酿造的一杯苦酒。

现在是到了人类应该清醒的时候了!让我们一起努力,呼唤人和自然友好相处美好情景的回归,重新回归到大自然的怀抱!

(本文作者系北京大学亚太研究院副院长、教授)

The View of Nature in Chinese Ancient Poetry
Cheng Yuzhui

Abstract: The view of nature in Chinese ancient poetry is to regard nature as worship object, aesthetic object and friendly object bringing people inspiration. Nowadays this kind of view of nature sheds light on us to rebuild close relation with nature and embrace nature as we used to.

Key words: China, Ancient Poetry, view of nature

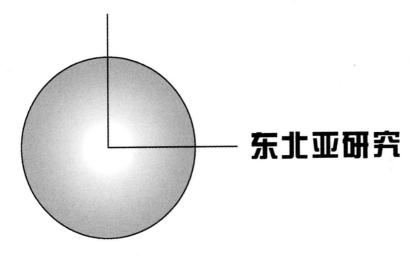

中国在第二次世界大战中的地位和作用评析

梁云祥

【内容提要】 2015 年是第二次世界大战结束 70 周年，中国作为这场战争的主要参战国和战胜国，最早遭受和抵抗了日本法西斯的侵略，通过这场战争也改变了中国的国际地位，即从近代以来一直遭受列强欺侮的国家成为一个重新得到国际社会尊重的大国。在战争中，中国不仅牵制和消耗了大部分日本陆军的力量，对最终打败日本法西斯做出了巨大的牺牲和贡献，且在战后国际秩序重建方面也发挥了一定的作用。纪念第二次世界大战胜利的现实意义就在于，不仅仅是为了昭示历史、接受教训和维护国际正义，更在于实现战胜国与战败国之间的和解，超越历史，放眼未来，避免战争，维护持久和平。

【关键词】 第二次世界大战；中国地位；中国作用；历史评价

今年是第二次世界大战结束 70 周年，尽管那场战争的硝烟早已经散去，但是由于战后国际关系的不断变化以及不同国家或不同的人们站在不同的立场或对历史的不同解读，至今对那场战争的一些争论似乎仍然还没有结束。因此，在这个特殊的日子里，仍然有必要尽可能地去还原那段历史以及对此做出尽可能客观公正的评价。对于中国在那场战争中的地位和作用究竟应该如何评价，当然也应该以历史资料和事实为准，既不应该贬低也不应该拔高，否则其效果会适得其反。这样做，不仅仅是为了历史，同时更是为了现在和未来。

一、中国在第二次世界大战中获得的国际地位

中国无疑是第二次世界大战的主要参战国和战胜国。然而，中国其实

在一般公认的第二次世界大战爆发之前就已经同作为法西斯军国主义国家的日本处在了战争状态。也就是说，中国参战的历史比整个第二次世界大战的历史还要长。因此，这里就出现一个如何看待和评价中国在第二次世界大战中的国际地位的问题，即第二次世界大战爆发之前的战争是否也应该算是这次大战的一部分以及中国同这场战争究竟是一种什么样的关系。

按照现有对世界历史的一般常识性认识，第二次世界大战应该是以1939年9月1日德国进攻波兰算起。那么，在此之前的1931年9月18日日本关东军在中国东北挑起"九一八事变"，日本政府扩大事变规模，侵略中国东北并从中肢解中国东北地区成立傀儡政权"满洲国"，从而引发中日两国的冲突与对抗，以及1937年7月7日日本华北驻屯军在北平近郊宛平县城卢沟桥挑起"卢沟桥事变"，日本政府随即派遣军队进一步扩大战争，中日两国处于全面战争状态，这些冲突与战争同第二次世界大战又是一种什么关系呢？而且，从中日爆发全面战争至1939年9月1日第二次世界大战爆发，中国同日本之间在中国从南到北广阔的国土上已经进行了诸如淞沪会战、忻口太原会战、南京保卫战、徐州会战、武汉保卫战等众多重大战役，中国军队虽然在同日军的战争中损失惨重，总体上处于守势且都先后败退，但是却通过"以空间换时间"和准备打持久战的战略，坚持不放弃抵抗，牵制和消耗了大量日军力量，粉碎了日本想要在三个月之内灭亡中国的妄言。

为了强调中国在战争中所遭受的重大损失和参战时间的相对较长，过去曾有中国的一些学者主张将1931年的9月18日或者1937年的7月7日作为第二次世界大战的爆发日，但是这一主张并没有得到国际历史学界的普遍认可。目前大部分的中国学者虽然也强调中日战争与第二次世界大战之间的密切关系，但也只是将当时的中日战争称为"东方反法西斯战争的开始"，[①]而没有将其直接视为第二次世界大战。甚至在1939年9月1日欧洲战争爆发被视为第二次世界大战的爆发之后，中日之间的战争仍然没有被视为同样属于世界大战的一部分，而只是在1941年12月7日太平洋战争爆发之后，中国才正式对日本宣战，同时也对德国和意大利等日本的盟国宣战，随后中国同美国等国家结成同盟关系，中国战场也才正式作

---

① 方连庆等主编：《国际关系史》（现代卷），北京大学出版社2001年版，第251页。

为第二次世界大战的一部分得到承认。

之所以会出现这样的情形,与中国当时在国际社会的地位有关。中日战争初期,当时的中国由于国力相对较弱,因此国际地位相对低下,还无法同美、英、法、日等列强处于平等的地位,即中国自身并无力承担一场世界规模的战争。日本对中国的侵略是一个列强试图排斥其他列强想要独占中国的一场战争,中日双方处于完全不对等的地位,而且战争初期中国虽然也同苏联签订了《中苏互不侵犯条约》并接受了来自于苏联的贷款、武器装备以及军事顾问团和飞行志愿人员的支援,也有来自于美国等一些国家的志愿者以民间名义对中国抵抗日本侵略所给予的道义和物资援助,但是当时的中国并没有真正法律意义上的同盟国,所以当时的中日战争在总体上并没有被认为是一场世界大战。

不过并不能因此认为1939年9月1日之前甚至1941年12月7日之前中国同日本之间的战争不属于第二次世界大战的一部分。在这里应该指出,从第一次世界大战结束到第二次世界大战爆发之间的国际形势,彼此之间都有着内在的联系,正是以德国、日本、意大利为轴心的法西斯国家不断对外侵略扩张和挑战第一次世界大战之后以美、英、法为核心建立起来的国际秩序,才最终引起了第二次世界大战,在两次世界大战爆发期间所发生的一系列国际危机,其实都是一步步走向全面战争的序幕。因此,"九一八事变"和"卢沟桥事变"等第二次世界大战爆发之前的一系列国际危机,同1939年9月1日世界大战的爆发有着必然的联系,即使西方学者也不能不承认这一点,至少将中日之间始于1931年的冲突同大战前希特勒德国和意大利对西班牙内战的干预、意大利吞并埃塞俄比亚、德国吞并奥地利和捷克斯洛伐克等事件相提并论,认为正是这一系列的危机导致了大战的爆发。① 尤其是1941年12月7日美日之间爆发的太平洋战争,更与中国有着直接的关系,或者说从根本上来说就是由于中国问题所引起的,即日本想要打破1921年华盛顿会议所确立的亚太秩序并独占中国,而美国则坚持华盛顿会议所确立的维护中国主权独立、领土完整和门户开放及利益均沾的政策,美日矛盾最终不可调和而爆发战争。

然而,随着中日战争也成为整个世界大战的一部分,整个战场形势大体上可以分为欧洲战场和亚洲战场两大部分,欧洲战场又可以分为西欧北

---

① 〔美〕斯塔夫里阿诺斯:《全球通史——1500年以后的世界》,吴象婴等译,上海社会科学院出版社1992年版,第710—744页。

非战场和苏联东欧战场,亚洲战场同样也可以分为中国大陆战场和太平洋战场两部分。在欧洲战场,苏联东欧战场主要由苏联承担,西欧北非战场主要由英美承担。亚洲战场的中国大陆战场主要由中国自身承担,太平洋战场则主要由美国承担。与此同时,中国还派出远征军协助英军和美军两次进入缅甸作战。正是在这次世界大战的残酷战斗中,中国的国际地位开始改变和提高。太平洋战争爆发之后不久,1942年1月1日,由美、英、苏、中等26个国家的代表在美国首都华盛顿签署了《联合国家宣言》,中国开始作为一个抵抗日本侵略的主要国家得到国际社会的承认。为了争取同中国的共同作战,1942年1月5日,在美国的要求下,蒋介石就任中国战区最高统帅,中国不但同美、英、苏等国结成同盟国,而且至少在法律上取得了较为平等的地位,随后不久英、美等西方国家先后取消了近代以来强加给中国的一系列不平等条约及其特权。尤其美国,不但开始大规模向中国提供战时援助,同时还主动接受中国作为一个大国进入国际社会,1943年11月22日至26日在美国的倡议下中、美、英三国首脑在埃及开罗举行首脑会议并签署了《开罗宣言》,标志着中国开始进入世界大国行列,开始部分参与对战后国际秩序的重建。当然,中国仍然相对落后于当时的美、英、苏三大盟国,尤其还没有被当时的苏联所完全接受。不过,中国在大战中对日本的抵抗毕竟为中国赢得了世界大国的地位,而且这一大国地位一直延续至了战后,中国作为战胜国代表的四大国之一成为联合国的发起会员国及其安理会的常任理事国,中国终于改变了近代以来一直贫弱交迫并被列强任意欺凌的弱国地位。

二、中国在第二次世界大战中所发挥的作用

毫无疑问,中国是最早抵抗日本法西斯侵略的国家,同时也是亚洲战场上做出牺牲最大和损失最为惨重的国家。按照目前一般的说法,中国在那场战争中共伤亡军民3500万人,其中牺牲人数2100万,即"中国是抗击日本侵略的一个主场,中国人民为世界反法西斯战争的胜利承受了巨大的民族牺牲,做出了杰出的历史贡献。中国在八年抗战中牺牲了2100多万

人,财产损失和物资消耗1000亿美元以上。"①也就是说,中国大陆战场作为第二次世界大战中亚洲战场的一个部分,牵制和消耗了日本陆军的相当一部分力量,为最终打败日本法西斯做出了巨大的牺牲和贡献。

但是具体而言,从整个大战期间来看,中国战场究竟承担了整个日本陆军能力的多大比例以及究竟牵制和消灭了多少数量的日军,至今在这个问题上并没有取得一致的看法。之所以如此,当然与战时的统计相对困难以及各方都为了显示自己的战功和鼓舞士气而故意夸大或缩小统计数据有关,同时也与在战争期间日本兵员数量也在不断变化有关。不过即使在这些并不一致和不断变化的数据中,仍然可以对中国对日作战的基本情况做出一个大致的判断。1937年7月"卢沟桥事变"前后,日本陆军数量其实并没有多少,大约只有25万人,②但是在中日爆发全面战争之后,日本政府迅速进行了战争动员,决定再扩大建成40万军队并大部分派往中国战场,③并且其后随着战争规模的不断扩大而持续向中国战场增兵,到1941年12月太平洋战争爆发时,日本的中国派遣军已达62万,如果将当时驻在中国东北的73万日本关东军也算在内,那么在太平洋战争爆发时中国战场上的日军大约有135万,应该占据了当时日本陆军的绝大部分。也就是说,从"卢沟桥事变"到太平洋战争爆发之前的这段时间里,中国战场确实牵制和消耗了绝大部分的日军力量。然而在太平洋战争爆发之后,日本将作战的主要目标集中在了对美和对南洋方面,即除了主要强化和动员海军对美作战之外,新组建的南方军和为应对美军登陆本土而组建的国内军逐渐成为日军的主要力量,相对而言中国战场在牵制和消耗日军力量方面所占的比例在下降。例如,在1945年8月日本宣布投降时,当时日本军队数量大约有720万,而且主要是陆军,其中在中国战场上的中国派遣军和关东军总数约170万,占其总数的约23.6%,而南方军和国内军总数约550万,占其总数的76.4%。至于在中国战场上被消灭的日军数量,也没有一个确切的数据,而是有40多万、50多万、70多万以及100万以上各种说法。如果按照日本方面对二战中死亡军人的统计,大约是185万人,根据当时中日两国实力对比以及日军在太平洋战场及其他战场上的损失情况来看,中国战场总共消灭日军大约50多万比较接近事实,大约占到日军死亡总数的

---

① 徐天新等主编:《世界通史》现代卷,人民出版社1997年版,第605页。
② 参阅〔日〕若规泰雄:《日本的战争责任》(上),原书房,1995年版,第6页。
③ 参阅方连庆等主编:《国际关系史》现代卷,北京大学出版社2001年版,第266页。

20%多。也就是说，在主要由美军承担的太平洋战场上被消灭的日军数量是最多的，其次应该就是中国战场，当然中国战场被消灭的日军中还应该包括一部分在战争即将结束时被苏联军队出兵中国东北时消灭的人数。

正是因为中国在最后击败日本法西斯方面所发挥的作用相对有限，所以才有一些日本人并不承认在那场战争中最终败给了中国，或者至少从来不承认单独败给了中国，也因此长期以来一些日本人一直存在一种对华优越感，甚至发展成为直至今天中日两国围绕历史认识问题的不断争论和对抗，严重影响了中日两国的官方关系和民间感情。

除去在亚洲战场上和最终打败日本法西斯政权所发挥的作用之外，中国在战后国际秩序重建的问题上也发挥了一定的建设性作用，如1943年11月中、美、英三国首脑开罗会议上通过的《开罗宣言》以及1945年7月由美、英、中三国共同发表的《波茨坦公告》中就规定了战后对日本的惩罚措施以及让朝鲜重新独立的目标。在建立联合国的过程中，中国也是1943年10月美、英、苏三国莫斯科外长会议后共同签署发表的《中美英苏四国关于普遍安全的宣言》的签字国，并在1944年8月下旬至10月上旬为建立联合国而举行的敦巴顿橡树园会议上以及在1945年4月成立联合国的旧金山会议上中国都同三大国一起共同作为发起国而发挥了积极的作用。当然，中国在战后国际秩序重建方面所发挥的作用毕竟不能等同于美、英、苏三大国，例如在敦巴顿橡树园会议上，最初一个多月真正决定有关建立联合国组织核心内容的会议并没有邀请中国参加，只是在大事已定之后的会议最后几天才邀请中国代表参加，中国代表只是对已经决定的内容进行了补充。甚至，当时的一些战后安排反而触及和损害了中国本身的利益，但是中国却无力左右局势，只能被动承受，比如在1945年2月战争即将结束之际举行的雅尔塔会议上，美、英、苏三大国首脑竟然背着中国签订了《雅尔塔协定》，其中对外蒙古地位、大连旅顺港口的国际化和租用、中东南满铁路的经营权等做出了对中国非常不利的规定，以至严重损害了中国的国家主权，后来虽然有一部分权利得以恢复，但是外蒙古的独立已经成为国际关系的一个现实。1946年之后，更是由于中国国共内战及其最终导致两岸分裂，严重地削弱了中国刚刚恢复起来的大国地位，使得中国更难发挥在战后国际秩序重建中的作用，比如由于内战中国当时的国民政府根本无力参与战后对日本的改造，由于两岸分裂而最终中国没有能够参加旧金山对日和会，以及在与日本的建交谈判中两岸都不得不放弃战争赔偿要求，甚至或者由于实力不足而"不能"去按照自己的利益和意愿去重构战后国际秩序,或者由于当时对国际法的"不懂"而失去了恢复自己近代以来所丧失的部分利益和权利的机会,以至于在中国同日本以及同周边其他一些国家之间在战后问题的处理上仍然遗留了一些问题,给战后一段时间乃至今天中国同日本以及同周边其他一些国家之间的关系都带来了影响。

当然,第二次世界大战之后的中国也以自己的方式改变和影响了战后的世界,比如20世纪50年代初直接出兵参加朝鲜战争、60年代援助越南抗击美国、70年代进入联合国及其担任安理会常任理事国后对国际政治的影响,以及50年代在反帝的同时提出同民族主义国家之间的"和平共处五项原则",60年代推行世界革命时期的"反帝反修理论"和70年代的"三个世界理论"对世界的影响等等,但是客观而言,我们必须承认,战后的中国并没有充分利用第二次世界大战中所赢得的大国地位,反而由于内战及其两岸分裂削弱了中国的国际地位。直到20世纪70年代随着中国进入联合国并成为安理会常任理事国以及同美国、日本等西方国家改善关系之后,中国才真正地融入了国际社会,对国际关系产生了越来越大的影响。尤其在进入21世纪之后,中国正在越来越成为具有世界影响力和在国际关系中发挥巨大作用的大国。然而,正是由于中国的国际影响力和在国际关系领域的作用在增加,所以正确评价中国在第二次世界大战中的地位和作用才显得更有意义,因为这关系到中国应该如何看待和评价那段历史以及如何应对今天的世界。

三、纪念第二次世界大战胜利及正确评价历史的现实意义

任何对于历史的缅怀或者纪念其实很大程度上都是为了现实的需要,但是历史不应该建立在现实的想象或者任何夸大、缩小甚至虚构的基础之上,而是应该尊重历史事实,根据真实的历史事实恰如其分地描述和评价历史,尽可能设身处地地去理解和接受当时由于实力或其他原因所造成的历史现实,避免以今天的实力和目光去重新评价和解释历史。对于经历过第二次世界大战的国家来说,正确评价历史就显得更为重要,因为只有在正确评价历史的基础之上才能在不同国家之间最大限度地寻找到共识。

在第二次世界大战结束 70 周年之际中国和俄罗斯等国家为此举行各类纪念活动，无疑是为了缅怀和铭记历史，弘扬国际正义，接受历史教训，维护战后国际秩序与国际持久和平，而且我们也有理由相信，只要中国和俄罗斯这样规模的国家能够真正接受历史教训去积极维护国际秩序与国际持久和平，国际社会的秩序与和平就能够得到很大程度的保证，但是除此之外还需要中国、俄罗斯同其他国家之间实现和解，尤其是战争中的战胜国和战败国之间的和解，比如作为第二次世界大战战胜国的中国、俄罗斯同作为战败国的日本、德国之间的和解。在亚洲，主要就是中日两国的和解。正确评价中国在第二次世界大战中的地位和作用，其实在很大程度上也是为了今天的中日关系。第二次世界大战结束毕竟已经过去 70 年了，长期固化战胜国与战败国之间的敌对关系其实并非国际秩序与国际和平之福，当然也并非中日关系之福。

也就是说，缅怀和纪念第二次世界大战结束以及评价那段历史，绝不应该是为了改变历史，更不应该是为了煽动和延续仇恨，反而一个重要的目的应该就是有关国家都能够了结历史恩怨并实现最终和解。对历史的最好纪念，其实应该是在尊重历史的基础之上能够最终超越历史。当然，根据目前的情形来看，中国和日本之间在历史认识问题上可能还会有不同的看法甚至摩擦，但是需要两国最低限度的相互沟通和善意理解，尽量避免感情化和政治化地根据现实利益去解释和看待历史，即使存在某些一时难以解开的历史纠葛也绝不应该轻易言战，而要首先共同树立决不再战的决心，通过外交谈判或者国际司法等和平方式加以处理和解决，与此同时还要不断地去寻找和扩大两国共同的现实利益，比如扩大两国之间的经济、文化交流与合作，以及有意识地增加两国作为东亚地区大国应该具有的大国责任，比如共同促进东亚共同体的建立等等，通过更多的现实利益来超越历史，最终实现中日两国的真正和解，共同为了亚洲的和平与繁荣发挥作为大国所应该发挥的积极作用。

只有如此，对过去那场战争的纪念和评价才更具有现实意义。

（本文作者系北京大学国际关系学院教授）

The Evaluation of China's Role and Effect in the World War II

Liang Yunxiang

Abstract: In 2015, 70 years have passed since the end of the World War II. China as the main participant and one of the victors in this war, suffered from Japanese fascism in the early stage. This war also changed China's international status from a victim country being bullied to a country regaining its international prestige. In this war, China succeeded to pin down the Japanese army and made great contribution to the defeat of Japanese fascism. China also played a significant part in the rebuilding of postwar international order. To commemorate the victory of World War II is to learn from the history and defend the international justice. What is more important is to achieve the reconciliation between victorious and defeated countries, to keep peace and to avoid wars in the future.

Key words: the World War II, China's status, China's effect, historical evaluation

中日相互认识的演变及思考

李 玉

【内容提要】 本文按古代、近代和现代三个历史时期概述了中日相互认识演变的历程,指出国家实力的变化是中日相互认识发生根本性变化的原因。同时阐述了中日相互认识中的正面认识与负面认识,并分析了正面认识与负面认识影响中日关系的积极作用与消极作用。特别指出负面认识在中日民众间产生的"心结"成为影响中日关系的消极因素,对此要充分重视,正面引导,抑制其对中日关系的负面影响。

【关键词】 中日关系;相互认识;演变;正面认识;负面认识

中日相互认识是中日关系研究中的一个重要课题。本文将对中日相互认识的演变历程做一概述,并通过对中日相互认识中的正面认识与负面认识的分析对中日相互认识做些思考,以此为中日关系的研究提供一些参考。

中日相互认识的演变拟分古代(近代以前)、近代(19世纪70年代—1945年)和现代(1945年至今)三个时期加以介绍。

需要说明的是,在概述20世纪80年代以后的中日相互认识中引用了舆论调查的一些数据,以此作为阐述的实例。

第一部分　中日相互认识的演变

一、中国对日本认识的演变

(一)古代中国对日本的认识

中国古籍早期有关日本的记载见于《汉书》卷二十八下,"地理志":

"乐浪海中有倭人,分为百余国,以岁时来献见云。"①而289年(晋太康十年)陈寿撰写的《魏志·倭人传》则明确记载倭"在带方东南大海之中,依山岛为国邑",该书还描述了日本建立大和王权以前的情况,可视其为中国研究和认识日本之始②。

自《魏志·倭人传》之后,中国各朝对日本的记载均见于官方的正史。各朝正史对周边邻国都立传记述,其中包括日本。可见,中国是世界上研究日本最早的国家。尽管如此,近代以前,中国对日本的研究不够深入,特别是明代以前的研究者几乎不亲自去日本,多靠记录听闻或抄袭前史的各朝"正史"进行研究,可谓是"隔海研究"。因此,古代中国对日本的认识往往停留于表层,多为一般知识性的了解,有些认识还有错误,以至于1840年鸦片战争后,不少中国学者连组成日本列岛的主要岛屿都不清楚。例如,1848年福建巡抚徐继畬主持编修的《瀛环志略》一书中,对日本列岛的介绍是日本"位于海中,三岛并列,北为对马岛……中为长崎,南为萨(萨摩)③。

如前所述,中国正史中均有日本的记载,但都是将其列入"东夷传"或"东夷蛮传"之中。"东夷"的称呼显示了处于"华夷秩序"中心地位的古代中国王朝藐视周边小国的心态。当然,对日本也是如此。例如,清乾隆年间(1736—1795)编修的《大清一统志》中列举了三十多个朝贡国,其中,将日本列为第十二个朝贡国。直到中日甲午战争爆发前,不少中国士大夫还瞧不起日本,仍将日本视为"蕞尔三岛""东夷小国"或"朝贡小国"④。可见,古代中国对日本是无视、轻视或蔑视的。

(二)近代中国对日本的认识

19世纪70年代—1915年(20世纪头20年)

1868年明治维新后,日本迅速走上近代化的强国之路。反之,中国在1840年鸦片战争后,走上半殖民地半封建的道路,并愈陷愈深,特别是在甲午海战中被日本打败,中国先进的知识分子和有识之士立志改革,从日本

---

① 《汉书》,东汉班固著,成书于公元1世纪。"乐浪"是汉武帝灭卫氏朝鲜后在朝鲜半岛北部设立的四郡之一,"乐浪"海应指黄海及东海一带。
② 《魏志·倭人传》全文共1988字,描写了日本建立大和王权以前的情况。文中记述了当时构成倭的众多小国的位置、各国的生活样式以及各国的官名、倭人的风俗习惯、倭国的动植物等资料。"带方",公元204年辽东太守公孙度之子康,割乐浪南郡设带方郡,康之子渊自称燕王,238年魏明帝命军队灭公孙渊,乐浪、带方成为中日等往来枢纽。
③ 武安隆、熊达云:《中国人的日本研究史》,日本六兴出版社1989年版,第177页。
④ 王晓秋:《近代中日启示录》,北京出版社1987年版,第85—86页。

看到了希望,将日本视为模仿的榜样。一些中国人撰写的旅行记或著作中有对日本明治维新和维新后的改革大加赞赏,有的客观地介绍日本的风俗、民情、日本人的性格,其中对日本人的一些性格,如日本人喜好清洁、勤劳刻苦、讲礼貌、善于模仿、善于学习外国经验均予以积极的评价。再如,康有为的《日本变政考》一书明确指出,明治维新是中国改革和维新的榜样,中国只要学习日本的经验就足够了。该书还列举了几条中国应该学习的经验(改革集团的团结与坚定的信念、设立制度局、从民间选拔人才、向国外派遣留学生等)①。客观地介绍日本,赞扬和宣传日本明治维新的改革及日本走向强国之路的经验,并极力倡导学习日本,以推进中国的维新与改革已成为这一时期对日本认识的主流。此时,在人们心目中,日本的形象是以正面为主的。

总之,在这种一强、一弱,一个维新成功,一个力图维新的国情下,人们的心态发生了重大变化,即从过去的"天朝大国"的无视或蔑视"东夷小国"或"朝贡小国"的日本转变为重视日本,赞扬和宣传日本的改革,并向通过明治维新走上强国的日本学习。这一变化是中国日本认识的第一次转变。

1915—1945 年

19 世纪末 20 世纪初走上军国主义道路的日本加紧对中国的侵略,特别是 1915 年提出灭亡中国的"二十一条"。此时,其帝国主义的侵略本质暴露无遗。因此,中国人从向往明治维新的美梦中惊醒,重新认识日本,开始思考和研究,日本为什么会走上帝国主义的道路,日本帝国主义是如何侵略中国的?这一阶段,学者和政治家对日本帝国主义的揭露和批判日趋激烈。例如,孙中山严厉批判日本的武力扩张和侵略中国的政策,强烈要求废除不平等条约,他指出"二十一条和军事协定是束缚中国手脚的最坚固的日本铁锁","只有废除二十一条,中国才能迅速实现统一"。② 李大钊也猛烈批判大亚细亚主义,指出"大亚细亚主义是吞并主义的代名词,是大日本主义的别名,是吞并弱小民族的帝国主义,日本妄想成为亚洲的盟主,由其支配一切"。③ 在这种背景下,中国的日本认识又一次发生了变化,这是中国对日本认识的第二次变化,即从明治维新后的客观地介绍日本,宣传和赞扬明治维新及日本的近代改革,逐渐转向揭露和批判日本的对华侵

---

① 吕万和:《明治维新与中国》,日本六兴出版社 1988 年版,第 181 页。
② 武安隆、熊达云:《中国人的日本研究史》,日本六兴出版社 1989 年版,第 186 页。
③ 同上书,第 190 页。

略及其帝国主义的本质。这种对日本的揭露与批判到20世纪30年代日本发动全面侵华战争后,达到高潮。此时,在中国人的心目中,日本完全是一个负面的、侵略者的形象。

(三) 现代中国对日本的认识

1945—20世纪90年代初期

1945年二战结束,从此直至20世纪70年代末的30多年间,中国对日本的认识严格地说是20世纪头20年至1945年中国日本认识的延续,其基本趋向是,对日本的认识仍侧重于批判,只是不同时期的具体内容有所不同。但是,随着1972年9月中日邦交正常化,特别是随着后来的中国改革开放的起步,这种情况发生了变化。

20世纪70年代末80年代初,中国实行改革开放政策,全力推进现代化的进程。为此,全面客观地研究和学习日本已是历史发展的必然之举。于是,中国对日本的认识再次发生转变,这就是中国对日本认识的第三次变化,即从过去的以批判为主转变为全面、客观地介绍日本,科学地研究和借鉴日本的经验。这时,日本在中国人心目中的负面形象逐渐由"经济巨人""科技强国"等正面形象所代替。事实上,随着中国改革开放的推进和深入,中日经济、文化及人员之间的交流逐步扩大。有关日本的富裕、现代化以及管理先进等的介绍和信息不断见诸于报刊和电视,加上日本电子产品、汽车的品牌效应,"富裕、现代化"的正面形象已为更多的中国民众所接受。

从中日关系舆论调查结果看,20世纪80年代至90年代初期,中国民众对日本的印象以正面形象为主。例如,1988年12月和1992年12月实施的第一次和第二次"中日相互印象调查"中,中国民众对日本印象主要是,"富裕""现代""民主"。调查中,在"正面评价"方面列举了10组形象词,其中,评价最高的是"勤奋""有进取心"和"富于智慧"。而"负面评价"方面列举的10组形象词中否定性评价主要是"不可信赖""心胸狭窄"和"难以理解"。[①]

与此相关联的是,20世纪80年代至90年代初期,中国民众对日本的好感度也比较高。例如,1988年8月"日中共同舆论调查"中,中国民众对

---

① 刘志明:《中日相互舆论的变迁与媒体的作用》,载刘志明主编:《中日关系新思维与舆论》,NICCS出版发行,2003年12月,第162—163页。

日本印象"好"的比例为53.0%。① 这一时期,中国民众对日本印象"好"的比例一直高于"不好"的比例。例如,1995年3月"中国公众对日意识调查",对日本印象"好"的为52.0%,"不好"的为35.0%。②

20世纪90年代中期至今

自20世纪90年代中期以来,改革开放后的中国经济迅速发展。与此同时,中日两国之间围绕历史认识、领土争端、台湾问题等引起的磨擦与矛盾不断加深与激化,中日关系呈现出时而紧张、时而缓和的不稳定的状态。

进入21世纪后,日本国内右倾化日趋加剧,2001年4月至2006年9月执政的小泉首相多次参拜靖国神社;2012年9月野田内阁将钓鱼岛国有化;2012年12月安倍上台后,一再挑战二战后确立的国际秩序,强行解禁集体自卫权,企图修改和平宪法,参拜靖国神社,妄图否定"村山谈话"和"河野谈话",美化侵略战争,在历史问题上挑起事端,致使中日关系陷入建交以来最严峻的状态。由此,中日舆论日趋恶化,20世纪80年代日本在中国民众心目中的"经济巨人""科技强国"等正面形象又一次被负面形象代替,中国民众对日本的负面认识占据了主导地位。

中日关系舆论调查显示,20世纪90年代后半期,中国民众对日本的印象由以正面形象为主转变为以负面形象为主,对日本的好感度明显下降。例如,"1996年12月中国青年对日本认识的调查"中,对于"提到日本二字最容易使你想到的是什么"这一问题所做的回答的结果是,(1)南京大屠杀为84%;(2)"日本鬼子"为81%;(3)武士道为58%;(4)樱花为51%;(5)钓鱼岛问题为49%;(6)日本电器为49%;(7)富士山为48%;(8)广岛原子弹爆炸为44%;(9)东条英机为41%;(10)日本人的团结与敬业为36%。③ 负面印象均排在前列,比例又很高。再如,"1999年8月第三次日中共同舆论调查"中,60%的中国民众对日本持有负面印象,其中主要列举的是,"侵略战争""南京大屠杀""侵略者、好战的国家""军国主义、军国主

---

① 高井洁司、刘志明编著:《中日相互意识与传媒的作用》,NICCS出版发行,2002年11月,第152页。

② 同上书,第158页。

③ 1996年12月"中国青年对日本的认识调查",由中国青少年发展基金会和《中国青年报》于1996年12月4日—12月31日实施,调查对象为《中国青年报》读者共15000人。样本构成,性别:男性79.9%,女性20.1%。年龄:20岁以下23.4%,20—29岁58.9%,30—39岁14.9%,40岁以上2.6%。文化程度:小学及以下0.5%,初中6.1%,高中40.3%,大学专科或本科51.8%,研究生1.4%。高井洁司、刘志明编著:《中日相互意识与传媒的作用》,NICCS出版发行,2002年11月,第159页。

义思想""日本否定侵略历史""凶暴残忍、野蛮、没有人性"等;而持正面印象的比例则为20%。列举的主要有,"经济发达""生活水平高"等,负面形象完全压倒正面形象。与此相关联的是,中国民众对日好感度日趋恶化。

例如,1996年12月"中国青年对日本的认识调查"中,对日本印象"不好"的比例(41.0%)超过了"好"的比例(15.0%)。此后,这种状况一直继续。

例如,1999年11月"电视与中日相互意识调查"中,对日本印象"不好"的为53%,"好"的为46%①。

进入21世纪后,中国民众对日本的印象更加恶化,对日本的好感度已降至历史最低点。例如,在2005—2014年的舆论调查中②,在问道"提到日本首先想到的是什么"时,中国民众的回答中,"南京大屠杀""靖国神社""侵华日军"等始终排在前三位。在2005年、2006年、2008年和2009年的调查中,"南京大屠杀"则排在第一位。在2012年和2014年的调查中,"钓鱼岛"和"南京大屠杀"也排在第一、二位。

2005—2014年期间,中国民众对日本印象"好"的比例最高的为38.3%(2010年),2013年则跌入最低点,这一年对日本印象"好"的比例为5.2%,"不好"的为92.8%。

2005—2014年中国民众对日本的"好感度"(对日本印象"好"与"不好")

	2005	2006	2007	2008	2009	2010	2011	2012	2013	2014
好	11.6	14.5	24.4	27.3	32.6	38.3	28.6	31.8	5.2	11.3
不好	62.9	56.9	36.5	40.6	65.2	55.9	65.9	64.5	92.8	86.8

资料来源:日本言论NPO网2014年9月10日;中国日报网2014年9月9日。

调查显示,中国民众对日本印象"不好"的原因主要是,"日本在钓鱼岛

---

① 高井洁司、刘志明编著:《中日相互意识与传媒的作用》,NICCS出版发行,2002年11月,第163—164页,第159页。
② 2005年《中国日报》和日本的言论NPO组织共同商定于当年8月举行"北京·东京论坛",并商定,于同年同步实施"中日关系舆论调查",以便为"北京·东京论坛"的对话和讨论提供参考资料。中国的舆论调查分为《城市居民中日关系舆论调查》和《北京大学生中日关系舆论调查》。第一次中日舆论调查于2005年实施。中国的调查于当年5—6月进行,城市民众以北京、上海、西安、成都、沈阳5个城市的18岁以上的男女为对象,有效收回标本1938份。大学生以北京大学、清华大学、中国人民大学、国际关系学院、外交学院的学生为对象,有效收回标本1148份。日本的调查于当年7月15日至31日实施,以18岁以上居民为对象(统称为"民众"),共回收1000份有效问卷。至2014年中日舆论调查共实施10次,中日双方每次调查的城市、学校和调查对象、人数大体相同。本文所引用的数据均来源于对中日两国普通民众的调查。

及周边诸岛的领土争端上采取强硬态度"(2011年为39.4%,2014年为64.0%),"日本没有正确认识侵华历史,没有认真地反省和道歉"(2011为46.3%,2014年为59.6%),"日本媒体渲染中国威胁论"(2014年为31.6%),"日本国民的民族主义强烈"(2014年为21.3%),"日本傲慢,内心蔑视中国人"(2014为17.2%)[①]。

这一时期,中国对日本的认识发生了第四次变化,其表现是,中国民众的自信心和自豪感增强,自信心逐渐取代了自卑感,自豪感逐渐取代了羡慕感。

二、日本对中国的认识

(一) 古代日本对中国的认识

古代中国因其文明的领先而形成了以中国为中心、以近邻民族和国家为边缘的东亚文明和区域秩序即"华夷秩序",中国成为这个"秩序"的中心,由此构成了中国历代王朝与周边民众和国家的宗藩关系即朝贡册封关系。

古代的中国与日本,一个处于东亚的中心,一个在东亚的边缘,文明发展滞后的日本自古就向中国学习,引入中国的文化,从制度到文字,从服饰

[①] 本文所引用的2005—2014年的舆论调查数据,如无特别注明均来自这10次舆论调查,引用的调查数据来源如下:

(A) 2005年的舆论调查资料见《2005年中国公众对日舆论调查报告》(李玉、范士明),2005年8月23—24日,第一届"北京·东京论坛",资料见"中国日报网";《2005年中日共同舆论调查结果(日本编)》,见日本《言论NPO调查报告》。

(B) 2006年的舆论调查资料见《2006年中国公众对日舆论调查报告》(李玉、范士明),2006年8月2—4日,第二届"北京·东京论坛",资料见《中国日报网》;《2006年中日共同舆论调查结果(日本编)》,见日本《言论NPO调查报告》。

(C) 2007年的舆论调查资料见《2007年中国公众对日舆论调查报告》(李玉、范士明),2007年8月28—29第三届"北京·东京论坛",资料见中国日报网,《2006年第二次日中共同舆论调查》,见日本《言论NPO网》。

(D) 2008—2014年舆论调查资料见下述报告:《2008年第四次日中共同舆论调查结果》(日文,日本言论NPO网,2008年9月9日);《2009年第五次日中共同舆论调查结果》(日文,日本言论NPO网,2009年8月26日);《2010年第六次日中共同舆论调查结果》(日文,日本言论NPO网,2010年8月14日);《2011年第七次日中共同舆论调查结果》(日文,日本言论NPO网,2011年8月11日);《2012年第八次日中共同舆论调查结果》(日文,日本言论NPO网,2012年6月20日)。《2013年第九次日中共同舆论调查结果》(日文,日本言论NPO网,2013年8月5日)。《2014年第十次日中共同舆论调查结果》(日文,日本言论NPO网,2014年9月10日)。

到器物,完全被纳入了"中华文化圈"。所以,古代的日本的政治体制、思想文化等各个方面深受中国影响,对中国是崇拜的。因此,古代日本对中国认识的主流是"慕华",是一种"慕华"的中国观。"中华礼乐花开遍,元气吹嘘日本樱""万乘之多,五等之列,九州之地,何外求哉中国之为中国也",德川时代学者林罗山(1583—1657)的这段话是对"慕华"中国观的最好的注解。①

这种"慕华"的主导意识到了德川幕府中期(1680—1716)以后发生了一些变化。这一时期,随着日本国学和兰学的兴起,"慕华"意识日趋弱化,疑华、蔑华思潮增强,社会上出现了一方面尊敬"文化中国",同时又批判现实的中国,甚至将中国妖魔化的风气。思想家古贺侗庵(1788—1847)和本居宣长(1730—1801)的言论反映了这一社会现象。

古贺侗庵说"唐人识见窄狭,夜郎自大,以为宇宙之际,绝无强大富瞻若我齐州者……以中华礼仪之邦自居,非颜之厚而何也"。② 本居宣长称,日本是有"道"之国,而中国无"道",儒家亦无"道",呼吁日本人不要沉迷于儒学,"欲习道者,须先将汉意、儒心洗净,坚守大和魂至为紧要"。③

尽管如此,"慕华"的中国观尚未发生根本性的变化。但是,这一时期将"文化中国"与现实中国割裂开来,在对"文化中国"表示尊崇的同时又对现实的中国加以批判的风气对近代以后日本对中国认识的影响还是很深刻的。

(二) 近代日本对中国的认识

明治维新后,日本在走上近代化国家之路的同时也踏上了军国主义的道路,开始对周边国家实行扩张和军事侵略。1874 年,出兵侵略台湾,1879 年吞并琉球,1876 年迫使朝鲜签订不平等的《日朝修好条约》,进而于 1894 年发动甲午战争,并在战争中打败清朝。甲午战争的胜利使日本更加蔑视中国。战争之后,蔑视、污蔑的话语已常见于日本的报刊和书籍之中。例如,竹越与三郎(1865—1950)在《支那论》中说,"支那人是世界上最容易繁

---

① 转引自赵德宇、向娜、郭丽:《近代以来日本的中国观》(第二卷 1603—1840),江苏人民出版社 2012 年版,第 11 页。
② 转引自刘岳兵:《近代以来日本的中国观》(第三卷 1840—1895),江苏人民出版社 2012 年版,第 20 页。
③ 转引自杨栋梁:《近代以来日本的中国观》(第一卷 总论),江苏人民出版社 2012 年版,第 23 页。

殖的人种,彼等同如鼠类",在其他文章中多使用"虚伪""强盗般的侵略人种""豚尾汉""流浪者"之类的污蔑性语言。① 随军记者田山花袋更是在其从军记《圣尘》中污蔑道:"西洋人视支那人为动物,不得不说,他们实际上就是动物,是下等动物,他们在生理上失去了作为人类的资格。"②正如日本民主政治家吉野作造所说"甲午战争胜利后,大多数日本人都有轻侮支那的观念"③。有些人对中国更是采取无视甚至敌视的态度。如福泽谕吉(1835—1901)在其所著的《脱亚论》中说"为今日计,我国不可在期待邻国开明、共同振兴亚洲上犹豫,毋宁脱离其伍,与西洋之文明共进退","亲近恶友者无法免除恶名。我等于心里谢绝亚细亚东方之恶友"。④

总之,甲午战争后,古代日本的"慕华"中国观彻底破碎,日本人对中国的认识发生了一次根本性的改变,这是日本对中国认识的第一次变化,即日本的中国观从"慕华"转向"蔑华",日本开始无视和蔑视中国,视中国为"半野蛮国家"和"亚细亚之恶友"。

与此同时,日本自我膨胀,优越意识增强。如《教育时论》称"今我大日本帝国已不是东洋孤岛上贫弱国家,而是并列于世界优等国的一流国家",日本要"驰骋于世界舞台,一争雌雄"⑤;大隈重信(1838—1922)也自称日本已"融合东西文明,处于绝对的主导地位"。⑥ 这种通过甲午战争胜利而滋长的优越感深深植根于民众心中,成为后来影响日本对中国认识的重要因素。

进入20世纪后,日本继续扩大对中国的侵略,1914年参与第一次世界大战,乘机入侵山东,并于1915年提出"二十一条",妄图攫取更多的利益。1931年策动"九·一八事变",侵占中国东北,1937年挑起"卢沟桥事变",发动全面侵华战争,大肆掠夺中国的资源和财富以及残害中国民众,至此,日本对华的蔑视已经变为敌视。这种状况一直延续到1945年。

---

① 转引自杨栋梁:《近代以来日本的中国观(第一卷 总论)》,江苏人民出版社2012年版,第82—83页。
② 同上书,第125页。
③ 《吉野作造博士民主主义论集》第6卷,转引自杨栋梁:《近代以来日本的中国观(第一卷 总论)》,第120页。
④ 《福泽谕吉全集》第10卷,转引自杨栋梁:《近代以来日本的中国观(第一卷 总论)》,第59—60页。
⑤ 转引自杨栋梁:《近代以来日本的中国观(第一卷 总论)》,江苏人民出版社2012年版,第127页。
⑥ 同上书,第130—131页。

（三）现代日本对中国的认识

1945年—20世纪90年代初期

从1945年至20世纪90年代初期，日本对中国的认识基本上是二战前中国观的延续。但是，20世纪50年代，面对着战争给中国和日本带来的严重灾难、中国放弃战争赔偿以及新中国政府实行的将极少数军国主义分子与广大日本民众区分开来的政策，日本社会中出现了"反省和原罪的中国观念"，而且相当强烈，其主要表现是，以日本知识分子主流为代表的社会群体对于战争中侵略罪恶的反省和追究，即承认侵略战争造成的罪恶，抱有负罪感，并对中国放弃战争赔偿抱有感恩心理。这两种认识可称之为"反省意识"和"谢恩意识"。与此同时，新中国建立后，崭新的制度和清新的气象，使这部分人视新中国为新生、和平和人道的象征，是日本未来的榜样。这种认识可以称作"追求意识"。① 此外，日本人对中国传统文化的仰慕和尊崇仍然存在。尽管如此，蔑视中国的意识依然是根深蒂固的。

20世纪60年代后，日本经济高速发展，经济强大、科技发达；而中国经历了"文化大革命"，经济停滞，国力衰退。日本的大国意识再次抬头，视中国为"落后""贫穷""专制""愚昧"的国家，蔑视中国的对华认识故态复萌，并一直延续着。

这种观念从20世纪80年代末和90年代初的中日关系舆论调查的结果可以得到印证。在1988年12月和1992年12月第一次及第二次"中日相互印象调查"中，日本人认为中国"贫穷"和"传统"的比例1988年和1992年的两次均为60%—70%。认为中国"不民主"的，第一次调查（1988年）为58%，第二次（1992年）则上升为67%。② 可见，在日本民众心目中，中国是"贫穷""传统""不民主"的国家，是负面形象。然而，对中国传统文化的印象仍残留在日本人的脑海中。例如，1992年8月的舆论调查显示，日本人认为中国的魅力之处是，"自然景观"（占43.9%）、"文物古迹"（占

---

① 参见严绍璗：《战后六十年日本人的中国观》，载《文明视角下的中日关系》，香港社会科学出版社2006年版，第27—33页。

② 高井洁司、刘志明编著：《中日相互意识与传媒的作用》，NICCS出版发行，2002年11月，第154页。刘志明：《从舆论调查看中日相互意识的变迁》，载刘志明主编：《中日传播与舆论》，EPIC出版，2001年11月，第44页。

30.8%)和"艺术品"(占28.1%)。①

20世纪80年代,日本政府对改革开放的中国实施了援助,在资金(日元贷款)、技术、接受留学生等方面帮助中国现代化。这固然是出于日本的促使中国走向西方的"自由民主"道路以及借中国钳制前苏联的政治、安全的战略考虑,但是,无疑是与日本认为中国"落后",两国经济差距巨大,尚不能成为竞争对手是有关系的。舆论调查显示,这一时期,日本对中国的好感度比较高,80年代,日本民众对中国"有亲近感"的比率约为65%—75%,"没有亲近感"的比率约为20%—25%。1972年10月对中国"有亲近感"的为18.0%②,1978年增至62.1%,1980年达到78.6%,为史上最高,而"没有亲近感"的只有14.7%。"有亲近感"的直到1990年还保持在52.3%。③

20世纪90年代中期至今

20世纪90年代中期以后,日本的中国认识又发生了变化,这是日本对中国认识的第二次重大变化,其表现就是,面对着日益发展的中国,恐惧感和威胁感增强,自信心变为戒备心,而蔑视感为排斥感所取代。

这些变化可以从中日舆论调查结果中得到印证。调查显示,视中国为"威胁"的日本人,1978年为10.5%,1981年为1.7%。④ 90年代中期后,"中国威胁"论调日趋显现,根据日本富士电视台1996年1月4日的调查,日本人认为中国是"今后对日本最有威胁"的国家的比例为45.6%。⑤ "1998年5月朝日新闻的调查"中,日本人感到中国威胁的比例达到64%。⑥ 日本民众认为对日本构成军事威胁的国家第一位是北朝鲜,第二位是中国(2010年为47.0%,2014年为64.3%),其理由是(以2010年为例),① 中国"有核武器"(47.0%),② 中国"不断增强的军事力量,不久的将来会构成威胁"(60.9%),③ 中国"屡屡侵犯日本领海"(47.7%)。

---

① 1992年8月"日本人的中国观"舆论调查,参见鲁义:《中日相互理解还有多远》,世界知识出版社2006年版,第65页。
② 转引自黄大慧:《日本的公众舆论与中日关系——以冷战后日本人的中国认识为中心》,载蒋立峰主编:《21世纪的日本:政治外交发展趋势》,世界知识出版社2000年版。
③ 刘志明:《从舆论调查看中日认识的变迁》,载《中日传播与舆论》,株式会社EPIC出版,2001年11月,第43页。
④ 注转引自黄大慧:《日本的公众舆论与中日关系——以冷战后日本人的中国认识为中心》,载蒋立峰主编:《21世纪的日本:政治外交发展趋势》,世界知识出版社2000年版。
⑤ 同上。
⑥ 刘志明:《中日相互舆论的变迁与媒体的作用》,载《中日关系新思维与舆论》,NICCS出版,2003年12月,第165页。

与此相关联的是,90年代后半期日本对华好感度不断下降。例如,1996年日本民众对中国"没有亲近感"的比例(51.3%)超过了"有亲近感"的比例(45.0%)①。之后,这种状况一直延续。进入21世纪后日本民众对中国的好感度持续恶化。2005—2014年的调查显示,"有亲近感"的比例逐年减少,2005年为15.1%,2014年只有6.8%,达到最低点,"没有亲近感"的,2005年为37.9%,2014年达93.0%,升至最高点。

调查显示,日本民众对中国印象"不好"的原因有(以2014年的调查为例),"在确保资源和能源方面,以自我为中心"(52.8%),"两国围绕钓鱼岛问题持续对立"(50.4%),"在历史问题上批判日本"(48.9%),"中国采取不符合国际规则的行动"(47.9%),"中国媒体不断的反日报道"(41.1%),"军力增强,军费不透明"(28.7%),"中国的民族主义强烈"(18.4%)。

2005—2014年日本民众对中国的"亲近感" (%)

	2005	2006	2007	2008	2009	2010	2011	2012	2013	2014
有亲近感	15.1	11.8	33.1	24.1	26.6	27.3	20.8	15.8	9.6	6.8
没有亲近感	37.9	36.4	66.3	75.6	73.2	72.0	78.3	84.3	90.1	93.0

资料来源:日本言论NPO网,2014年9月10日;中国日报网,2014年9月9日。

三、中日相互认识演变的归纳及发生变化的原因

(一)中日相互认识演变的归纳

中国对日本的认识的第一次变化发生在19世纪70年代明治维新以后,其转折点是甲午战争。变化的内容是,对日本从古代的无视、藐视转变为重视、学习,以求改革自救。之后,中国屡遭日本欺辱、侵略,至20世纪10—20年代对日本的认识发生第二次变化,其转折点是1915年"二十一条"的签订,变化的内容是,对日本从重视、学习转变为揭露、批判、仇视直

---

① 刘志明:《从舆论调查看中日认识的变迁》,载《中日传播与舆论》,株式会社EPIC出版,2001年11月,第43页。

至敌视,这一认识延续至二战结束。而由此而产生的以负面认识为主的日本观在二战结束后的三十余年间一直居主导地位,直到20世纪70年代末80年代初才发生变化,这就是中国对日本的认识的第三次变化。其转折点是中国改革开放的启动,转变的内容是对日本从以批判为主转变为客观地研究和借鉴,日本的负面形象也随之被"经济大国""科技巨人"的正面形象所取代。20世纪90年代后,中国对日本的认识发生第四次变化,其转折点是90年代中期中国经济的迅猛发展。变化的内容是中国人的自豪感和自信心增强,在中国人的心目中,日本的"科技强国"的正面形象因其在历史认识等问题上不断挑起事端及其经济的衰退而又一次转变为负面形象。

上述四次变化中最重要的是第一次和第四次。形象地说,第一次是中国从古代的"俯视"日本转变为"仰视"日本;第四次是中国从近代以来"仰视"日本转变为与日本"平起平坐"。从这个意义上说,这两次变化是中国对日本认识的根本性转变。

日本对中国认识的第一次重大变化也发生在19世纪70年代的明治维新以后,其转折点也是甲午战争,变化内容是,对中国从古代的"崇敬"转变为"无视""蔑视"直至"敌视",这种主流认识在1937—1945年日本全面侵华期间达到最高峰。二战结束后,日本对华认识虽在50年代稍有变化,但是,"蔑华"的这一主流认识并无根本性改变,一直延续到20世纪90年代初期。之后,日本对中国的认识发生第二次重大变化,其转折点是90年代中期的中国经济的迅速发展。变化的内容是,日本人自信心受到严重的挫折。在日本人心目中,原来弱势的中国成为自己的"威胁",由此,戒备心和排斥感随之增强。

(二) 中日相互认识发生变化的原因

促成中日相互认识发生上述两次根本性变化的原因是多方面的,但是,最主要的原因是双方实力的变化。

古代中国的综合实力远远超出日本,中华文化的影响力也很强大,在这种"一强"(中国)"一弱"(日本)的状况下,中国对日本的无视和藐视也就顺理成章了。而被纳入"中华文化圈"的日本对中国的仰慕和尊崇也就成为必然。

到了近代,日本通过明治维新走上近代化的道路,实力日趋强大。反之,走上半殖民地半封建道路的中国则日渐衰落。两国实力对比倒转,在这种日本变"强"、中国变"弱"的状况下，日本对中国的认识必然从尊崇转向无视和藐视，而中国对日本的认识随之从无视和藐视转向重视和羡慕。这些已被历史事实所验证，在此不再赘言。

到了20世纪90年代特别是90年代中期，中国经济迅速发展，国家实力大增，而日本则因"泡沫经济"破灭，经济日趋衰退。2010年中国的GDP(59847亿美元)超过日本的GDP(54742亿美元)，成为世界第二大经济体，两国的经济实力发生了变化，从原来的"一强"(日本)"一弱"(中国)变成了"两强(中、日)并立"，其结果是，中国民众的自信心增强，日本民众的自信心严重受挫。这一点从2011—2014年舆论调查的几个数据中可以得到印证。

例1 在"今后领导世界的国家和地区是哪个"的提问中，中国民众回答是"中国"的2013年为41.6%，2014年为41.8%；而回答是"日本"的2013年为3.5%，2014年为8.9%。日本民众回答是"日本"的2013年为9.8%，2014年为10.8%；回答是"中国"的2013年为16.2%，2014年为11.3%。

例2 在"对2030年日本的预测"的提问中，中国民众认为"日本能成为世界第三经济大国和军事大国"的2013年为7.7%，2014年为8.9%；认为"日本不能成为世界第三经济大国和军事大国"的2013年为24.4%，2014年为28.1%；认为"日本经济大国地位及其影响力都下降"的2013年为33.1%，2014年为24.6%。

例3 对"2050年中国经济的预测"的提问中，中国民众认为"中国超过美国，成为世界最大的经济大国"的2011年为26.6%，2012年为21.5%；认为"中国经济持续增长，成为与美国并列的大国，具有竞争力"的2011年为52.7%，2012年为53.8%；认为"中国经济难于顺利增长，很难与美国并列"的2012年为12.3%，2012年为13.3%。

例4 对"2050年日本经济的预测"，日本民众认为日本"仍然是世界第三经济大国"的2011年为8.7%，2012年为9.4%；认为日本是"具有中等强度但却无任何影响力的国家"的2011年为19.4%，2012年为17.9%；认为日本是"小国但有影响力的强国"的2011年为16.7%，2012年为13.5%。

中日间实力对比的变化必然引起两国民众心态的变化。中国，由举世瞩目的发展成就以及对美好未来期盼而增强的自信心逐渐取代了因长期处于弱势而笼罩在中国人心头的自卑情绪;由追赶世界发达国家的步伐的加快及差距的缩小而增强的自豪感逐渐取代了对日本的羡慕感。日本,产生了失落感和危机感,以往的优越感变成了恐惧感,由此将中国视为威胁,助长了"中国威胁论"的蔓延。同时,因软实力仍优于中国而产生的不服气情绪,使以往的蔑视感变成了排斥感,自信心变成戒备心,动辄挑中国挑毛病,放大问题,助长了"厌华情绪"的滋生与增长。

总之,国家实力的变化以及由此带来的民众心态的变化是导致中日两国相互认识发生根本性变化的重要因素,从某种意义上可以说是决定性的因素。

第二部分　中日相互认识的思考
——从中日相互认识中的正面认识与负面认识谈起

一、中日相互认识中的正面认识与负面认识的含义

中日相互认识演变的主要内容可以概括为,中国对日本:古代对日本的无视和藐视;近代(明治维新后)对日本近代改革的赞扬和学习;20世纪10年代后,对日本侵略的揭露、批判和仇视;20世纪80年代,对日本现代化的研究和借鉴;90年代中期后对日本的挑战、怨恨。日本对中国:古代对中国传统文化的尊崇、近代(明治维新后)对中国的蔑视、仇视;20世纪90年代中期后,对中国的挑战、厌恶。归纳一下,中日相互认识,大体可以分为两类,一是正面认识,如中国对日本近代改革的赞扬和学习、对日本现代化的借鉴;日本对中国传统文化的尊崇。二是负面认识,如中国对日本侵略的揭露、批判、怨恨;日本对中国的蔑视、厌恶和戒备。

这些正面与负面的认识在前面提到的20世纪80年代以后的中日关系舆论调查中具体而形象地体现出来。

首先,从中日相互印象的调查来看,20世纪80年代至90年代初,中国对日本印象以正面为主,表达的词汇是"富裕"和"现代"(1988年12月和1992年11月舆论调查)。1996年后对日本印象则以负面为主,表达的词汇是"南京大屠杀""日本鬼子""侵略者""凶暴残忍""否定侵略历史"等,"经济发达""生活水平高"等正面词汇则居于次要地位(1996年12月和

1999年8月的舆论调查)。日本对中国的印象是,"贫穷、传统、不民主"①"自然景观""文物古迹"等(1992年8月舆论调查)②。90年代中期后,日本对中国的印象是,"专制""发展"(1997年舆论调查)③,"独特的传统与文化""军事大国"等(1999年舆论调查)④。这里,"贫穷、传统、不民主""专制""军事大国"是负面看法,而"文物古迹""独特的传统与文化"则是正面看法。

2005—2014年日本言论NPO和《中国日报》实施的10次中日关系舆论调查中,中国民众对日本负面印象的主导词汇是"南京大屠杀""钓鱼岛""侵华日军""靖国神社",而正面印象的主导词汇则是"日本电器""樱花"等。日本民众对中国正面印象的主导词汇是,"中华料理""万里长城"等,而负面印象的主导词汇则是"钓鱼岛(日本称尖阁诸岛)""反日游行、反日感情"等。

从两国相互印象"好"与"不好"的原因的调查来看,上述的10次调查中,中国民众对日本印象"不好"的主要原因是,日本"侵略过中国,对侵华历史没有认真的反省和道歉""在钓鱼岛问题上态度强硬""日本国民民族主义强烈""日本人傲慢,内心藐视中国"等。而对日本印象"好"的主要原因是,日本"工业发达、科技先进""产品质量可靠""日本人工作勤奋认真"等。日本民众对中国印象"不好"的主要原因是,中国"在确保资源和能源方面,以自我为中心""在历史问题上批判日本""中国的民族主义强烈"等;而对中国印象"好"的主要原因是,"对中国自古以来的文化抱有兴趣""中国经济的发展对日本是不可缺少的"和"受所认识的中国人影响"等。这里,可以将彼此印象"好"的原因视为正面认识;而印象"不好"的原因可视为负面认识。

归纳起来,中国对日本的正面认识主要有,"工业发达""科技先进""产品质量精良可靠""日本人民勤奋、敬业""日本电器""樱花"等。日本

---

① 1988年12月、1992年11月舆论调查,见刘志明:《从舆论调查看中日相互认识的变迁》,载《中日传播与舆论》(刘志明主编,EPIC出版,2001年11月),第44页。

② 1992年8月舆论调查,鲁义:《中日相互理解还有多远——关于两国民众相互认识的比较研究》,世界知识出版社2006年版,第65页。

③ 1997年舆论调查,1997年7月第一次"中日相互意识全国调查"。见刘志明:《中日相互意识调查概述》,载《中日相互意识与传媒的作用》(高井洁司、刘志明编著,NICCS出版,2002年11月)。

④ 1999年舆论调查,坪井弘:《日中相互意识比较》,载《中日传播与舆论》(刘志明主编),EPIC编印,2001年11月,第49页。

对中国的正面认识主要有,"独特的传统与文化""文物古迹""对中国自古以来的文化抱有兴趣"。在这里,我们可将中国对日本的正面认识概括为"经济文化符号",将日本对中国的正面认识概括为"传统文化符号"。

中国对日本的负面认识主要有,"曾经侵略过中国,但没有正确认识侵华历史""在钓鱼岛问题上态度强硬""日本右翼势力反华言行""傲慢,内心蔑视中国"等。日本对中国的负面认识主要有,"贫穷""专制""在历史问题上批判日本""围绕钓鱼岛的对立""在确保资源和能源方面以自我为中心"。在这里,我们可以将中国对日本的负面认识称之为"历史印记",将日本对中国的负面认识称之为"历史印象"。上述内容与概括如下表所示。

	中国对日本的认识	日本对中国的认识
正面认识	工业发达、科技先进、产品质量精良、可靠;人民勤奋、敬业;日本电器;樱花 **(经济文化符号)**	独特的传统与文化;文物古迹;对中国自古以来的文化抱有兴趣;受所认识的中国人影响 **(传统文化符号)**
负面认识	曾经侵略过中国,没有正确认识侵华史;在钓鱼岛问题上态度强硬;日本右翼势力反华言行;傲慢,内心蔑视中国 **(历史印记)**	贫穷;专制;在历史问题上批判日本;围绕钓鱼岛(日本称尖阁群岛)对立;在确保资源和能源方面,以自我为中心 **(历史印象)**

为什么将中日间的正面认识与负面认识做如上的概括呢?因为中日间的正面认识涵盖了对对方国家的经济、科技、现代和传统文化等方面的内容,为此可以将中国对日本的正面认识概括为"经济文化符号",将日本对中国的正面认识概括为"传统文化符号"。而中日间的负面认识更多的涉及历史上形成的对对方国家的记忆及印象,所以,可以将中国对日本的负面认识称为"历史印记";将日本对中国的负面认识称为"历史印象"。由此,可以看到,这些概括有一个明显的特点,那就是其内涵既是现实的又是历史的。

"经济文化符号"概括了中国对日本现实的经济、科技、文化等领域的研究、学习和借鉴,它是现实日本经济文化在中国人头脑中的反映;但它又是明治维新后赞扬并向日本学习的态度的一种传承。

"传统文化符号"是日本对现存的中国文化传统的尊崇、欣赏和学习,而这种尊崇则是从古代一直传承下来的。

"历史印记"是现实的中国人对日本侵略战争历史的一种记忆,是铭刻在头脑中的"印记",但这样的"印记"并非无缘之木,它始于近代以来日本对中国的侵略战争,并延续至今,是一种历史的积累和传承。

"历史印象",它始于德川幕府中期,当时,日本一方面尊崇中国的传统文化,同时又批判和蔑视现实的中国(清朝),直至明治维新,特别是甲午战争后完全转化为对中国的蔑视和仇视。时至今日,尽管中国的 GDP 超过了日本,但日本因其软实力仍强于中国的优越感致使近代以来产生的对中国的蔑视仍然强而不衰。

人们在探讨中日关系时经常将中日关系中的结构性的矛盾作为影响两国关系的重要因素。那么,在相互认识上是否也有类似的情况?基于这样的考量,笔者认为,中国对日本认识中的"经济文化符号"和"历史印记",日本对中国认识中的"传统文化符号"和"历史印象"作为正面的认识与负面的认识在中日相互认识中是并存的,而且是矛盾和对立的,由此,可以将其视为为一种二元的结构。

下面的两段话也许是对这种二元结构的形象的描述。

> 中日两国一衣带水,渊源很深,未来的交集也许会更多。对于这个暧昧的邻居,中国人的态度是复杂的,有人爱,有人恨,也有人爱恨交加。但遗憾的是,无论哪一派,都对日本知之甚少,可谓爱不足,恨有余。①

"记者身边所接触的相当多的日本人对中国的态度大致是一分为二看问题的:不屑甚至反感中国的社会制度,但是对中国的传统文化钟爱有加,对唐诗、三国志等津津乐道。有日本的媒体人士对此归结为'动的中国'和'静的中国'。所谓'动'就是中国的政治、社会动态,这方面给予十分的警戒;中国传统文化、民间艺术是属于'静态'的东西,这方面有必要吸收、学习和利用。对中国"静"的方面,日本人普遍有亲近感。②

这里,可以将上述两段话中的对日本的"爱"(也可以理解为"学习与借鉴")和"静的中国"看作是正面认识;将对日本的"恨"和"动的中国"看作为负面认识。

至于将中日相互认识中的正面与负面认识视为二元结构是否准确,尚需商榷。但是,至少它可以为我们提供一个观察中日关系的视角,即从相

---

① 旅日作家李长声·《"闲话"日本:中国人对日本爱不足恨有余》,中国青年网,2014 年 8 月 4 日 http://japan.people.com.cn/n/2014/0804/c35465-25394580.html。
② 黄文炜:《2014 年日本对华心态展望》,2014 年 2 月 20 日,http://huangwenwei.blog.ifeng.com。

互认识的视角探讨中日关系舆论的变化及其对中日关系的影响。

二、中日相互认识的负面认识与中日间的"心结"

所谓"心结"就是心里解不开的疙瘩,是心里放不下的事情,是内心所受的一种刺激,解不开而又放不下。那么中日间的"心结"是什么呢。中日相互认识中的负面认识即前述的"历史印记"和"历史印象"所造成的历史恩怨、隔阂和成见就是两国间的一个"心结"。

(一)先看看中国人心中的"历史印记"。中国人脑海中的"历史印记"就是对日本侵略战争及其造成的灾难的记忆,战争之害,亡国之痛,杀戮之恨,已经深深地埋藏在内心,成为中国人的一种挥之不去的"心结"。这个"结"因当今日本政府没有认真反省侵略历史以及日本右翼的否定侵略战争的言行而在中国人心中勒得愈来愈"紧"。

再看看日本人心中的"历史现象"。日本人脑海中的"历史现象"的核心就是源于德川幕府中期而形成于甲午战争的优越感之下的对华的蔑视,这种观念一直延续下来,直到2010年中国的GDP超过日本后,日本仍不服气,蔑视中国的心态仍然存在,只不过换成了一种莫名的排斥、嫉妒和戒备,进而催生和增强了"中国威胁论"。由此,这种"心结"变得更加纠结了。

中日间的这个"心结"在中日关系中起到的是负面作用,即推进舆论从正面转向负面,恶化舆论氛围,激发过激的民族主义情绪,使两国关系趋向紧张、持续并难以缓解。因此,应该努力消解中日间的这个"心结"。

那么,中日间的这个"心结"能消解吗?怎样才能消解呢?

中日间的"心结"如何消解,这需要从"根源"上解决。那么,根源是什么?也就是说,化解或消解这个"心结"的前提条件是什么?

首先,中国民众认识中的"历史印记"的症结源于日本侵华战争造成的灾难以及对历史问题缺乏认真的反省和道歉。所以,日本要像德国那样就侵略历史真诚地反省和道歉,这是解消"历史印记"的前提和条件。

但是,从中日关系的演变与现状来看,做到这一点是相当困难的。

从中日民众的认识来看,"历史问题"很难解决。仅从2005—2014年的舆论调查中举出两个实例。

一是,就"阻碍中日关系发展的主要因素是什么"提问的回答中,中国民众以"历史问题"居多,即认为影响中日关系发展的主要障碍是"历史问题"(2013年为36.6%;2014年为31.9%)。而日本民众以"中国的反日教育"居多,即日本民众认为影响中日关系发展的主要障碍是"中国的反日教育"(2014年为53.2%)。再如,在问到"历史问题中哪些最重要"时,中国民众认为主要是"日本对历史的认识问题"(2012年为49.8%)和"南京大屠杀"(2012年为52.1%),而日本民众的回答仍是"中国的反日教育"(2012年为53.2%)等。

二是,对解决"历史问题"缺乏信心。如下表所示,在舆论调查中,持有"如果不解决历史问题,两国关系就无法发展"和"即使两国关系发展,历史问题也难解决"的悲观看法的中日民众已近六成(2014年中国民众为58.3%,日本民众为59.7%)。

	如果不解决历史问题,两国关系就无法发展		即使两国关系发展,历史问题也难解决		随着两国关系的发展,历史问题能逐步解决	
	中国民众	日本民众	中国民众	日本民众	中国民众	日本民众
2010	17.8	13.3	28.4	34.1	51.0	34.8
2011	25.3	12.0	26.9	38.9	42.7	29.0
2012	25.1	14.3	24.2	42.7	46.4	26.4
2013	37.9	16.5	24.1	45.1	35.4	20.5
2014	31.4(1)	17.0(3)	26.9(2)	42.7(4)	34.1	22.2
2014	中国(1)31.4 + (2)26.9=58.3%;日本(3)17.0 + (4)42.7=59.7%					

其次,从日本来看,当今日本政府对历史问题的背离良知的态度难以改变,右翼在历史问题上的倒行逆施也不会终止。其原因是多方面的,例如,二战结束的初期,美国对日本军国主义的肃清与改造很不彻底;日本政界日趋右倾化,右翼日益活跃;"皇国史观""亚洲解放论"和"文化优越论"等思想的根深蒂固;保守意识对日本民众的影响等。

这里仅以日本民众对有关问题的看法为例。

在对待日本首相参拜靖国神社的态度上。2014年舆论调查中,日本民众有六成多持赞同态度,调查结果是,日本民众认为"即使参拜也可以"的为40.7%,"以私人身份参拜也可以"的为27.5%,合计为68.2%。

此外,共同社就日本民众是否支持2013年12月26日安倍参拜靖国神社的调查显示,支持的为43.2%,不支持的为47.1%,支持者的最主要的理由是"作为首相参拜靖国神社供奉的战死者是当然的事",为48.6%,不支持的最主要的理由是"影响日本与近邻各国的关系",为74.2%(共同社

2013年12月28—29日调查）。

"产经新闻"与"富士新闻网"于2014年1月4—5日就是否赞同"中韩等国家对安倍参拜靖国神社的批评"实施的调查结果是，日本民众表示对中韩的批评"无法接受"的为67.7%，对美国政府"失望"的表态"不能接受"的为60%。对于中韩两国认为"日本从未对过去的历史有所反省"的观点，日本人中有67%认为日本反省的已经"足够了"①。

总之，侵略战争的伤害深重，记忆刻骨铭心，烙印深刻，加上日本至今尚未真诚地反省和道歉，右翼势力妄图否定侵略历史，使得中国民众旧伤未抚，新伤不断。在这种情况下，尽管中国一再强调"以史为鉴不是要延续仇恨"，但是，侵略战争的加害者不认真反省和道歉，受害者的"历史印记"岂能消解。

2014年12月14日《环球网评论》就"你认为日本政府有可能对中国做正式道歉吗？"进行调查，参与者7860人。结果回答"有可能"的321人为4%，而回答"没有可能的"7539人为96%②。这显示出中国民众对日本政府的道歉的期待已消失殆尽。

（二）再看看日本民众的"历史现象"。如前所述，所谓"历史现象"是指从近代以来形成的日本对中国的藐视和仇视，即日本在尊崇中国的传统文化的同时却轻视和藐视现实的中国，这种藐视日积月累有时就变成"成见"。2010年中国的GDP虽超过日本，但中国的人均生产性财富只及日本的几分之一，而且软实力也远不及日本，由此，日本在产生失落感的同时对中国并不服气，内心的优越感使其展现在中国面前的傲慢之气仍盛而不衰。

日本民族的秉性是追随先进、服膺强大，因此，令日本对中国敬畏和服气的前提或基础就是中国的先进和强大。因此，实现中华民族的"中国梦"，将中国建设成经济繁荣、法制健全、民主公平、文明健康的强国，就是消解"历史现象"这个"心结"的前提条件。

下面舆论调查中的第一和第二项内容，印证了这一点。当然，这两项内容看起来有些过激，但表达的意思可以理解为，只有"超过日本"，它才能服气。

---

① 《每日新闻》2014年8月23—24日舆论调查，环球网2014年8月25日。
② 环球网2014年12月14日，http://survey.huanqiu.com/app/debate.php?vid=6312

凤凰网舆论调查：中国人的日本观

	以下看法，你最认同的是 （参与人数：740374）	票数	比例
1	须战胜日本，日本才把中国当朋友	336274	46.08%
2	要教训日本，让它成为中国的附属	139114	19.06%
3	不报复，但永远警惕日本	100776	13.81%
4	淡化历史，放眼长远，理性博弈	94993	13.02%
5	中日友好，并世世代代友好下去	58644	8.04%

"九·一八看中国人的日本观"（从2013年9月18日开始网上调查，上表是截止到2013年10月26日的调查结果；来源：凤凰网2013年10月26日）

由此可见，消解日本的"历史现象"即历史上形成的对中国的藐视的前提条件还不具备。因为尽管中国的经济总量超过了日本，但人均GDP及软实力还远不如日本。所以，日本对中国的藐视仍然存在。

有的日本学者针对日本人这种"优越感"写道：最近中国人到日本旅游并购买各式日本产品，"日本媒体认为，中国人在日本的消费活动是'日本制造'优秀品质的最好佐证，而日本国民也通过这样的报道，肯定了自身价值观"。"我深深感到一种'东洋主义'正在日本逐渐抬头。日本媒体在报道时，不自觉地带有一种'先进国家日本'的自恋情绪，这种情绪对中日交流有百害而无一利"①。

总之，从中日关系的演变及现状来看，上面提到的消解中日间"历史印记"和"历史现象"的两个前提条件是不具备的。因此，解开中日间"心结"是很难实现的，至少短期内是难以实现的。

综上所述，中国对日认识中的"历史印记"和日本对华认识中的"历史印象"是近代以来传承下来的，并成为中日间的"心结"。由于缺乏彻底消解的前提条件，至今难以从根源化解，它深深地埋藏在两国民众的心中，并慢慢地被勒紧，无法解开而成为"心结"。这个"心结"在中日关系中会产生负面的消极作用，即恶化舆论氛围，激化民族主义情绪，影响和阻碍中日关系的正常发展。

这种长期形成的仇视和藐视的"心结"深存于两国民众的内心，难以磨灭，挥之不去，其消极作用在中日关系中随时能迸发出来。中日关系具有

---

① 真锅祐子：《东洋主义在日本抬头》，环球网，2015年5月23日，http://opinion.huanqiu.com/1152/2015-05/6507492.html。

复杂性、敏感性,时而缓和,时而紧张,甚至跌入低谷,其心理根源就是深藏于内心的这个"心结",也可以说是中日关系出现紧张状态的深层次的社会心理原因。所以,这个"心结"是中日关系中的一个重大的隐患,只要这个"心结"不彻底消解,中日关系就会出现波折甚至有时会跌入低谷,走向破裂的边缘。

三、中日相互认识中的正面认识与中日交往的维系

既然中日相互认识中的"心结"的存在必然导致中日关系的波折,有时会紧张、僵持而跌入低谷,那么,中日关系最终是否会走向破裂?回答是:这种可能性是有的,但概率不是很大。因为,从中日关系的演变的历程来看,当中日关系处于紧张甚至处于僵持、对抗的状态时,两国的经济文化交往实际上并未中断。导致这种状况的原因是多方面的,但是,中日相互认识中正面认识及其积极作用的存在是一个重要的因素。这就是,中日间的正面认识("经济文化符号"和"传统文化符号")会带来正面舆论和理性的思考,由此发挥积极作用,维持和推进中日关系的发展。

日本明治维新后,变革的成功、近代化的发展为中国人所赞赏,由此出现了学习日本的热潮。20世纪80年代后,经济发达、科技先进的日本的成就和经验引起改革开放的中国的向往以及研究和借鉴的热情,这些对日本认识中的正面认识会使中国民众以积极的态度开展与日本的经济和文化交流,从而为中日关系的舆论及中日关系的发展增添了正能量。自古以来,日本尊崇中国的传统文化,并学习、吸收、推动日本文明的发展,而这种尊崇中国文化的传统一直传承下来,直到当代日本民众仍然对中国的历史和传统文化抱有兴趣。下面的实例可以作为佐证。2011年10月实施的"中日韩共同舆论调查"中提出"请选择你感兴趣和关心的事项",回答的结果是,中国人对日本"感兴趣和关心的事项"中,"家电制品和汽车"为41%、"动漫"为31%、"观光地"为27%、"历史"为16%、"歌舞伎等传统文化"为15%。而日本人对中国"感兴趣和关心的事项"中,"历史"为69%、"中华料理"为56%、"观光地"为53%、"太极拳等健身法"为42%[①]。上述

---

① 《读卖新闻》2011年11月12日第14版。

中国对日本"感兴趣和关心的事项"可视为中国对日本的正面认识，即"经济文化符号"，而日本对中国"感兴趣和关心的事项"可看作日本对中国的正面认识即"传统文化符号"。恰恰是这种出自对对方国家的"兴趣和关心"的愿望即正面认识成为促进相互交流的原动力，使中日交流延续而不中断。

再如，在小泉执政时期，虽然首脑互访中断，中国涉日游行一度频发，但是两国的贸易却逐年增长，出现了"政冷经热"的局面。2012年9月因日本宣布钓鱼岛"国有化"后，中日关系更加恶化，呈现出前所未有的困难局面，尽管如此，中日间的经济文化交流仍未中断，特别是最近中国又令人惊奇地出现了一股赴日旅游热，2014年有240万中国人赴日旅游。虽然导致中日交流延续不断的原因是多方面的，但是中日间相互认识中的正面认识的积极作用不可小视。

如前所述，中日间的正面认识与负面认识在中日关系中确实起到了不同的作用，形象地说，中日相互认识中的负面认识（"心结"）的消极作用如同"增稠剂"，它强化了中日间的摩擦和矛盾的"浓度"，使其趋向紧张和僵持，而"正面"认识的积极作用则是"稀释剂"，它"稀释"了中日间的摩擦和矛盾的"浓度"，使其减弱，使紧张的关系趋向和缓。中日关系就是在"和缓"与"紧张"的多次反复中演变过来的，也可以说是在正面认识与负面认识的积极作用与消极作用相互演变中走过来的。

中日关系的维护与发展受各种因素的影响，其中尤以政治和经济的影响为大，中日相互认识是中日关系变化的反映，但它又会反过来影响两国的关系，其影响主要是通过正面和负面认识的作用体现出来的。

基于怨恨、仇视和蔑视的负面认识是中日间的一个"心结"，它的消极作用会导致中日关系的紧张、僵持甚至滑向破裂。而基于对发达的经济和先进科技的向往和借鉴以及尊崇传统文化的正面认识的积极作用会使两国交流得以维系，促使因相互争斗而出现的紧张、僵持的两国关系趋向缓和，避免破裂。这种情况可称之为"斗而不破"。

不过，有一点值得关注，这就是，20世纪80年代，中日两国在各个领域交往密切的交好期，双方的"好感度"很高时，中日间的"心结"仍然存在并未化解，只是在各种因素的影响下被掩盖起来，其负面作用几乎被抑制。只是到了90年代中期后，这些掩盖的因素发生变化，这个"心结"的负面作用才迸发出来，其消极影响日趋明显。由此可以看到，即使在中日关系交好的所谓"蜜月期",由于中日间负面认识这个"心结"的存在,使得两国的交好往往多限于政治、经济及人员交往的层面,而还没有深入到人们的"内心"的层面。这种内心深处存在着"心结"情况下的"交好"或"和平相处",确切地说是"和而不亲"。

总之,通过对中日关系中的正面和负面认识的探讨,我们可以认识到,中日间负面认识及其消极作用的存在使中日关系很难处于一种平稳发展的状态,而是波折起伏,有时会跌入低谷。然而,中日间正面认识及其积极作用的存在又会使中日关系得以维系,并促使紧张局面缓和,避免破裂。这就是一种"和而不亲""和中有斗""争斗不停""斗而不破"的状态,它已经成为中日关系的一种常态。远的不说,仅从1972年中日邦交正常化以来两国关系的演变历程来看已经证实了这一点。

小结

纵观中日关系史,古代尽管有磕磕碰碰,但主流仍是和平相处。近代以后,日本走上军国主义道路,发动侵华战争,给中国人民带来深重的灾难。战后,两国关系曲折不断,终于在1972年实现了邦交正常化。之后,经历了20世纪70年代初至70年代末的交好期的准备阶段;80年代初至90年代初期的交好期;90年代中期至21世纪初的交好走向交恶的过渡期;2005—2012年进入交恶期,2012年后,交恶加剧,尤其是安倍内阁上台后,中日关系跌入邦交正常化以来的最低谷。近来中日关系虽出现转机,但前程仍不可过于乐观。

中日相互认识的演变既是在中日关系的变化中形成的,同时也深刻地反映了这一变化的历程。通过中日相互认识的演变过程的阐述以及对中日相互认识中的正面与负面认识的分析,笔者感到下述几点值得关注。

(1)实力的变化左右着相互认识的变化。19世纪70年代后,中国对日本从古代的"俯视"转变为"仰视";而日本对中国则从"仰视"变成"俯视",即从古代的"崇敬"转变为"无视""蔑视"直至"敌视"。20世纪90年代中期以后,中国对日本从近代以来的"仰视"转变为与日本"平起平坐",而日本对中国则从近代以来的"俯视"转变为与中国的"平起平坐"。如前所述,国家实力的变化以及由此带来的民众心态的变化是导致中日两国相互认识发生上述两次根本性变化的重要因素，从某种意义上可以说是决定性的因素。

20世纪90年代中期以后特别是进入21世纪，"平起平坐"的中日间在经济等领域的竞争延续不断，围绕历史认识和领土争端等问题的矛盾日趋激化。因此，中日间的矛盾和冲突会不断加剧。这些矛盾和冲突是围绕国家利益以及在国际上的话语权展开的，而其后盾是国家的实力。所以，中日之争是实力的竞争，拥有强大的实力是关键之所在，只有有了实力，中国在与日本的竞争中才能取得主动，而实力不济，只能屈居下位，"仰视"他人，中日相互认识的演变证实了这一点。因此，对于中国来说，全力做好自己的事情极为重要。由此，深化改革，保持经济稳定持续的增长，增强国家的实力应该是首要的任务。

（2）抑制中日相互认识中负面认识的消极作用：冷静、理性地看待和处理中日关系。如前所述，中国对日本的"历史印记"产生的对日怨恨以及日本对中国的"历史现象"产生的对华的藐视所形成的"心结"因当前不具备从根本上消解的条件，致使这些负面认识产生消极作用影响中日关系。例如，对日的怨恨会助长"见日就反"的极端情绪，催生打砸日本车等极端行为；将赴日旅游、购买日货视为"卖国"的"汉奸"行为等等。而对华的藐视会使日本对华不服气的"优越感"转化为排斥感，将以往的自信心变为戒备心，助长"厌华情绪"和"中国威胁论"。这些都会激化双方的过激的民族主义情绪，恶化舆论氛围，将中日关系拉向倒退。

对于中国民众来说，对由"历史印记"滋生的负面认识如果不加以正面引导，它势必会成为催生过激的民族主义的温床。要清醒地认识到，牢记历史"不是要延续仇恨"，要认清盲目"仇日"不等于爱国，是对"爱国主义"的曲解。因此，要防止盲目自信的优越感和沉湎于"历史印记"的悲情主义催生的过激的民族主义情绪的滋生和膨胀，以冷静、平常的心态看待和处理中日关系。

（3）发挥中日相互认识中正面认识的积极作用：加强民间交流，学习和借鉴日本。前面提到，中国对日本的正面认识即"经济文化符号"产生的学习和借鉴日本的先进技术和管理等的愿望以及日本对中国的正面认识即"传统文化符号"产生的对中国传统文化的尊崇等是促进中日关系发展的积极因素，它可以缓解中日间的紧张关系，使中日关系得以维系，在一定程度上抵消中日间负面认识（"心结"）产生的消极作用。因此，我们要尽量发挥中日间正面认识的积极作用，以此降低或化解负面认识的消极作用。

首先，中国对日本的"经济文化符号"的内涵就是源自明治维新后中国对日本近代化的赞赏和借鉴的力图革新的学习精神。坚持它就会努力开展交流，借鉴日本的先进技术和经验，就会使自身强大，同时对发展中日关系起积极的作用。过去在中国的实力远不及日本时，出现过明治维新后和20世纪80年代两次向日本学习的热潮。时至今日，当中国实力变强，特别是在中日关系陷入低谷，对日的过激的民族主义情绪趋强之时，更需要坚持这种借鉴先进、取长补短、图新自强的虚心学习的态度。只有学习和借鉴他国（包括日本）先进的科学技术、科学管理及文化等一切优秀的东西中国才能日益发展和壮大。中国民众要拥有大国公民应该具有的自信与风范。今天我们以"对手为师"是为了壮大自己，赶超"对手"。一定要将"学习"和"借鉴"日本与批判日本右翼否定侵略战争的倒行逆施区别开来。因此，对于中国人来说，不要拒绝学习和借鉴日本，因为这是为了国家实力的增强，是为了发展经济，更多地造福中国民众。

其次，加强民间交流，助力中日关系发展。在中日相互认识中，两国民众一直对民间交流的"重要性"有正面的认识。2005—2014年日本言论NPO和《中国日报》的舆论调查显示，中国民众认为两国民间交流"重要"的比例介于60%—90%之间（2005年为76.8%、2010年为90.5%、2012年为80.1%、2014年为63.4%）。日本民众认为两国民间交流"重要"的比例介于60%—70%之间（2005年为72.3%、2010年为74.5%、2012年为74.3%、2014年为64.4%）。在中日关系史上民间交流一直起着重要的作用。仅就二战后而言，正是"以民促官"与"以官促民"的合力才实现了两国邦交正常化。之后，每当中日关系紧张时，民间交流都起到了缓和和维系两国关系的作用。民间交流是中日关系的基础，尤其是在两国关系处于困难局面时，就会突显出民间交流的积极作用。前面提到的中日间围绕"历史印记"等产生的"心结"，尽管目前难以消解，但是通过广泛的、持久的和深入的民间交流，必然会增进与加深相互间的了解和理解，从而减弱这个"心结"产生的负面影响。如果两国民间交流中断或不畅，就会造成两国民众的疏远和隔断，这样，因"历史印记"和"历史印象"形成的"心结"不但无法缓解，反而会愈勒愈紧，最终成为永远解不开的"死结"。因此，加强两国间各个领域、各个阶层和各种形式的民间交流是打通负面因素造成的两国关系不畅甚至"堵塞"的良药。

（本文作者系北京大学国际关系学院教授、北京大学亚太研究院副院长）

Study on the Evolution of Mutual Understanding Between China and Japan

Li Yu

Abstract: This article summarizes the evolution of mutual understanding between China and Japan in ancient, modern and contemporary ages. The change in the national strength is the key factor deciding the mutual understanding between two countries. This article also explains the positive and negative perspectives and the effect in the way the two countries look at each other. Especially, the negative attitudes among their people influence much on the relation between the two countries, which is worth of attention and proper guidance.

Key words: China-Japan relation, Mutual understanding, Evolution, Positive perspective, Negative perspective

日本高校与东京都携手环保事业
合作培养环保人才

〔日〕小矶明

【内容提要】 日本高校与东京都携手环保事业、合作培养环保人才的具体做法与意义。

【关键词】 日本高校；东京都；合作培养；环保人才

一、环保事业人才培养的意义

解决环境问题的关键，是人。

为了遏制全球变暖、节省资源、节约能源、保护自然环境，努力建设可持续发展的城市，不断培养可以担负未来重任的人才是不可或缺的工作。我认为，帮助将来要走向社会的大学生掌握必要的知识与经验，使他们今后无论在工作单位、社区还是家庭都能保持强烈的环境意识是大学尤为重要的一个使命。

面对种种环境问题，尤其是为了培养能为环境保护作出贡献的人才，需要构筑重视"体验"而不是偏重知识的教育课程。为此，加强与"地方自治体"（地方政府）的合作，是一个有效的途径。因为他们拥有自然环保的"现场"，并且与在那些现场开展活动的地方 NPO 保持着良好的关系。

总之，大学要用心构筑并提供重视"体验"的教育课程，地方自治体要着力创造能够通过"体验"来学习的具体环境。只有大学与自治体各自承担自己的责任，并且加强相互间的合作，共同在大学生的教育上倾注力量，才能不断地培养出环保人才。

我想介绍一下樱美林大学与东京都合作开展环保活动和培养环保人

才的情况,并展望东京的自然环境保护及相关人才培养的前景。

二、东京的自然环境保护

(一) 东京自然环境的概要

东京都是一个拥有 1300 万人口的大城市,但也享受着丰富的自然恩惠。东京都的行政范围,从本州岛到小笠原群岛,南北约 1900 千米,海拔落差在 2000 米以上,纵跨寒温带至亚热带的各个气候带,有着多种多样的自然环境。

东京都内有 4 个国立或国定公园,以及 6 个都立自然公园,这些自然公园的面积约占东京总面积的 37%。在日本所有的都道府县中,东京的这一比例仅次于滋贺县,居全国第 2 位。由此也能看出东京自然资源之丰富。

作为首都,拥有如此多样的自然环境,这在世界范围内也是少见的。

(二) 东京独具特色的自然环境"里山"

东京自然环境的一个特色,就是"里山"。

所谓"里山",是指处于原生自然与城市之间、由居住群和居住群周围的再生林,以及散布其间的农地、贮水池、草原等构成的区域。"里山"的环境,通过农业、林业等多种多样的人类活动而得以维持。

笔者与多摩地区(东京西部)的居民以及笔者任教的樱美林大学学生一起,正积极致力于推动保护东京地区尚存的宝贵的里山环境的活动。

里山与里山环境保护活动

自古以来，人们都是割来里山的杂草，与家畜的排泄物一起制作堆肥撒到农地里，保持土壤的肥沃；里山的落叶、砍下的树枝用作柴薪，野菜、树果及菌菇作为食物。里山，是支撑着区域生活的循环系统，靠适度的利用得以维持。这种农林业的"就地生产就地消费"，按今天的话来说就是"零废弃"模式，可以说是日本传统文化的一大特色。

里山由树林、农地、水边等多种多样的环境特性构成，因此，与普通的绿地相比，这里生息着更为丰富的生物种类。

对里山的环保活动不仅可以保护各种动植物的生息环境，还可以保护食物、木材等自然资源的供给来源，维持良好景观、文化传承，今后其重要性也将越来越突出。

（三）守护良好自然的"保全区域"制度

东京都在自然保护条例的基础上制定了"保全区域"制度，保护良好的自然环境以免遭受开发等行为的破坏。

指定为保全区域的区域，基本原则是需要保持自然的原样，不能新建或改建房屋，不能采伐树木，甚至不允许车辆进入，禁止一切伴有改变地形的开发活动。

作为回报，土地如果在继承等情况下需要出售，经土地所有者申请，由都政府承购。

在全国的地方自治体中也只有东京都，从制度上如此严格地限制土地所有权。

如果被指定为"保全区域"，便能够保证"里山"在今后不受到开发活动的影响。现在，都内有50处，共计约760公顷，相当于约160个东京棒球场的土地被指定为保全区域（请参看附表）。

然而，如果林地长期放置不加管理，树木过于繁盛，阳光将无法到达地表，造成地面的荒芜。要保持其良好的状态，需要不断的管理，控制疏密，割除杂草。

这些环境保护活动如果仅靠东京都的职员来做，工作量过大。因此在都政府的管理下，当地的志愿者团体、NPO、企业等各种组织都参与其中。后面笔者将要论述的由大学生参加的"东京绿色校园行动"也是其中之一。

附 表

2014 年 3 月末的数据

保全区域名称	指定日期	指定面积等（㎡）		保全区域名称	指定日期	指定面积等（㎡）
1 野火止用水（历）	49.12.13	9.6 km	27	东久留米金山（绿）	6. 3.29	13216
		197104	28	立川崖线（绿）	6.11.15	28014
2 七国山（绿）	50.12.26	101395				
3 海道（绿）	50.12.26	86730	29	国分寺崖线（绿）	6.11.15	37195
4 东丰田（绿）	50.12.26	60079				
5 胜沼城跡（历）	50.12.26	120506	30	八王子石川町（绿）	7. 3. 9	30616
6 谷保の城山（历）	50.12.26	15217	31	户吹（绿）	7. 3. 9	106795
7 矢川（绿）	52. 3.31	21072	32	町田代官屋敷（绿）	7. 3. 9	12717
8 图师小野路（历）	53. 7. 4	366056	33	柳窪（绿）	7. 3. 9	13592
9 桧原南部（都自）	55. 4.30	4053000	34	八王子馆町（绿）	8. 2.29	24392
10 南沢（绿）	60. 5.31	25355	35	八王子长房（绿）	8. 2.29	73919
11 清濑松山（绿）	61. 3.31	43356	36	町田关上（绿）	8. 2.29	16171
12 南町（绿）	62. 8.10	11219	37	八王子川口	8.10.17	20292
13 八王子东中野（绿）	62. 8.10	10710	38	东村山大沼田（绿）	9. 3.18	21752
14 瀬户岗（历）	63. 1. 9	15337	39	东村山下堀（绿）	9. 7.10	10261
15 清濑中里（绿）	元. 3.30	24718	40	八王子户吹北（绿）	9.12.16	95432
16 小山（绿）	元. 3.30	19737	41	日野东光寺（绿）	9.12.16	14855
17 冰川台（绿）	元.12.15	10097	42	町田民权森（绿）	10.10.27	18968
18 宇津木（绿）	4. 2.12	52403				30.0 km
19 清濑御殿山（绿）	4. 3.24	15162	43	玉川上水（历）	11. 3.19	653986
20 宝生寺（绿）	5. 3. 5	142777				
21 八王子大谷（绿）	5. 3. 5	31186	44	青梅上成木（森）	14.12.02	228433
22 碧山森（绿）	5. 3. 5	12981	45	横泽入（里）	18.1.5	485675
23 国分寺姿见池（绿）	5.11.12	10553	46	多摩东寺方（绿）	19.12.12	14902
24 小比企（绿）	6. 3.29	17642	47	八王子堀之内（里）	21.3.26	75858
25 保谷北町（绿）	6. 3.29	10580	48	八王子晓町（绿）	23.3.23	23838
26 前泽（绿）	6. 3.29	11885	49	八王子泷山（里）	25.3.22	38755
（都自）自然环境保全区域			（历）历史环境保全区域		（里）里山保全区域	
（绿）绿地保全区域			（森）森林环境保全区域			

（四）保护东京的生物多样性

2012 年 5 月，东京都制定了名为"绿色战略新保护运动"的计划。这实际上也是一项打造东京都生物多样性区域的战略性措施，这当中体现了在工作中不但要重视绿色的"量"，也要重视绿色的"质"的重要性。

具体而言，不是简单地保持自然地的原状，而是从生物多样性的观点出发,掌握珍稀动植物的生息状况,在防止珍稀物种流失的同时,也要驱除外来的生物物种,采取具体的措施。

登载在红皮书上的濒危物种的多少,就是东京都自然环境的一个晴雨表。

在多摩丘陵,生活着一种名为"多摩寒葵"的植物。它那深紫色的可爱花朵,可以说是多摩里山的象征。但因为新住宅区的开发,其生息环境逐步恶化,现在已经成为濒危物种。

笔者与樱美林大学的学生们一起,在町田市的七国山绿地保全区域开展里山保全活动时,发现当地的"多摩寒葵"只剩下唯一的一株了。

而在重新耕作弃置的水稻田,让水边及湿地环境获得重生等恢复自然环境的长期活动中,有些一度消失的濒危物种会重新出现。例如在立川市矢川绿地保全区域,当湿地得到恢复后,一度不见踪迹的珍稀植物"东爪草"又重新出现了。应该在其他保全区域推广同样的做法。

多摩寒葵　　　　　　　　　东爪草

珍稀动植物消失的重要原因是开发或盗掘等人为因素。人既有着珍惜和爱护自然的感情,也有受利己欲望支配的冲动。如果只依靠立法限制盗掘等行为,而没有提高人们的道德水平,那么濒危物种的保护也会成为空谈。

保护一个濒危物种,实际上是保护将来或许会经历相同命运的人类自身。在这个意义上,保护珍稀物种是人的道德问题。应该让年轻人充分认识这一点,培养他们的自觉性。

三、培养担负环保重任的人才

(一)"东京绿色校园行动"

作为绿地保全活动的一环,东京都与高校合作共同推进了东京绿色校园行动。由双方签订协议,为下一代接班人——大学生提供绿地保全活动的体验机会,激发他们对绿色保全的关心,培养其行动能力。这一方式在日本还属首创。

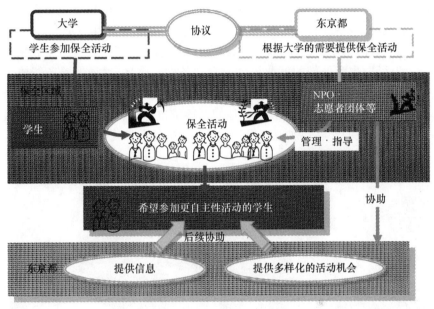

图 1

东京绿色校园行动从2008年度开始实施,目前已经有樱美林大学在七国山绿地保全区域(町田市)、惠泉女子学园大学在多摩东寺方绿地保全区域(多摩市)、明星大学在日野东光寺绿地保全区域(多摩市)、首都大学在东京八王子晓町绿地保全区域(八王子市)开展除草、伐竹、伐木、促使新芽重生等作业。至2013年度,共开展了41次保全活动。

樱美林大学是最早与东京都签订协议并开展活动的大学,主要方式是通过在保全区域内耕作,春天种植红薯等作物,秋天收获作物,并举行品尝等体验活动,让学生们学习里山的生活方式。

此外,从今年开始,在秋留野市的都立小峰公园新增了种稻的体验活动。学生们春天插秧,秋天收割,能够全方位地体验到日本传统的里山劳动,学生们都十分踊跃地参加活动。

在这一事业中,东京都、大学和NPO的任务分别是:东京都负责提供保全区域作为环境教育的场所,NPO对大学生进行具体作业方面的指导,大学则负责组织学生参加,并向NPO支付指导费。

通过这一事业,东京都确保了从事保全活动的人手,NPO 获得了活动的资金,大学则提高了学生的教育效果,相互取长补短,实现了共赢。

特别是很多 NPO 组织,其活动的参加成员逐步固定并呈现出高龄化的趋势。大学生的参加不但确保了保全活动的人手,而且对 NPO 成员们来说能与肩负未来责任的大学生直接交流,也成为他们新的人生意义。

绿色校园行动的活动体验,让参加项目的学生多了一些与朋友或家人谈论的话题,也为他们的就业提供了有利条件。而且,这种体验还能成为一个契机,当这些学生到了中老年,时间上有了宽裕时,会更容易加入到当地的自然保护活动中去,甚至会让他们的孩子也体验自己年轻时曾经体验过的生活。我们能够切实地感受到活动的效果远大于我们的想象。

学生们参加绿色校园行动

虽然学生们一开始也不十分积极,但在参加作业的过程中逐渐进入状态,兴高采烈地从事间伐及除草等作业。当活动接近尾声时,学生们两眼生辉,脸上洋溢着满足的神情。

学生们通过亲身体验,理解了人与自然保持着联系,懂得了通过适当的人为介入能够维持自然的良好状态,并且会将自然环保活动带到他们各自的日常生活中去。总之,我多年从事这项工作得出的结论就是,"解决环境问题的关键在于人的培养"。

(二) ECO—TOP 项目

东京都从 2008 年开始制定了培养自然环境人才及认证的制度,即 "ECO—TOP 项目"(自然环保人才培养项目)。都政府承认高校本科及研究生院开设的以自然环保为主题的教育课程,该课程的主要特色就是要求选修这些课程的大学生必须有在政府部门、企业和 NPO 实习的经历。

ECO-TOP项目的运作模式

东京都与大学联手培养环保人才

<大学>			<东京都>
自然科学 6学分以上	生态学、植物学等	30学分 以上	学分认可
社会科学 6学分以上	环境政策等		
人文科学 6学分以上	环境伦理等		<学生>
综合课程	紧急抢救等		毕业后 在环保领域工作
实习	行政、NPO、企业	4学分 以上	学分认可

图　2

为了鼓励参加过 ECO—TOP 项目的学生在走上社会之后也能继续参加活动,东京都在他们结业时为他们颁发项目结业人员登记证书,在他们走向社会后,可以继续为他们提供各种援助,例如提供关于自然环保的最新信息以及保全活动的信息等。

现在接受认定的高校共有首都大学东京、玉川大学、千叶大学、东京农工大学、法政大学、樱美林大学、武藏野大学等 7 所院校。樱美林大学从 2009 年开始,每年有文理学群环境学专业的十数名学生选修这一项目,2009 年到 2013 年的 5 年里,共有 129 名学生结业。

结业生的主要就业方向是政府部门、学校、NPO 法人以及私人企业(包括旅行社、环境咨询公司、食品厂商等)。

在 20 天的学习期间,必须经历行政机构、企业、NPO 这三种完全不同的工作环境,学生的负担是很重的。但他们可以了解各个组织关于环境活动的理念、手法及方针,对它们的差异进行比较,从而深化学习,这是一个难得的机会。

在企业学生们参加环保 CSR 活动,在 NPO 与其成员一同从事对动植物的调查,在行政机构体验自然保护活动,不断积累有利于将来从事自然环保活动的经验,同时也成为择业上的重要经历。在樱美林大学也有学生在实习体验后,就业于曾实习过的 NPO 法人。

参加大学共同举办的实习报告会,是这一事业的重要一环。在报告会

ECO-TOP认定大学　　　　联合活动
实习联合报告会　　　　参展环保产品展
@东京都厅二厅礼堂　　　@东京国际展览厅

6所高校约60名学生　　　26名学生参加展出介绍
互相交换意见　　　　　　ECO-TOP项目活动情况

图 3

上,各大学的学生、企业及NPO的负责人济济一堂,在这种环境下演示和交流自己的实习经验,能够加深他们的经验性知识,有利于今后的活动。

参加过这一项目的结业生都很有感触,我们可以举几个例子:

"有很多新发现是难以课堂学习得到的,开拓了自己的想象力。"

"实习结束后,自己也加入了NPO,作为其成员继续参加活动。"

"知道了作为一名社会成员应有的自觉性。这一经验成了自己决定未来的重要契机,我决心就业于环境意识较高的企业。"

今后,ECO—TOP项目的结业生会在各自的工作单位大展身手,崭露头角,那时这一项目的社会认知度也会随之提高,接受实习活动的企业会不断增加,大学与社会围绕环境问题的良性网络也将会形成。

四、对环境人才培养的展望

通过"东京绿色校园行动"和"ECO—TOP项目",高校得以构建重视"体验"的教育课程,而东京都则培养了能够担负将来自然环保重任的人才,高校与东京都的合作,可以说起到了相得益彰的效果。

今后,在区域开展活动的志愿者团体及NPO的成员会逐步高龄化,绿地保全活动将面临人手不足的问题。因此,笔者认为高校与东京都合作培养环保人才的事业,也将变得越来越重要。

(本文作者系日本樱美林大学客座教授、东京都议会议员)

The Japanese Universities Cooperate with Tokyo to Train Personnel in Environmental Protection

【Japan】Koiso Akira

Abstract: This article discusses the cooperation of Japanese universities and Tokyo Metropolis in the field of environmental protection, including the specific method and significance of fostering personnel in environmental protection.

Key words: Japanese universities, Tokyo Metropolis, Cooperative training, Personnel in environmental protection

从半岛三韩到三国时代

——古代韩半岛的国家认同历程

王小甫

【内容提要】 应对于大陆上的秦统一和半岛北部的朝鲜侯称王,半岛南部以新罗为核心的辰韩六部利用流入移民扩大为十二部,随即发展为包括弁韩在内的二十四部联盟,以此为基础建立起包括整个韩地的政治共同体,共同体以辰韩为首,所以国名辰国,王名辰王;秦汉之际的移民浪潮引发辰国政权更迭,势力最大的马韩取代辰韩成为三韩共同体首领——辰王,改共同体国名为马韩=大韩、韩国,辰韩则避居东边仍领旧有十二部,国王须有马韩认可授权;汉初卫满攻夺朝鲜(前194年),朝鲜王准南下攻破马韩,自立为韩王;汉武帝灭卫氏朝鲜立四郡(前108年)前后,韩王后世绝灭,马韩人重新自立为辰王,通过乐浪郡与中原王朝建立朝会联系。两汉之际,与高句丽同源的百济于其始祖温祚王27年(公元9年)灭马韩辰王政权,此后长期与辰韩=新罗争夺韩地诸国(主要是马韩遗产);依托大陆中原王朝的乐浪郡一直是半岛政局的重要因素,至西晋末,313—314年高句丽取乐浪、带方,半岛三国格局正式形成;但是,古辰国的建立者和后继者辰韩=新罗始终把韩地即三韩故地的统一作为国家复兴的政治目标。

【关键词】 古代;韩半岛;国家认同

众所周知,现代韩国继承了自古代新罗以来韩半岛上历代政权的政治遗产。近年我通过对东北亚古代政治关系史的研究认识到,从这一观点看来,韩半岛古代族群凝聚和国家认同的历程是:辰韩六部/国——十二国——弁辰韩二十四国——辰国——马韩辰王——韩国韩王——马韩辰王(灭于百济)——韩国辰王(辰韩)——新罗(辰韩、马韩)——统一新罗。本文是对这种认识的论证和梳理。

一、从早期新罗的政治势力谈起

前几年我在参加中日历史共同研究政府间项目(2008—2009年)的报告中曾据前人成果提到:"公元三世纪初起,邪马台国的毗邻地区相继出现了与其抗衡的强国。其南部有狗奴国,其北隔海相望的朝鲜半岛东南则有新罗势力的崛起。二者的发展对邪马台国构成了直接威胁,狗奴国还与其常有武力冲突。在这种腹背夹击的形势下,邪马台国采取了远交近攻政策,积极沟通与中国的关系,借以抵制新罗的威胁,以便专力对付南部的狗奴国。"对方有学者提出质疑:公元三世纪何来"新罗",又何以能对邪马台国构成威胁?在这个问题上,当时我的认识是:

1. 金富轼《三国史记》卷1《新罗本纪》是从汉宣帝五凤元年(前57)四月赫居世即位开始记载的。直到公元503年厘定国号前,新罗国名见于史料的有"徐那伐""辰韩六部""鸡林""新罗"等。有人以为三世纪初"当时的新罗大概只不过是身为三韩之一辰韩十二国中的斯卢国",其实是过分拘泥于音写汉字而产生的误解。

2. 据《三国志》卷30《韩传》:"景初(237—239)中,(魏)明帝密遣带方太守刘昕、乐浪太守鲜于嗣越海定二郡……部从事吴林以乐浪本统韩国,分割辰韩八国以与乐浪,吏译转有异同,臣智激韩忿,攻带方郡崎离营。时太守弓遵、乐浪太守刘茂兴兵伐之,遵战死,二郡遂灭韩""弁、辰韩合二十四国,大国四五千家,小国六七百家,总四五万户。其十二国属辰王。辰王常用马韩人作之,世世相继。辰王不得自立为王。"而据同书《倭传》,曹魏取乐浪、带方后,倭女王立刻遣使请求朝献。可见此前新罗(辰韩)与倭相争,倚托的是马韩尤其是辽东公孙氏(190—238)的势力。

现在通过对史料的进一步爬梳勘比,我的这项研究得到了拓展,更加细致、深化,同时也纠正了个别因粗疏产生的认识偏差。

二、深究辰韩与马韩的关系

对"辰王常用马韩人作之,世世相继。辰王不得自立为王"这一句,《三国志·韩传》裴松之注引《魏略》:"明其为流移之人,故为马韩所制。"意思如本传所记载:"辰韩在马韩之东,其耆老传世,自言古之亡人避秦役来适韩国,马韩割其东界地与之。有城栅。其言语不与马韩同,名国为邦,弓为弧,贼为寇,行酒为行觞。相呼皆为徒,有似秦人,非但燕、齐之名物也。名乐浪人为阿残;东方人名我为阿,谓乐浪人本其残余人。今有名之为秦韩者。"韩半岛与大陆地域毗连,动乱之际会有很多难民流入是可以理解的(见本文以下第三节)。然而,据此就说辰韩是一个移民国家以至称为秦韩,却未免过于简单。

《后汉书》卷85《三韩传》:"韩有三种:一曰马韩,二曰辰韩,三曰弁辰。马韩在西,有五十四国,其北与乐浪,南与倭接。辰韩在东,十有二国,其北与濊貊接。弁辰在辰韩之南,亦十有二国,其南亦与倭接。凡七十八国,伯济是其一国焉。大者万余户,小者数千家,各在山海间,地合方四千余里,东西以海为限,皆古之辰国也。马韩最大,共立其种为辰王,都目支国,尽王三韩之地。其诸国王先皆是马韩种人焉。"然而据《三国志·韩传》:"韩在带方之南,东西以海为限,南与倭接,方可四千里。有三种,一曰马韩,二曰辰韩,三曰弁辰。辰韩者,古之辰国也。"可见三韩之地古代统称为辰国,三韩国家早先的共主是辰王即辰韩之王。

那么,上引史料中的"马韩最大,共立其种为辰王"(《后汉书·三韩传》),乃至"辰王常用马韩人作之,世世相继,辰王不得自立为王"(《三国志·韩传》),只能理解为早先作为三韩政治共同体的古之辰国曾经发生过一次政权轮替,结果就是"马韩最大,共立其种为辰王,都目支国,尽王三韩之地。其诸国王先皆是马韩种人焉。"马韩成了三韩共主,即马韩人当了辰王。三韩共同体的国名也因而发生了变化,因为史料明确记载"辰韩者,古之辰国也",就是说:现在的辰韩曾经是古代的辰国;换言之,古代的辰国变成了现在的辰韩。即政权更迭之后,原来三韩共同体的王名和国名产生了分化:"辰王"继续作为三韩共主和辰韩国王的称号,只是全都改由马韩人来担任或委任(见下);"辰国"却重新回归成为辰韩一国的名称。

那么,新建以马韩为共主的三韩共同体的国名是什么呢?史料记载"马韩最大,共立其种为辰王,都目支国,尽王三韩之地。"我据此判断,取代"辰国"一名作为三韩共同体国名的就是韩国。因为,既然辰国得名于辰韩,那么,马韩代辰韩而勃兴,其主导共同体的国名理应得自马韩,然而史料却没有见到类似辰国形式的"马国"这样的名称。其实,马韩取代辰韩作为三韩共主的主要理由是"马韩最大",这也为其提供了国名改动的最佳理由。马韩名称中的"马"应该是取汉字训读,即读作 mal,用作前缀组词,表达所限定词体量的庞大,如马蜂、马熊等。就是说,古代马韩意为大韩,"马韩最大",由三韩共七十八国而其五十四国为马韩所有可以证明不虚。因此,以马韩为共主三韩共同体的国名称作马韩=大韩、韩国可谓名副其实。

本节一开始引《三国志·韩传》说:"辰韩在马韩之东,其耆老传世,自言古之亡人避秦役来适韩国,马韩割其东界地与之。有城栅。"有可能就是这次政权更迭的一种反映:韩地辰国政权轮替更名韩国,原来的统治群体避归东边仍称辰韩;但是,马韩既然"尽王三韩之地。其诸国王先皆是马韩种人焉。"所以,《三国志·韩传》的有关记载可以这样理解:"其十二国属辰(韩)王。辰(韩)王常用马韩人作之,世世相继,辰(韩)王不得自立为王。"而且,由于"马韩最大,共立其种为辰王"即马韩人成了三韩共主,此后史料中单提"韩"或韩国,主要就是指马韩。

那么,以上这一次三韩共同体的政权更迭从而国名的改变是何时发生的呢?从现有史料的记载来看,至少应该发生在汉代初年燕人卫满灭朝鲜(前194)导致朝鲜王准南下据韩之前。

《后汉书·三韩传》:"初,朝鲜王准为卫满所破,乃将其余众数千人走入海,攻马韩,破之,自立为韩王。准后灭绝,马韩人复自立为辰王。"而据《三国志·韩传》:朝鲜"侯准既僭号称王,为燕亡人卫满所攻夺,将其左右宫人走入海,居韩地,自号韩王。其后绝灭,今韩人犹有奉其祭祀者。汉时属乐浪郡,四时朝谒。"众所周知,刘宋时代范晔(398—445年)所修《后汉书》时间晚于西晋时陈寿(233—297年)修成的《三国志》,因而学界通常认为《后汉书·三韩传》利用了《三国志·韩传》记载的资料。综合两传所记可以知道,朝鲜王准南下据韩地时,当地已经是马韩人主政的国家——也就是韩国,所以准攻破马韩,自立为韩王。

我们知道,韩地即三韩故地传统的共主称号为辰王,如前所述,这一名号来自辰韩,又为马韩所袭用,具有很强的正统意义,乃至于"准后灭绝,马韩人复自立为辰王。"既然如此,入据韩国的朝鲜王准为什么不称辰王而要自号韩王呢?

我认为,入据辰国的朝鲜王准改称韩王并非仅仅因为所居为韩地。除了有别于旧有的辰王名称外,一个重要原因很可能是政权性质和国家关系地位发生了变化。我曾专文论证鲜=韩为半岛族群的共同族称,其中最接近中原王朝的那一部分(相当于汉代的乐浪郡)通过箕子受册封而与中原王朝建立起参与朝会的关系,因而被称为朝鲜,意为"参与朝会之鲜(韩)",以区别于其他尚未参与朝会的韩族(如真番、辰国等)。《三国志·韩传》裴注引《魏略》:"准王海中,不与朝鲜相往来",显然也不再参与朝会,这样略去"朝"字单称韩(鲜)王就是顺理成章的事了。

然而据《魏略》,朝鲜侯到战国中已自称为王,"及秦并天下,使蒙恬筑长城,到辽东。时朝鲜王否立,畏秦袭之,略服属秦,不肯朝会。否死,其子准立。"可见由于历史演变,朝鲜王否、准父子两代已经不再朝会,被卫满攻夺而入据韩地,正好成为其改变国号王名的契机。国名朝鲜去"朝"单称韩(鲜)国,朝鲜王去"朝"改称韩(鲜)王,这就把"不肯朝会"这种关系公开化了。所以我们看到,《汉书·朝鲜传》:卫满"传子至孙右渠,所诱汉亡人滋多,又未尝入见;真番、辰国欲上书见天子,又雍阏弗通。"没有提到韩国。而这时的辰国只能是指辰韩。

韩王准在位多少年,韩王传承有几代,这些全都史无明文。不过,《后汉书·三韩传》说:"准后灭绝,马韩人复自立为辰王";《三国志·韩传》的相应说法是:"韩王其后绝灭,今韩人犹有奉其祭祀者。汉时属乐浪郡,四时朝谒。"可见韩王"不肯朝会"的情况至少到前108年汉武帝灭朝鲜置四郡后不久发生了改变。众所周知,汉武帝伐灭朝鲜后于其故地所置四郡为乐浪、临屯、真番、玄菟,"至昭帝始元五年(前82),罢临屯、真番,以并乐浪、玄菟。玄菟复徙居句骊。自单单大领已东,沃沮、濊貊悉属乐浪。"也就是说,真番郡并入乐浪以后,马韩或者说韩国才有可能经由乐浪郡以藩属名义与汉朝建立起"四时朝谒"的关系。

三、反思辰韩的由来

半岛南部的韩地何时因何分为三国,史无明文,无从确知。不过,史书讲辰韩始自秦代流移之人,还是透露了辰韩勃兴的一些消息。

《三国志·韩传》:辰韩"始有六国,稍分为十二国"。《三国史记》卷一《新罗本纪》一也说:"始祖姓朴氏,讳赫居世,前汉孝宣帝五凤元年甲子(公元57年)四月丙辰[一曰正月十五日]即位,号居西干,时年十三,国号徐那伐。先是,朝鲜遗民分居山谷之间为六村……是为辰韩六部。高墟村长苏伐公望杨山麓,萝井傍林间,有马跪而嘶,则往观之,忽不见马,只有大卵,剖之,有婴儿出焉,则收而养之。及年十余岁,岐嶷然夙成。六部人以其生神异,推尊之,至是立为君焉。"可见辰韩六部为本地土著,且为辰韩主体;虽然汉文史料说"辰王常用马韩人作之,世世相继。辰王不得自立为王",实际西汉中期辰韩国王——新罗始祖仍由最初的六部选出。

不过,"朝鲜遗民"乃至国君神异等说法也透露出辰韩兴起之际有外来因素的积极加入。尤其是由六部/国"稍分为十二国",如果不是在短期内就有大量外来移民的迅速加入恐怕是难以想象的。然而还不止此,紧接着辰韩"稍分为十二国",《三国志·韩传》记载:"弁辰亦十二国,又有诸小别邑,各有渠帅。……弁、辰韩合二十四国,大国四五千家,小国六七百家,总四五万户。其十二国属辰王";"弁辰与辰韩杂居,亦有城郭。衣服居处与辰韩同。言语法俗相似,祠祭鬼神有异,施灶皆在户西。""弁辰"等情况不仅显示出辰韩和弁韩之间非同一般的特殊关系,而且也排除了辰韩由六国"稍分为十二国"是从韩地内部各国兼并扩张而来的可能。换言之,辰韩由六国"稍分为十二国"乃至出现"弁辰亦十二国",应该是外来移民大量增加的结果,而这很可能也就是辰韩势力兴起,"弁、辰韩合二十四国",乃至成为全部韩地共主的原因。史料所谓"辰韩耆老自言秦之亡人,避苦役来适韩国",表明这些情况的发生从而辰韩勃兴建立辰国,大致与大陆上秦国/秦朝统一处于同时。可以说,是大陆上秦国/秦朝兼并扩张造成大量人口流移,推动促进了半岛南部韩地的族群分化和国家认同。

我甚至想,韩地东部的这一部分族群在外来因素的激励下凝聚认同,之所以要自称辰韩,用与"秦"音近的"辰"作为名称把自己同韩地其他族群区别开来,甚至以"辰"为韩地共同体的国名,有可能就是想仿照秦朝作为,也在韩地推行统一,甚至建立中央集权国家以应对正在发生剧变的国际时局——半岛北部朝鲜侯称王,以及大陆上的秦统一。有意思的是,这样一次划时代的历史巨变却不是由韩地最大的群体马韩发起的。而且,最大的群体不但没有发起统一,从史料记载历史地域来看,韩地"凡七十八国,大者万余户,小者数千家,各在山海间,地合方四千余里,东西以海为限,皆古之辰国也。"也就是说,整个韩地全都加入了辰国共同体。因此,很可能当时马韩还没有凝聚认同为一个单独的族群,其所谓五十四国还是一盘散沙。正是在这样的情况下,辰韩才得以首先勃兴并提出统一韩地的历史任务,"弁、辰韩合二十四国"是这一统一的前奏和基础。当然,辰国的建立也激励、推动促进了共同体内除辰、弁韩以外的最大多数群体的凝聚和认同，这就是囊括韩地其余诸国的马韩——大韩的产生和崛起（见前）。前述马韩取代辰韩继兴，作为三韩共主的名号仍称辰王；以致韩王"准后灭绝，马韩人复自立为辰王"，甚至避居东边的辰韩国王也未放弃辰王称号，都可以佐证我的猜想："辰"之为名，代表了韩地诸族对国家统一的追求；辰王一名，象征着三韩政治共同体的合法首领。可能也正因为如此，虽然后来半岛上的三国政治愈益加剧，辰国的建立者辰韩即新罗仍然要把韩地＝三韩统一确定为国家复兴的政治目标。

据史书记载，此后还有几次流移之人大量进入韩地，并且都与辰韩有关：

1. 秦统一六国后未能稍歇，兵车屡动、土木不息，乃至"使蒙恬筑长城到辽东"（《三国志·韩传》裴注引《魏略》），迅速激化了各种社会矛盾，"陈胜等起，天下叛秦，燕、齐、赵民避地朝鲜数万口。"（《三国志》卷30《濊传》）《三国志·韩传》说："辰韩在马韩之东，其耆老传世，自言古之亡人避秦役来适韩国，马韩割其东界地与之。"很可能就是指这次移民浪潮。本文前节认为这段史料反映韩地三韩共同体辰国发生政权轮替，原来的统治群体避归东边仍称辰韩。《三国志》裴注此处引《魏略》曰："明其为流移之人，故为马韩所制。"可以理解为，当时的移民问题是三韩共同体辰国发生政权轮替的重要原因。

2. 《汉书·朝鲜传》：卫满"传子至孙右渠，所诱汉亡人滋多，又未尝入见；真番、辰国欲上书见天子，又雍阏弗通。"与此同时，《三国志》裴注引《魏略》曰："初，右渠未破时，朝鲜相历谿卿以谏右渠不用，东之辰国，时民随出居者二千余户，亦与朝鲜贡蕃不相往来。"如前所述，卫氏朝鲜时，半岛南部是三韩共同体韩国，此时辰国即指辰韩。右渠自大"未尝入见"，其国相劝谏不听，乃东投"欲上书见天子"的辰韩，追随之民二千余户，恐怕有不少是所谓"汉亡人"即流移之人。

3. 同上《三国志》裴注引《魏略》："至王莽地皇（公元20—23）时，廉斯鑡为辰韩右渠帅，闻乐浪土地美，人民饶乐，亡欲来降。出其邑落，见田中驱雀男子一人，其语非韩人。问之，男子曰：'我等汉人，名户来，我等辈千五百人伐材木，为韩所击得，皆断发为奴，积三年矣。'鑡曰：'我当降汉乐浪，汝欲去不？'户来曰：'可。'辰鑡因将户来出诣含资县，县言郡，郡即以鑡为译，从芩中乘大船入辰韩，逆取户来。降伴辈尚得千人，其五百人已死。

鑡时晓谓辰韩：'汝还五百人。若不者，乐浪当遣万兵乘船来击汝。'辰韩曰：'五百人已死，我当出赎直耳。'乃出辰韩万五千人，弁韩布万五千匹，鑡收取直还。郡表鑡功义，赐冠帻、田宅；子孙数世，至安帝延光四年（125）时，故受复除。"《后汉书·三韩传》相应的记载为："建武二十年（44），韩人廉斯人苏马谌等诣乐浪贡献。光武封苏马谌为汉廉斯邑君，使属乐浪郡，四时朝谒。"据此可以认为，辰韩右渠帅廉斯鑡或韩国廉斯人苏马谌其实是做了汉朝的藩属邑君，邑在辰韩西（右）边毗连乐浪，有汉人一千，韩人万五千，经由乐浪"四时朝谒"。

值得注意的是，据《后汉书·高句丽传》记载：汉安帝建光元年（121）："秋，（高句丽王）宫遂率马韩、濊貊数千骑围玄菟。夫余王遣子尉仇台将二万余人，与州郡并力讨破之"；《三国史记》卷15《高句丽太祖本纪》也记载了这件事，而且，第二年还有"王与马韩、秽貊侵辽东，扶余王遣兵救破之。"也许这就是辰韩廉斯邑君后世"至安帝延光四年（125）时，故受复除"的原因。因为这些大致同时的事件显示，当东汉边郡受到其他族群攻击时，辰韩却在积极与东汉王朝（经由乐浪郡）发展更为密切的关系。

可是，《三国史记》的作者金富轼在上述两条有关马韩活动的记载下有一条注："马韩以百济温祚王二十七年（公元9）灭。今与丽王行兵者，盖灭而复兴者与？"我认为，其时百济立国未久，"阳言田猎，潜袭马韩，遂并其国邑"，消灭的应该只是作为三韩共主的辰王政权。马韩族群没有也不可能被立即吞并，如上所见，甚至百余年后还有用其名号在活动；韩国的名义也留了下来，只是三韩政治共同体不复存在，其政治遗产——韩国名义和马韩族群归属成为百济和新罗＝辰韩此后长期争夺的对象。

不过，我更倾向于认为，消灭了马韩辰王政权的百济并不想要韩国这个名号，因为在韩语里，韩国就是大韩＝马韩，源出夫余的百济显然并不认同这些，它所想要的只是马韩的土地和人众。新罗＝辰韩则完全不同，如前所述，辰韩的兴起、壮大就与追求韩地诸国的统一息息相关，而且成功建立了三韩政治共同体——辰国；尽管后来政权轮替换了马韩人主政，但辰王名号仍然是三韩共主的合法性象征，并且辰韩一直没有放弃自己拥有的辰国名称甚至辰王名号；因而可以相信，百济灭马韩以后，虽然三韩共同体不复存在，辰韩可能还在致力于大韩国的复兴，并以韩国名义为号召与百济争夺韩地诸部、诸国。所以我认为，此后史料中所见"韩"或"韩国"，多半反映的是辰韩＝新罗的活动。例如上面提到《魏略》和《后汉书》有关两汉之际辰韩右渠帅廉斯鑡或韩国廉斯人苏马諟的事迹,当时马韩辰王政权已被百济消灭,其中所谓韩或韩人只能是指辰韩或其代表、控制的韩国。其实,这种代表性在上引《魏略》的叙述中表现得很明显:汉人户来称其"为韩所击得",乐浪郡却遣人"乘大船入辰韩逆取户来",辰韩也坦然应承,而且所出赎直不仅有辰韩人,还有"弁韩布万五千匹"。上述事件本身可能只是韩国内部的一场权力纠纷,引乐浪郡介入不过是给对方施压。但是,当时史料中的韩国即指辰韩=新罗是毋庸置疑的,而马韩在其辰王政权被百济消灭以后已经不再具有指代整个韩国或韩地的意义。

4.《三国志·韩传》:"桓、灵之末,韩濊强盛,郡县不能制,民多流入韩国。建安中,公孙康分屯有县以南荒地为带方郡,遣公孙模、张敞等收集遗民,兴兵伐韩濊,旧民稍出,是后倭韩遂属带方。"《后汉书·三韩传》的相应记载是:"灵帝末,韩、濊并盛,郡县不能制,百姓苦乱,多流亡入韩者。"由"并盛"可知,《三国志》中的"韩濊"一语实际是指韩与濊——两大族群两个地域,所以应用标点断开分别读为韩、濊。同理,后一句中的"倭韩"也应该分开读为倭、韩,分别指列岛上女王的倭国和半岛上辰韩所代表或控制的韩国。《后汉书》没有上引《三国志》的后一句,建安(196—220)是东汉末年汉献帝的年号,此时中国军阀混战,皇帝掌控在大军阀曹操的手里,辽东则为公孙氏所据有。公孙康为公孙氏第二代(204—220年主政辽东),所分置带方郡大致在汉武帝时初置四郡之真番郡(今黄海道一带)。

现在看来,史书中说辰韩"其言语不与马韩同",显然是由于历史上多有移民进入辰韩之地的缘故;而辰韩"名乐浪人为阿残",则因为移民大多都是经由古朝鲜即后来的乐浪郡进入韩地,《三国史记·新罗始祖纪》甚至说辰韩六部源出"朝鲜遗民",所以"谓乐浪人本其残余人"。而《三国志·韩传》记载朝鲜王准南下据韩地,"其后绝灭,今韩人犹有奉其祭祀者。汉时属乐浪郡,四时朝谒。"裴注就此引《魏略》曰:"其子及亲留在国者,因冒姓韩氏。"我认为,这也可以说明辰韩"谓乐浪人本其残余人"的理由,这种情况其实也适用于其他大多数经由乐浪进入辰韩的流移之人。

四、半岛三国格局的成立

《三国志·韩传》:"景初(237—239)中,(魏)明帝密遣带方太守刘昕、乐浪太守鲜于嗣越海定二郡,诸韩国臣智加赐邑君印绶,其次与邑长。……部从事吴林以乐浪本统韩国,分割辰韩八国以与乐浪,吏译转有异同,臣智激韩忿,攻带方郡崎离营。时太守弓遵、乐浪太守刘茂兴兵伐之,遵战死,二郡遂灭韩。"我们看到,在曹魏派兵消灭公孙氏平定乐浪、带方二郡时,采取了一个安抚措施,即对"诸韩国臣智加赐邑君印绶,其次与邑长。"这表明,在公孙氏主政辽东时期,辰韩辰王所控制的韩国与之关系密切,因而曹魏方面有必要对韩国诸部(史料所谓"诸韩国")拉拢怀柔,以免引起连锁反应。

据史料记载,韩国诸部"各有长帅,大者自名为臣智,其次为邑借"。邑君则是汉朝封赐藩属酋长的官号,如本文上节引《后汉书·三韩传》记载:"建武二十年(44),韩人廉斯人苏马諟等诣乐浪贡献。光武封苏马諟为汉廉斯邑君,使属乐浪郡,四时朝谒。"但是,据《三国志·韩传》:"辰王治月支国。臣智或加优呼臣云遣支报安邪踧支濆臣离儿不例拘邪秦支廉之号。其官有魏率善、邑君、归义侯、中郎将、都尉、伯长。"这段史料中间句读较难,但是可以看出,与臣智等各部大小酋长名称不同,辰王政权另有一套官僚系统,其官员名称多半来自中国汉朝给周边族群封赐的职衔,邑君是其中之一。由曹魏对"诸韩国臣智加赐邑君印绶,其次与邑长"的措施可知,韩国辰王政权的"邑君"等官称职衔并没有授予所属各部大小酋长,而只是辰王自己的一个僚属系统。我在本文上节曾经提到,辰韩之所以要用与"秦"音近的"辰"作为韩地共同体的国名,就是想仿照秦朝政治,也在韩地推行统一,甚至建立中央集权国家。那么,作为三韩共同体辰国的国王,辰王应该也有自己的僚属系统,只是,关于辰国建立时辰王的官僚机构及其各类官员名称,我们不得而知。我们看到《三国志·韩传》记载的辰王这一套官僚系统,其名称大多属于汉代,也就是说,很可能是后马韩辰王时代由于乐浪郡的建立才得以学习到的。而且,僚属系统长期没有贯彻到地方各级——大小各部,这才给曹魏留下了进行拉拢施展怀柔的机会。

尽管作为三韩共同体遗产的韩国并没有建立起中央集权的国家,但在辰韩辰王努力控制之下,仍然还维持着一个超越辰韩自身的政治实体。然而,从本节开始所引史料记载可以看出,曹魏的边州军政官员在取代公孙氏政权以后,显然未能妥善处理前代遗留下来的与大韩国的关系。所谓"分割辰韩八国以与乐浪"究竟是要使之作为藩属邑君——类似从前"光武封苏马諟为汉廉斯邑君,使属乐浪郡,四时朝谒"那样,还是有其他别的意图,史书说"吏译转有异同",今人就无从确知了。总之,双方爆发了激烈的冲突,"臣智激韩忿,攻带方郡崎离营。时太守弓遵、乐浪太守刘茂兴兵伐之,遵战死,二郡遂灭韩。"可以认为,从此以后,辰韩放弃了作为共同体的韩国辰王名义,改弦更张,另走其他途径复兴半岛的统一。

另两条材料有助于确定这次事件发生的具体时间,《三国志·濊传》:"正始六年(245),乐浪太守刘茂、带方太守弓遵以领东濊属句丽,兴师伐之,不耐侯等举邑降。"同书《韩传》说二郡灭韩时带方太守弓遵战死,显然应在二郡伐濊事后。而据《三国志·三少帝纪》:正始"七年(246)春二月,幽州刺史毌丘俭讨高句骊,夏五月,讨濊貊,皆破之。韩那奚等数十国各率种落降。"史料记载,马韩有狗奚国,辰韩有冉奚国,弁辰小渠帅称杀奚,所以,"韩那奚等数十国各率种落降"应该就是"二郡遂灭韩"的结果。

《晋书》卷97 为马韩、辰韩分别立传,其《马韩传》有:"武帝太康元年(280)、二年,其主频遣使入贡方物,七年、八年、十年,又频至。太熙元年(290),诣东夷校尉何龛上献。咸宁三年(277)复来,明年又请内附。"纪年错乱,中华书局标点本引《晋书斠注》指出:"咸宁建元在太康、太熙之前,本传先后互倒。"《辰韩传》则有:"武帝太康元年,其王遣使献方物。二年复来朝贡,七年又来。"查两传有关民风国俗内容,几乎全都抄自《三国志·韩传》,可知未能完全反映真实情况。我注意到,辰韩来使的年代,同时都有马韩来使,因而很可能是同一国使者采用不同名号分批而来,其实两部分使者活动都出于同一指使,就是新罗国王。我认为,失去作为共同体的韩国名号以后,辰韩=新罗的国策便改为提高强化自身原本作为六部核心的地位,致力于中央集权国家的建设,悉心赓续发展与大陆中原王朝的关系,以与其他势力争夺主导半岛的统一。

从公元108年汉武帝派兵灭卫氏朝鲜设四郡,乐浪郡(汉末公孙氏从中分置带方郡)就一直是半岛政局的重要因素。然而,《三国史记》卷17《高句丽美川王纪》:"十四年(313)冬十月,侵乐浪郡,虏获男女二千余口";十五年"秋九月,南侵带方郡。"学界通常认为,这两次事件标志着乐浪郡最终被高句丽所消灭取代。从此以后,半岛历史从三韩时代转到了三国时代(四世纪初——七世纪中),中韩关系也进入了一个新的历史阶段。

(本文作者系北京大学历史学系教授)

From Samhan Era to Three Kingdoms Era: the Nation Recognition of Ancient Korea

Wang Xiaofu

Abstract: To deal with the unification of Qin dynasty in Ancient China and its rule in the North Peninsula, the Chen Han, which is mainly consisted of Silla on the south peninsula, expand to 12 tribes by the immigrants and subsequently developed into the 24 unions including the Byeonhan. From then on, a political community across the Korea Peninsula was found. This community was led by Chen Han, which was also the name of the community. During the Qin dynasty and Han Dynasty, the boom of immigrants triggered the change of regime. The most powerful Mahan replaced Chen Han and become the united King, which name is The King of Chen, in this region. Consequently, Dae Han, Han Guk, Chen Han took refuge at the East peninsula with 12 tribes. Till the end of XIJIN, (313—314 A.D). The structure of 3 nations was officially formed. But the founder of ancient Chen and its successor Silla set their goals to unify the 3 nations and recapture their lost lands.

Key words: Ancient; Korea Peninsula; Nation Recognition

试论高丽"变异"唐律的原因、方法与效果*

张春海

【内容提要】 高丽制度与唐代制度的关系问题,是中韩文化关系中的一个重要方面。本文从政治、社会、文化等诸层面探讨高丽"变异"唐律的原因、方法与效果;揭示了高丽移植中国制度时出现的种种问题,不仅是对历史的一种再评述,对于现实也有一定的借鉴意义。

【关键词】 高丽;唐律;变异;原因;效果

历史上,高丽王朝(918—1392)曾对唐律进行了较大规模的移植。《高丽史·刑法志》序:"高丽一代之制,大抵皆仿乎唐;至于刑法,亦采唐律,斟酌时宜而用之。……总七十一条。删烦取简,行之一时,亦不可谓无据。"①高丽对唐律的移植有其特殊之处,这就是对唐律进行了大规模的变异,此即史料中所说的"删繁取简"。那么,这种变异的原因何在,方法怎样,效果又如何呢?对于这些关乎中华法系之形成及其特质的重大问题,学界尚缺乏研究。②本文则试图对之做些探讨,望专家学者批评指正。

---

* 本文是国家社科基金项目"高丽移植唐代法制变异问题研究"[14BFX143]的阶段性成果。
① 〔朝鲜〕郑麟趾:《高丽史·刑法志》中册,〔韩〕亚细亚文化社1993年版,第833页。
② 日本学者花村美树的《高丽律》主要对现存于《高丽史·刑法志》的一些律条进行了解说,对"变异"问题并未留意。(〔日〕花村美树:《高丽律》,《朝鲜社会法制史研究》,岩波书店1937年版。)韩国学者宋斗用的《高丽律之研究》一书是第一部系统、全面地对《高丽律》和唐律进行比较研究的著作,指出了现存于《高丽史·刑法志》中之各个律条的来源以及它们和唐律相应条文的异同之处。(〔韩〕宋斗用:《高丽律》之研究,《韩国法制史考》,进明文化社1992年版。)但没有就高丽人对唐律进行筛选与改造的原因、方法与效果等问题进行明晰而有深度的探讨。

一、变异的原因

高丽王朝曾两次大规模地以移植唐律的方式制定本国法典。第一次发生在成宗(981—997)初期,第二次发生在武人执政时期。不论是哪部法典,其规模大约都在七十条左右,都是对唐律进行大规模变异的结果。① 是哪些原因促成了这种在东亚古代法制史上规模罕见的变异工作的呢?纵观两次制律时的时代背景,我们认为大致不出以下三个层面的原因。

(一) 社会层面的原因

首先,法律移植活动发生的地域(半岛)存在的特定社会结构,是导致高丽人在法律移植过程中,对唐律进行大规模变异的主要原因之一。自新罗以来,半岛就是一个比较典型的贵族社会。梁诚之云:"中国自唐尧至大明,凡二十三代。东国自檀君至今日,才七代。此无他,我东方有大家世族,相与维持而夹辅之也。"②在这种社会结构下,贵族势力强大,王权相对微弱。到了高丽第四代君主光宗(950—975)继位后,力图振作王权。由于高丽王朝同中华帝国近似,基本上是一种被某些学者称为"文化取向"的政治体系,③所以光宗便实行了"华化"政策,试图以制度移植的路径重塑社会,进而改变半岛既有的权力格局,逐步实现王权的专制化。在高丽这样的传统社会,王权与贵族集团在权力分配上,基本上是一种此消彼长的关系,即是一种零和博弈。他的这种做法遭到了贵族集团的强烈抵制——他们针锋相对,以文化反制文化,提出了坚持本国"土俗"的口号。④ 结果在光宗—景宗三十余年的期间内,双方进行了极为惨烈的斗争,坚持"土俗"的

---

① 关于此,可参看张春海:《高丽律辑佚与复原及其反映之时代》,《南京大学法律评论》2010年秋季号。
② 〔朝鲜〕梁诚之:《讷斋集》卷四《请封功臣》,民族文化推进会本。
③ 〔以色列〕艾森斯塔得:《帝国的政治体系》,阎步克译,第九章第四小节《中华帝国的文化取向与目标的影响》,贵州人民出版社1992年版。
④ 关于这一问题的详细讨论,可参看张春海:《高丽王朝的"华化"与"土俗"之争》,《安徽史学》2008年第1期。

贵族和主张"华化"的高丽及归化中国士人大批被杀。①

这种两败俱伤的零和博弈模式显然不能再继续下去了,否则将危及统治集团的整体利益,有必要将零和博弈变为双赢博弈。景宗(975—981)死后,成宗继位,贵族出生的崔承老上《时务策》:"华夏之制不可不遵,然四方习俗,各随土性,似难尽变。其礼乐诗书之教、君臣父子之道,宜法中华,以革卑陋。其余车马、衣服、制度可因土风,使奢俭得中,不必苟同。"②提出了一套在华制与土俗、王权与贵族集团之间妥协、折衷的方案。在这一方案中,他首先承认了光宗以来王权引入中国制度的合理性,但在同时,他又强调"各随土性,似难尽变",要求尊重贵族集团的既得利益。在贵族势力强大、基本社会结构并无太大变化的情势下,成宗接受了这样的建议,与贵族集团达成了妥协。于是,王权移植中国唐代制度的工作得以重新展开。由于此次移植是在双方达成妥协的基础上进行的,所以王权不得不后退一步,对唐律进行大规模的变异,以迁就贵族集团的利益。

比如,和唐律相比,《高丽律》在量刑上之所以呈现出了官轻民重的特点,就是因为在高丽王朝,官僚制与贵族制已融为一体,官僚制成为贵族政治的运作形式,优待官僚就是优待贵族。

又如,高丽贵族集团是以庞大的奴婢阶层的存在为其社会与经济基础的。③李宗城云:"至于胜国……许奴婢而为其世传……而士夫之骄重待遇,本自如此。"④正因为如此,半岛有一套主要以习惯法形式存在的独特的奴婢法制。在半岛以"华制"与"土俗"之交替与混融为主线的制度变迁过程中,为了使这套法制更具合理性与合法性,贵族集团将之认定为半岛最重要的土俗之一⑤。然而,对于君主而言,其权力的拓展与强化是建立在一定的可自由流动资源存在的基础之上的,⑥倾向于鼓励放贱为良。可贵族

---

① 崔承老上成宗《时务策》云:"光宗以英奇之表……又及末年,多杀无辜。……小人得其志。遂至子逆父母,奴论其主。上下离心,君臣解体。旧臣宿将,相次诛夷。骨肉亲姻,亦皆剪灭。……景宗生于深宫之中……但以不谙政体,专任权豪,害及宗亲,咎征先见。"(《高丽史·崔承老传》下册,第81—82页。)

② 以上引文均见《高丽史·崔承老传》下册,第81—82页。

③ 关于高丽的社会分层结构及贵族与奴婢的关系,参见〔韩〕边太燮:《韩国史通论》,三英社1999年版,第189页。

④ 〔朝鲜〕李宗城:《梧川先生集》卷十四《与灵城户判书》,民族文化推进会本。

⑤ 直到朝鲜王朝(1392—1910),还有"我国奴婢之法,自箕子行之,为东方不易之典"的说法。(《朝鲜王朝实录·光海君日记》光海君七年二月己卯条。)

⑥ 关于这一问题,可参考〔以色列〕艾森斯塔得:《帝国的政治体系》,阎步克译,第八章"主要群体和阶层的政治取向和政治活动",贵州人民出版社1992年版。

社会则是以特定、封闭的享有特权的小集团的长久存在为条件的。基于此,又必须维持严格的等级身份制度,减少社会流动。① 在"奴婢之法"的问题上,王权与贵族集团的基本利益不一致,冲突便由此而起。崔承老在其《时务策》中历数由太祖到光宗四朝王权与贵族集团在奴婢问题上的斗争经纬:"本朝良贱之法,其来尚矣……圣祖尝欲放俘为良,而虑动功臣之意,许从便宜……逮至光宗,始令按验奴婢,辨其是非。于是功臣等莫不嗟怨,而无谏者。大穆王后切谏不听,贱隶得志,陵轹尊贵,竞构虚伪,谋陷本主者,不可胜纪。光宗自作祸胎,不克遏绝。"②他的结论是:"愿圣上深鉴前事,勿使以贱陵贵,于奴主之分执中处之。……幽厉失道,不掩宣平之德;吕后不德,不累文景之贤。唯当今判决,务要详明,俾无后悔!"③他将在奴婢问题上仅仅是实行了"按验奴婢,辨其是非"的光宗比喻为周代的昏君幽王和厉王,要求成宗改弦更辙。

在贵族集团的强大压力下,成宗不能不让步。由于唐律关于奴婢的制度与原则与高丽的奴婢法制有根本性的不同,④高丽人在对唐律进行筛选的过程中,便将唐律中关于奴婢法制的律条几乎全部删除,即使是被移植而来的那么一两条,也被做了与唐律本意不同甚至相反的改造。比如,《高丽律》的"奴娶良女"条⑤,虽系移植自唐律的"奴娶良人为妻"条⑥而来,但唐律此条处罚的主体是为奴娶良妻的主人,而《高丽律》处罚的主体却是奴本人。

(二) 政治层面的原因

特定的社会结构会对一国的政治格局产生关键性影响,上述半岛的特

---

① 关于这一问题的讨论,可参考〔美〕曼库尔·奥尔森:《国家兴衰探源》,吕应中等译,第六章《不平等、歧视与发展》,商务印书馆1999年版。
② 《高丽史·崔承老传》下册,朝鲜古书刊行会,1957年,第88页。
③ 同上。
④ 唐律关于奴婢等贱民的规定基本上可以概括为:在严格维持等级身份制度的基础上实行"一良永良""从良不从贱"的原则,多向对贱民有利的方向靠拢。而高丽实行的却是"一贱永贱""从贱不从良""父母一贱则贱"的原则,只要沦为贱民,本人及其子子孙孙永远都不能脱离贱籍。关于高丽的奴婢法制,可参阅〔韩〕洪承基:《高麗貴族社會・奴婢》一书的有关讨论(一潮阁,1997年)。
⑤ 《高丽律》之户婚律规定:"奴娶良女,主知情,杖一百;女家徒一年。奴自娶,一年半;诈称良人,一年。"(《高丽史·刑法志》中册,第877页。)
⑥ 该条规定:"奴娶良人为妻:诸与奴娶良人女为妻者,徒一年半;女家,减一等。离之。其奴自娶者,亦如之。主知情者,杖一百;因而上籍为婢者,流三千里。"(刘俊文:《唐律疏议笺解》,中华书局1996年版,第1063—1064页。)

定社会结构使高丽王朝的权力构造呈现出王权与贵族权二分的格局。从表面上看,当时君主专制的体制已经确立,君主握有国家的最高权力。可在实际上,君主的这种最高权力又受到了贵族权的强力制约。① 这种制约关系在法制领域表现得也相当明显。以司法而论,国王虽在名义上拥有最高裁判权,但这种权力是由国王和宰相群体共同行使的。高丽王朝的"重刑奏对仪"规定:"王便服出坐内殿南廊……祗候引宰臣、枢密至门,执礼传引就褥位立定,执礼微喝:'再拜!'……次丹笔奏对员入奏,丹笔制斩决、除入有人岛。毕后劝御药及宰枢药。执礼引宰枢下庭,褥位微喝:'再拜!'……执礼舍人皆再拜以次出。"②宰相与国王共同行使最终裁断权不仅是一种制度化的权力,而且也是一种实质性的权力。宪府在辛禑六年六月的上疏中就说:"凡大辟必三覆奏,君臣同议断决者,乃先王之成宪。"③此种现象为唐代所无。这种特殊的权力二分格局,使双方在以法律移植方式进行立法时,都有相当大的力量影响法条的内容。如一方要删除或修改唐律的一些内容,那么作为平衡,另一方也会如此,从而导致了高丽人对唐律变异过多的情况。限于篇幅,我们仅以其中的《名例律》为例加以说明。

　　高丽王朝首次移植唐律,制定本国的第一部法典时,正值光宗以恐怖手段剪除勋旧贵族集团之后不久,④王权的力量尚强,成宗虽依据妥协政策,对贵族集团做了一定程度的让步,但其基本精神还是强化王权,压制贵族权。因此,在第一部《高丽律》的《名例律》中,规定了十恶、官当、除名、免官等制度,着意强化王权,努力规制贵族与官僚的权力。可与此同时,唐律《名例律》中诸如议、请、减、赎、荫等一系列保障官僚与贵族特权的法律制度却被删除,只剩下了官当一项,以为妥协之手段。这当然会引发贵族集团的不满,当高丽对契丹战败时,贵族集团便将此种不满倾泻而出。《高丽

---

　　① 且随着贵族政治的发展与成熟,这种制约还在逐渐制度化,并在文宗时期形成了宰相由高门贵族担任,[如文宗朝的宰相李子渊就出身高门庆源李氏,他的四个儿子"皆宰相";其孙李资谦、资谅、资义、资仁、资德,其曾孙李奕、李预,其玄孙李公寿等均曾任宰相。(《高丽史·李子渊传》下册,第 122 页。)靖宗朝宰相崔冲,其子师"登宰辅者数十人"。(《高丽史·崔冲传》下册,第 119 页。)]而宰相分管六部,然后于都兵马使合议的制度。关于此,史料中的记载不少,如《高丽史·嬖幸传》:"(印承旦)寻复为左政丞(即高丽前期的侍中,忠烈王三十四年,忠宣王所改——引者)。百官罢朝贺,当诣王后宫。监察大夫元颢,执义庆千兴,以王后戚属,故先诣宫贺。承旦欲令式目劾之,议于同列。四宰李公遂以为不可,承旦怒不视事。"下册,第 687 页。
　　② 《高丽史·礼志》中册,第 430—431 页。
　　③ 《高丽史·刑法志》中册,第 847 页。
　　④ 关于这一问题的具体讨论,可参考张春海:《高丽王朝的"华化"与"土俗"之争》(《安徽史学》2008 年第 1 期)一文的有关讨论。

史·徐熙传》:"前民官御事李知白奏曰:'圣祖创业垂统,洎于今日……曷若复行先王燃灯、八关、仙郎等事,不为他方异法以保国家致大(太)平乎?……'成宗然之。时成宗乐慕华风,国人不喜,故知白及之。"①所谓"国人"实际上指的就是贵族集团,他们竟指唐制为异端,从根本上挑战王权移植唐代制度的合法性。对此,成宗却不能反驳,只是含混了事。在这种情况下,这部法律在实践中的效果就可想而知了。两百年后,武人发动政变成功,高丽进入了长达百年的武人执政期(1170—1270)。在这一时期,王权极度衰落,成了任人废立的傀儡,政治局面发生了重大变化。于是,在武人主持制定第二次《高丽律》时,便对唐律《名例律》进行了更大幅度的删减,只保留了五刑一条,整部律典失去了使君主专制体政体合法化、制度化的功能。这与武人政权以家门政治替代王权政治的做法是一致的。②

(三) 文化层面的原因

艾森斯塔得认为历史上的中华帝国是"文化取向"的政治体系,占主导的文化特殊主义取向,强调特定传统、秩序或文化模式的维持。③受中国文化影响的高丽王朝也有这种倾向。因此,高丽王权与贵族集团在法律移植的过程中进行博弈时,使用的话语主要就是文化。其中,王权力图构建的强势话语为"华化",其依据是中国文化的普适性观念及相关话语。高丽王权试图依靠这套话语在半岛进一步扩展中国文化普适性观念的影响力,而这又是以当时半岛和中国已经形成的政治上的松散的宗藩关系为基础的,故而后周世宗"令(高丽)百官衣冠从华制"④的诏书便成了高丽光宗发动"华化"政策的合法性来源。

在中国文化对半岛已有相当程度之渗透,且已为不少精英分子所遵奉的情况下,贵族集团中的开明人士,如崔承老等人,也不得不在一定程度上对此予以认同,做出承认"华夏之制不可不遵"⑤的表态。可是,就整体而

---

① 《高丽史·徐熙传》下册,第97页。
② 关于这一问题的详细讨论,可参考张春海:《高丽律辑佚与复原及其反映之时代》,《南京大学法律评论》2010年秋季号。
③ [以色列]艾森斯塔得:《帝国的政治体系》,阎步克译,第九章第四小节《中华帝国的文化取向与目标的影响》,贵州人民出版社1992年版。
④ 《高丽史·光宗世家》上册,第61页。
⑤ 《高丽史·崔承老传》下册,第85页。

言,当时高丽人对中国文化的认同还是相当有限的,中国文化的普适性观念并未得到知识阶层的普遍性认可,像李知白那样的激进分子,甚至还以中国文化为异端,要求恢复并确立诸如燃灯、八关、仙郎等固有文化的优越地位与正统性。① 即使如崔承老那样的开明人物,对中国文化也持"不必苟同"的态度,对中国文化的普适性并非完全无条件地认同。②

  在这样的文化认知方式与认同状态下,高丽人在移植唐律制定本国法典时,就不能不对唐律中那些与本国固有之文化传统、风俗习惯相冲突的内容做出筛选与改动。比如,对于关涉婚姻家庭关系的犯罪,《高丽律》规定的处罚一般均较唐律为轻,其原因就在于在婚姻家庭制度上,高丽和唐的不同之处甚多。以婚姻制度而论,高丽实行同姓为婚、近亲结婚之制,③这在唐律属于"内乱",而在高丽却是一种普遍的社会风尚。《高丽史·明宗世家》:"(十年六月)庚戌,内嬖明春死,王哀恋不已……后宫无可悦意者。乃命召二公主入内,令掌服御诸务,俾朝夕不离于侧,间或同裯共寝,眷念有不可道者。其壻令公累月旷居,不胜愤恚,遂欲绝婚。王闻之,乃召令公,俾居寿昌宫东太后行宫,日令公主微服往见,慰藉之。王又召集纯珠、明春及诸嬖所生儿女数十于宫内,皆衣班斓,载以鸠车,嬉戏内庭,啼呼喧闹,不类宫禁。故武臣等悉皆腹诽,或有偶语咨嗟者。"④明宗竟然与其姐妹同裯共寝,可时人对此种行为本身并无意见,公主丈夫不满的只是"累月旷居"而已,大臣们不满的则是国王和其子女在内庭的嬉戏、喧闹。后来,明宗被废,这种乱伦行为也未成为其被废的理由之一,原因就在于这种为中国法律定性为内乱的行为在半岛是正常合法的。在这种巨大的文化差异下,高丽人在移植唐律时,当然要对相关的律条进行筛选与修改。

  需要指出的是,在高丽,社会层面的问题总是会以政治层面的问题表现出来,而政治层面的问题最后又常常以文化的语言表达,最后几乎所有

---

  ① 燃灯、八关等风俗虽为佛教文化,但经过三国以来几百年的发展,佛教文化早已被半岛精英阶层认为是和"花郎"并列的半岛本土文化了。

  ② 由于这种思潮的强烈影响,直到高丽"华化"程度进一步加深的睿宗时期(1105—1122),还有人将唐文化与契丹文化并列,要求不论是"唐风"还是"丹风",都应一律禁止。《高丽史·食货志》:"睿宗元年,中外臣僚多言先朝用钱不便,七月诏曰:'钱法,古昔帝王所以富国便民……不意群臣托太祖遗训,禁用唐、丹狄风之说,以排使钱。……若文物法度,则舍中国何以哉?'"(《高丽史·食货志》中册,第737页。)

  ③ 关于这一问题的具体讨论,可参考朴延华、李英子:《高丽王室族内婚制及其变化》,《东疆学刊》2003年第1期。

  ④ 《高丽史·明宗世家》上册,第403页。

的问题都成了文化问题,彼此之间几无明显的界限可言,完全混融在了一起。这应该就是所谓"文化取向""文化特殊主义取向"概念之所指吧。

二、变异的方法

既然有如此众多的需对唐律进行变异的原因,那么高丽人又是以何种方法进行操作,将上述需要落实到法典之上的呢?以下我们将对此做具体的分析。

(一)筛选的方法

高丽人在对唐律进行筛选时,主要采取了整体性筛选和部分性筛选两种方法。所谓整体性筛选,是指在法律移植的过程中,将某一类律条整体删除。当然,即使是整体性筛选,也不一定是一次完成的,更可能是经过了一轮又一轮的淘汰,最后过滤下需要的律条。高丽人对唐律通则、通例性条文的删除,以及武人政权在制定第二部《高丽律》时,对所有与保障、强化和抬升王权相关之律文的删除就属于这种情况。

部分性筛选是指对那些经过数次筛选剩下来的律条,也不是完全采用,因为这些律条中的某些条款和内容也有可能和高丽之社会、政治与文化等方面的国情存在冲突,所以还要对这些律条中的条款与内容再进行筛选。之所以会出现这种情况,和唐律本身的特点有很大关系。一般来说,唐律律条的内容均相当丰富,在一个条文中可能含有多个条款,涉及多个方面。这就会出现在某个律条中,其中的部分条款与内容是高丽人想要移植的,而另一些条款和内容却与高丽的土俗与国情相抵触的情形。于是,高丽人便采用了部分性筛选的方法,将那些不需要的条款与内容删除,留下需要的部分。比如,《唐律疏义·擅兴律》"丁防稽留"条规定:"诸被差充丁夫、杂匠,而稽留不赴者,一日笞三十,三日加一等,罪止杖一百;将领主司加一等。防人稽留者,各加三等。即由将领者,将领者独坐。"[1]这一律文分为前后两段,分别规定了对"丁夫杂匠稽留不赴"和"防人稽留"两种行为的处罚。高丽人在经过整体性筛选后,保留了此条。之后,便进入了部

---

[1] 刘俊文:《唐律疏议笺解》,中华书局1996年版,第1226页。

分性筛选的阶段。在这一过程中,高丽人发现该条的后半段与本国的国情不符。

隋唐王朝沿袭北周的军防制,普通百姓均需承担防戍之役。《隋书》卷二十四《食货志》:"(开皇)十年五月,又以宇内无事,益宽徭赋。百姓年五十者,输庸停防。"①唐长孺认为:"据此知开皇十年,丁男仍有守防之役。开皇十年停防亦限于 50 岁之丁男,50 以下仍有此役。……唐玄宗时期仍有征自丁男的防丁。"②戍防之人被称为防人。《唐律疏议》卷十六载唐《军防令》云:"防人番代,皆十月一日交代。"③戍防之役的切实履行对唐王朝的安全具有重大意义,故而在唐律中专设有"防人稽留"的条款,以法律对之进行规范、保障与调整。可是,在高丽,边境地区是由从中央派出的州镇兵驻防的,普通百姓不需承担普遍的防戍之役,④没有"防人"这样的制度。因此,高丽人便将唐律该条的后一段内容删除,只留下了前一段,形成了本国《擅兴律》的"丁夫杂匠稽留"条。⑤ 这样的筛选当然是合理的。

又比如,武人政权制定第二部《高丽律》时,根据删除所有程序性律条的标准,在整体性筛选的过程中,将《唐律疏议·断狱律》中的绝大部分律条删除。然而,却有一些例外。在隋唐和高丽,佛教均极盛,而佛教中又有禁杀放生的要求。首先,佛教中有"三长斋月""善月"之说。所谓"三长斋月"指阴历正月、五月、九月等三个月份。其次,又有"十斋日"之说。所谓"十斋日"指每月的初一、八、十四、十五、十八、二十三、二十四、二十八、二十九、三十等十个日子。在这些日月,应断屠放生。佛教在唐律形成时期的隋及唐前期,也是最有影响力的宗教,这一要求便被规定到了《唐律疏议·断狱律》中的"立春后秋分前不决死刑"条中。由于佛教是高丽王朝的国教,高丽人在对唐律进行整体性筛选的过程中,唯独将此条保留了下来。唐律该条规定:"诸立春以后、秋分以前决死刑者,徒一年。其所犯虽不待时,若于断屠月及禁杀日而决者,各杖六十。待时而违者,加二等。"律疏云:"其大祭祀及致斋、朔望、上下弦、二十四气、雨未晴、夜未明、断屠月日

---

① 〔唐〕魏征、令狐德棻撰:《隋书》卷二十四《食货志》,中华书局 2000 年版,第 682 页。
② 唐长孺:《魏晋南北朝隋唐史三论》,武汉大学出版社 1992 年版,第 206—207 页。
③ 刘俊文:《唐律疏议笺解》,第 1206 页。
④ 高丽文宗十五年判:"东西界防戍军征发时,一领内百人以上一队三人以上有阙者,将军、领队、正罢职;一校尉领七人,一别将指领十五人,一郎将领三十人,所领内有阙罢领军职;参以上申奏,参外直罢。"(《高丽史·兵志》中册,第 779 页。)
⑤ 该条规定:"被差充丁夫杂匠,稽留不赴,一日,笞四十……二十三日,徒一年,将领主司各加一等。"(《高丽史·刑法志》户婚条,中册,第 842 页。)

试论高丽"变异"唐律的原因、方法与效果 95

及假日,并不得奏决死刑。其所犯虽不待时,'若于断屠月',谓正月、五月、九月,'及禁杀日',谓每月十直日,月一日、八日、十四日、十五日、十八日、二十三日、二十四日、二十八日、二十九日、三十日,虽不待时,于此月日,亦不得决死刑……"①唐律该条分为前后两段,前段乃根据从董仲舒开始形成的"秋冬行刑"的儒家理念而来,后段乃是受佛教影响所致。当时高丽是一个佛教国家,儒家学说虽说也是精英阶层所信奉的政治理念之一,但毕竟还不是居于统治地位的意识形态,和佛教的影响力无法相提并论。因此,高丽人在移植唐律时,便对这一条进行了部分性筛选,将该条的前半段删除,保留了后半段,并增添了一些富有本国色彩的内容,做成了一个新的律条。②可见,部分性筛选和改造往往是很难区分的,它们不仅表现相似,而且常发生在同一时间和过程之中。以下我们将分析高丽对唐律进行改造时所采用的方法。

(二) 改造的方法

高丽人对唐律律条进行改造的方法形形色色,大致而言,可分为以下几种情形:

1. 基本照抄唐律某一律文或律文之一部分,但将唐律之抽象、概括式的立法技术弃而不用,改用列举式的立法技术。

《高丽律·职制律》"因官挟势乞百姓财物"条:"因官挟势乞百姓财物,一匹,笞二十;二匹,三十……五十匹,二年半;与人物者减一等。若亲故与者,勿论。"③此条乃是将唐律的"挟势乞索"条以列举式改写而成。唐律本条的规定为:"诸因官挟势及豪强之人乞索者,坐赃论减一等;将送者,为从坐。亲故相与者,勿论。"④概括性极强,定罪量刑采用了"坐赃论减一等""为从坐"等抽象的表述方式。至于何为坐赃,何为从坐,要依据律内其他专门或通则性的规定加以界定。这种表述方式要求律典本身严密合理,前后照应,环环相扣,而这又是以高度发达的立法技术为前提和基础的。

---

① 刘俊文:《唐律疏议笺解》,第2101页。
② 该条规定:"禁刑:国忌;十直[初一日、初八日、十四日、十五日、十八日、二十三日、二十四日、二十八日、二十九日、三十日];俗节[元正、上元、寒食、上巳、端午、重九、冬至、八关、秋夕];慎日[岁首、子午日、二月初一日]。"(《高丽史·刑法志》名例条,中册,第834页。)
③ 《高丽史·刑法志》中册,第840—841页。
④ 刘俊文:《唐律疏议笺解》,第906页。

以《高丽律》不足唐律四十分之一的微小规模①及半岛当时达到的律学水平而论②,显然无法做到这种程度,故而只能弃《唐律》的概括式立法技术而用列举式,其目的就是使唐律这种主要从外国移植而来的法律直观易懂,便于为官员及普通百姓所掌握。大概正是出于这种需要,高丽人在移植唐律的过程中,对唐律中凡是关涉到抽象之通例、通则以及法律定义方面的律条,大多予以弃置。这已是高丽对唐律进行筛选的一个重要原则,也是《高丽律》的特色之一。

出于类似的原因,高丽人在移植唐律时,还对唐律的一些法律用语进行了修改,以尽可能达到通俗易懂的效果。还以本条为例,首先,《高丽律》将唐律本条中"将送者,为从坐"一句根据《唐律疏议·名例律》"共犯罪造意为首"条之"诸共犯罪者,以造意为首,随从者减一等"③的规定,改写为"与人物者,减一等"。其次,又将唐律本条中的"亲故相与者"改为"若亲故与者",将"将送者"改为"与人物者",将"乞索者"改为"乞百姓财物",均为用语义更为显豁易懂的词汇代替了那些在高丽人看来较为难解的词汇。

2. 分别截取唐律中某几个律条的一部分或截取律文正文、律疏及注文的某些部分,将其混合、加工和改造,形成新的律文。

《高丽律·职制律》"匿父母及夫丧"条:"闻父母丧若夫丧,忘哀作乐、杂戏,徒一年;释服从吉,徒三年;匿不举哀,流二千里;诈称祖父母、父母死以求暇及有所避,徒三年。"④与《唐律疏议》中的相关律条比对,不难发现该条系将《唐律疏议·职制律》之"匿父母及夫丧"条⑤和《唐律疏议·诈伪律》"父母死诈言余丧"条⑥中的部分内容进行剪接、改写、调换及拼接而成。唐律这两个律条所设定的法益均为传统之礼教,所指向的对象均为祖

---

① 现存《唐律疏议》约有三十几万字,而《高丽律》最多不过七千字。
② 韩国学者崔钟库在评价《高丽律》时就说:"《高丽律》本身是不能被看作一个完备的法律的。"并认为原因在于:"(当时)在内,执行法律的当政者们对于法律思考的训练还没有熟练;在外,又受到了契丹、蒙古族的侵略,国内又经历了武人执政,法律制度没有得到应有的发展。"参见氏著《韩国法思想史》,서울대出版部,1989年,第65页。
③ 刘俊文:《唐律疏议笺解》,第416页。
④ 《高丽史·刑法志》中册,第857页。
⑤ 《唐律疏议·职制律》匿父母夫丧条:"诸闻父母若夫之丧,匿不举哀者,流二千里;丧制未终,释服从吉,若忘哀作乐,徒三年;杂戏,徒一年;即遇乐而听及参预吉席者,各杖一百。"(刘俊文:《唐律疏议笺解》,第799页。)
⑥ 《唐律疏议·诈伪律》父母死诈言余丧条:"诸父母死应解官,诈言余丧不解者,徒二年半。若诈称祖父母、父母及夫死以求假及有所避者,徒三年;伯叔父母、姑、兄姊,徒一年;余亲,减一等。若先死,诈称始死及患者,各减三等。"(刘俊文:《唐律疏议笺解》,第1755页。)

父母、父母及夫等斩衰亲属,有很高的相关性。《高丽律》因规模较小,不能容纳太多的内容,故而便利用唐律律条之间的这种相关性,以合并同类项的方法,另制新条。此为截取唐律某几个律文的一部分并将之融合为一的情形。

《高丽律·卫禁律》"越州镇戍等城垣"条:"越县城,杖九十;州镇,徒一年;未越者,减一等;从沟渎出入与越同。"①该条系截取唐律相应律文前半段的部分内容,并合并了一条注文的半段而成。②因《高丽律》没有采用唐律之律、注、疏三位一体的编纂方式,为了吸收唐律中疏与注的内容,就必须将之放入正文,以填补漏洞。此为分别截取律条正文和律疏、注文的某些部分,将其混合、改造和加工,形成新律文的情形。

3. 在律条中加入反映其固有传统、文化和社会状况的内容。

《高丽律·斗讼律》"杀堂弟妹"条:"殴杀堂弟妹、堂侄孙,流二千里;故杀,绞;殴妻父母,准十恶不睦论。"③该条系截取唐律"殴缌麻兄姊条"的一部分内容而来。④ 唐律该条规定:"诸殴缌麻兄姊,杖一百。小功、大功,各递加一等。……若尊长殴卑幼折伤者,缌麻减凡人一等,小功、大功递减一等;死者,绞。即殴杀从父弟妹及从父兄弟之子孙者,流三千里;若以刃及故杀者,绞。"⑤两相比较,可知《高丽律》此条对唐律本条做了不少改动。首先是表述上的变化,可置而不论。其次是量刑上的改动,唐律对殴杀从父弟妹(堂弟妹)的处罚为"流三千里",《高丽律》为"流二千里"。最重要的改动则是增加了唐律所无之"殴妻父母,准十恶不睦论"的规定。之所以作出这样的改动,是为了和高丽妻族地位甚高的国情⑥保持一致。

《高丽律》"谋杀周亲尊长"条规定:"谋杀周亲尊长、外祖父母、夫妇之

---

① 《高丽史·刑法志》中册,第859页。
② 《唐律疏议·卫禁》越州镇戍城垣条:"诸越州、镇、戍城及武库垣,徒一年;县城,杖九十;越官府廨垣及坊市垣篱者,杖七十。侵坏者,亦如之。(注:从沟渎内出入者,与越罪同。越而未过,减一等。余条未过,准此。)即州、镇、关、戍城及武库等门,应闭忘误不下键,若应开毁管键而开者,各杖八十;错下键及不由钥而开者,杖六十。余门,各减二等。若擅开闭者,各加越罪二等;即城主无故开闭者,与越罪同;未得开闭者,各减已开闭一等。"(刘俊文:《唐律疏议笺解》,第633页。)
③ 《高丽史·刑法志》中册,第857页。
④ 《唐律疏议·斗讼律》殴缌麻兄姊:"诸殴缌麻兄姊,杖一百。小功、大功,各递加一等。……若尊长殴卑幼折伤者,缌麻减凡人一等,小功、大功递减一等;死者,绞。即殴杀从父弟妹及从父兄弟之子孙者,流三千里;若以刃及故杀者,绞。"(刘俊文:《唐律疏议笺解》,第1552页。)
⑤ 《唐律疏议·斗讼律》殴缌麻兄姊。
⑥ 关于这一问题的具体讨论,可参考〔韩〕金斗宪:《韩国家族制度研究》,서울大学校出版部1989年版,第135—138页。

父母,虽未伤,斩;道士、女冠、僧尼谋杀师主,同叔伯父母。……谋杀大功以下,缌麻以上卑幼,徒三年;已伤,流三千里;已杀,绞;有所规求,加一等。"①该条系截取唐律谋杀期亲尊长条之大部分内容,并融合《唐律疏议·名例律》的部分内容而成。同时,还对唐律"谋杀期亲尊长"条的内容做了重大改造。唐律本条规定:"诸谋杀期亲尊长、外祖父母、夫、夫之祖父母、父母者,皆斩",②而《高丽律》则将"夫、夫之祖父母、父母者"改为"夫妇之父母",这同样是高丽家庭制度与唐代家庭制度的重大差异使然。③ 在高丽,妻族与本族在亲等上差距不大,妇女、女婿的地位远比唐代妇女、女婿的地位为高,故而女婿为妻之父母所服的丧服也与中国不同。《朝鲜王朝实录·世宗实录》七年五月辛巳条:"上谓诸臣曰:'婿为妻父母服,不合古制。更考礼经,不戾于古,得今之宜,参酌立法可也。'礼曹判书申商对曰:'此服固宜改定,然婚礼,国家徇俗,不从礼典。昏礼正,则甥舅之服亦从此而定矣。'上曰:'昏礼女往夫家。国俗安于旧习,亲迎人皆恶之。以此,太宗欲正昏礼而未果。且礼教久而后可变,今为妻父母服,姑改定制。'"④世宗所谓女婿为妻父母所服之丧服"不合古制",指的就是自高丽以来,女婿为妻之父母所服之丧服不是遵循中国制度之缌麻服,而是有所增加的状况。⑤ 在高丽,妻之父母犯罪,女婿常缘坐。《高丽史·李永传》:"及李资谦杀韩安仁,(李永)以安仁妹壻坐流珍岛。……乃饮酒一斗,愤懑而卒,时人惜之。"⑥可见,法律实际上是将女婿当做亲子看待。因此,此条之改也就是事之必然了。

4. 根据唐律有关律文的法意,另创新条。

《高丽律·杂律》"凡人奸尼女冠"条:"凡人奸尼、女冠:和,徒一年半;强,徒二年。尼、女冠与和,徒二年半;强,不坐。"⑦此条乃高丽人根据唐律有关律文的法意自创。首先,该条的前半段"凡人奸尼、女冠:和,徒一年半;强,徒二年"一句系根据《唐律疏议·杂律》"奸"条的内容而来。唐律

---

① 《高丽史·刑法志》大恶条,中册,第854页。《高丽史·仁宗三》(上册,第394页)载有一案:"(二十二年九月)甲戌,以旗头军罗信刃伤所生,弃市。"与刑律规定的处罚相符。
② 刘俊文:《唐律疏议笺解》,第1263页。
③ 关于这一问题的详细讨论,可参考张春海:《高丽律对唐律变形之原因探析——以"华化"与"土俗"之关系为视角》,《南京农业大学学报》(社会科学版)2009年第3期。
④ 《朝鲜王朝实录·世宗实录》七年五月辛巳条。
⑤ 具体讨论见后文。
⑥ 《高丽史·李永传》下册,第166页。
⑦ 《高丽史·刑法志》中册,第852页。

该条规定:"诸奸者,徒一年半;有夫者,徒二年。……强者,各加一等。折伤者,各加斗折伤罪一等。"①唐律此条乃为凡人犯奸而设,并没有单独提及凡人奸尼和女冠的问题。在唐代,佛教虽然很盛,但佛教徒并未因此而成为一个法律上的特殊阶层,僧侣已被包括在了律之"凡人"的范畴之内。在高丽,佛教乃国教,②僧侣享有较为特殊的法律地位。基于这样的国情,高丽人在移植唐律时,便使用了尼和女冠代替了原来律条中的凡人,单设此条。《高丽律》该条后半段之"尼、女冠与和,徒二年半;强,不坐"一句来自唐律"监主于监守内奸"条的律疏部分。③唐律该条律疏规定监临主守奸有夫之妇女,徒二年半,同样没有单独提及凡人奸尼和女冠的问题,只是在进一步解释律意时提到"若道士、女官,僧、尼同"。④高丽人则以"尼和女冠"替代了监临主守,并和上述前半条合并,形成了一个专为尼和女冠而设的新律条。⑤

分析至此,我们看到,由于高丽在社会、政治与文化等多个层面均与中国之唐律形成的时代存在重大差异,而法律的移植又是出于多种现实利益的考虑,被认为是一种可以改变与重塑社会与政治格局的手段,在立法过程中有发言权与影响力的利益相互冲突的各方(特别是王权与贵族集团),便在移植唐律这套规则体系时,展开了复杂的博弈与竞争,采用了多种手段以对这套规则体系施加影响,其结果便是与唐律面貌大不相同的《高丽律》的形成。

三、变异的效果

在高丽初期,中国文化与半岛文化之间的异质性较强,唐律的不少内容均难以为半岛人接受,这就使高丽王权对唐律的移植面临着社会、政治与文化等多层面的压力。特别是高丽王权主导下的对唐律的移植,并非由

---

① 刘俊文:《唐律疏议笺解》,第1836页。
② 参见〔韩〕李基白:《韩国史新论》,第90页。
③ 其文云:"【疏】议曰:监临主守之人,于所监守内奸良人,加凡奸一等……若奸无夫妇女,徒二年;奸有夫妇女,徒二年半。……若道士、女官,僧、尼同;奸者,各又加监临奸一等,即加凡奸罪一等……"(刘俊文:《唐律疏议笺解》,第1854页)。
④ 刘俊文:《唐律疏议笺解》,第1854页。
⑤ 辛虎雄认为《高丽律》该条系来自唐律监主于监守内奸条的疏议部分,显有所失察。参见〔韩〕辛虎雄:《高丽法制史研究》,(韩国)国学资料院,1995年,第111页。

于半岛社会出现了重大转型、存在规范不足的内需所致,而是出于非常明显的现实目的,即抬升王权的需要使然。也就是说,高丽王权将制度的移植手段化了,于是引发了强烈的反弹,使制度移植的阻力进一步增大。与此同时,高丽王权的这种做法使得相对的一方为了反制的需要,也将制度的移植手段化、目的化,而不是将之视为或转化为一种内在需要的规范。双方的这种对抗导致光宗—景宗时期的激烈冲突,大批精英分子被屠杀。这种沉痛的历史教训既使双方在之后的成宗时期达成了必要的妥协,王权得以开始较大规模地移植包括法律在内的中国制度,也因其负向的反馈作用,使利益冲突双方对法律移植活动过度重视,将之视为可对现实利益造成重大影响的事件,从而进行了过多的干预。即是说,对历史经验的反向吸取使光宗之后的法律移植高度政治化、敏感化,强势集团的干预过多、过深、过密,最终导致了高丽人对唐律的大规模变异。

从积极的层面讲,正是由于有了这种变异,才使唐律的一部分勉强被移植到了半岛,开启了半岛较大规模移植外国法律的时代。从这个意义上讲,变异有其重大的历史意义,对半岛法制的发育,功不可没。虽然历史不能假设,但适当的假设,却有助于我们更好地理解历史。如果不是找到了变异的方法,高丽人可能就不会对唐律进行较大规模的移植,或至少也要推迟相当长的一个时期。

然而,这种变异,严重破坏了被移植法律的整体性,再加上出于利益的考虑,土俗与国情等种种因素的冲击,以及法律本身的局限性,这种变异并未取得预期的效果,产生了不少问题。

首先,高丽人在移植唐律时,有非常功利的考虑,将法律移植目的化、手段化,而光宗—景宗时期的历史经验又使他们对制度的移植形成了一种刻板认识——规则的改变将导致权力与利益格局的重大改变,这就使利益不一致的双方在法律移植过程中,进行了过度的竞争。① 这种刻板认识固然来自于历史教训,但这种囿于经验的认识显然过于夸大了法律在传统社会,特别是在高丽这样的贵族社会所能起到的作用。在这种社会,正式规则与其具体实施之间常有很大的距离,有时甚至根本就是具文。可是,光宗时期以恐怖手段推动"华化"政策的历史,给他们以过于深刻的印象,使得不论是国王还是贵族,都过于看重正式规则及其变迁的重要性。可实际

---

① 这种状况从高丽人对唐律的大规模筛选与改造中可以容易地看出。

上,在传统社会,推动具有超前性之正式规则落实的动力往往是呈快速衰减趋势的。由于正式规则的具文化,王权与贵族集团在制定正式规则层面花费的工夫事后证明多是白费。

比如,在制定《高丽律》时,政治利益往往是被考虑的首要因素。在制定第一部《高丽律》时,王权利用当时权威尚强的优势,在律文中保留了不少诸如"十恶"等保障并抬升王权的条款,企图以此来强化王权,压制贵族权,使王权如中国那样逐渐专制化。可是,在当时的社会条件与权力格局下,这不过是一厢情愿,其目的基本上没有达到。成宗之后,王权并未有显著的提升,贵族势力倒有比较平稳的发展,到了仁宗时期,更是达到了高峰,当时的宰相李资谦就出自高丽最著名的大族——庆源李氏,他掌握政权几十年,最后听信"十八子"为王的图谶之说,竟试图废黜仁宗,自己称王。到了武人执政时期,王权更是跌入了低谷,林象德就感叹:"谨按天下之生久矣,生民之变,靡所不有,而高丽四百七十余年,三纲九法,一何坏乱怪异之甚也?"①武人政权在制定第二部《高丽律》时,着意强调家族内部的伦理,试图以此来调整本集团内部的关系,然而这种期望同样落空。崔氏武人政权仅仅维持了六十年,其最后一任统治者崔竩,就是被本集团的大将金俊所杀,而金俊又被同为武人的林衍所杀。可见,法律规则对政治格局与政治利益并不能产生太大的影响,相反倒是时时为现实政治所左右。在高丽这样的传统社会,是政治规则决定法律规则,而非法律规则决定或改变政治规则。即使就法律规则本身而言,起更大作用的还是那些非正式规则,以及由实力变动形成的临时规则,而非正式规则。统治集团在立法活动中的"投入"与"产出"如此不成比例,已不仅仅是一个简单的资源浪费问题,而是造成了人们对法律愈加不信任,从而又使正式法律规则的地位愈加低落的严重后果。在这种情况下,不要说法律需被信仰了,连被信任都做不得,其作为规则的基本内核与特质法"信",基本上已流失殆尽。

其次,从文化的角度看,高丽人对"华制"与土俗的关系处理得也不是很好。高丽人在移植唐律制定本国法典时,既试图通过大规模的超前立法,以达到"移风易俗"及王权专制化等多重目的,可为了使这种超前性立法具有基本的可实施性,又要在一定的程度上尊重本国的土俗与习惯法,并据之以对唐律进行变异。这就使律典的内容在两种倾向之间摇摆不定,

---

① 〔朝鲜〕林象德:《老村集》卷四《杂著·书东史会纲后》,民族文化推进会本,1998年。

内含了不少矛盾。比如,高丽移植了唐律禁止养异性男的制度,①但这与高丽的土俗不符,属于超前立法,是试图以法律引导并改造社会。可在事实上,半岛社会内部根本没有这样的需求,高丽政权也没有落实这种超前立法的能力,从而使法律沦为具文。韩国学者金斗宪即指出:"直到高丽末期,以异姓为养子、以外孙继后仍是一般通行的做法。"②在高丽,妻的地位高,妻既可收养其本族女性为养女,③也可收养本族男性为子。④ 显然,《高丽律》中禁止养异性男的法条也与《高丽律》其他条文反映出的提高妻子和妻族地位的做法矛盾,这就使法律条文成了空中的悬浮物,失去了权威性。

第三,由于超前立法的总趋向与法律所具有之保守性、滞后性之间的矛盾问题无法解决,高丽人对唐律进行变异时,常常顾此失彼,失去方向,迷失于"华化"与"土俗"、超前与保守等各种漩涡之中,造成了立法逻辑混乱的问题。高丽人在制定第二部《高丽律》时,在一定程度上吸取了第一部《高丽律》的教训,对本国现实的考虑增多。比如,其《斗讼律》的"杀堂弟妹"条虽系截取唐律殴缌麻兄姊条的一部分而来,但却增加了唐律所无的"殴妻父母,准十恶不睦论"的规定。⑤ 这种做法显然是考虑到了高丽与中国家族制度的不同所致。⑥《高丽史》卷六十四《礼六》:"小功五月:……义服,为妻父母,为女婿。"⑦女婿不是如中国那样为妻之父母服缌麻,妻族的地位较高。不过,这种服制本身也是移植中国制度而来,并未反映半岛家庭内部实际的亲疏关系,因而也不能落实。在实践中,仍是依据实际亲疏关系形成了另外一套规则。朝鲜王朝时期的太宗十一年(1411)闰十二月,礼曹启:"《家礼》:妻父母、女婿之服,皆曰缌麻。吾东方婚姻之礼,夫就妇

---

① 《高丽律》规定:"养异姓男,与者答五十,养徒一年;无子而舍去者,二年;养女不坐;其遗弃小儿,三岁以下异姓听养。"(《高丽史·刑法志》中册,第 852 页。)
② 〔韩〕金斗宪:《韩国家族制度研究》,서울大学校出版部 1989 年版,第 262—263 页。
③ 《高丽史》卷九十五《郑文传》:"郑文,字懿德,草溪县人。父倍杰,擢魁科,官至礼部尚书、中枢使,以儒术相文宗……倍杰妻崔氏,贤而无子,养其族女。及笄,劝倍杰以为妾。未几,倍杰死,遗腹生文,年甫十五六,嶷然若老成。"(《高丽史》卷九十五《郑文传》下册,第 131 页。)
④ 直到朝鲜前期仍是如此。《朝鲜王朝实录·世宗实录》二十年(1438)正月丙午条:"护军宋勉无子,以其从侄宋盘为养子,勉妻申氏亦以其族赵雅女子为养子。"(《朝鲜王朝实录·世宗实录》二十年正月丙午条。)
⑤ 张春海:《唐律、高丽律法条比较研究》,《南京大学法律评论》(2011 年秋季号),第 131 页。
⑥ 关于这一问题的详细讨论,可参考张春海:《高丽律对唐律变形之原因探析——以"华化"与"土俗"之关系为视角》,《南京农业大学学报(社会科学版)》2009 年第 3 期。
⑦ 《高丽史·礼六》中册,第 427 页。

家,异于中国,故前代成宗时定服,于妻父母服期年,女壻小功。"①比照《高丽史·礼志》的记载,可知成宗定服制"于妻父母服期年,女壻小功"的说法并无依据。礼曹上启中提到的规则反映的实际上乃是高丽人现实生活中,不按照移植自中国的制度,而是根据现实的亲疏关系着服的事实。②

在高丽,妻族的地位虽高,但和母族相比,则仍处于低位。在高丽,有重外家的习俗,外祖父母的地位和祖父母相同,略高于妻之父母。《高丽史》卷六十四《礼六》:"齐衰周年,给暇三十日。正服为祖父母,为伯叔父及妻为姑……外族正服为外祖父母。"③在中国,为外祖父母所服的丧服为小功。高丽规定的为外祖父母所服的丧服比中国高出了两个等级,和为祖父母所服的丧服相同。④ 根据唐律的规定,祖父母的地位和父母相同。按照这样的逻辑,高丽人在制定本国法典时,也应将外祖父母与父母同列。可实际的情况并非如此。第二部《高丽律》之《斗讼律》的"詈伯叔父母外祖父母"条乃移植唐律的殴兄姊条而来,规定:"詈伯叔父母、外祖父母,徒一年;殴,三年;伤,流二千里;折伤,绞;至死,斩。过失伤,各减本伤罪二等。"只是在量刑上与唐律本条略有差异,⑤好像没有什么问题,但却和《高丽律》其他法条表现出的移植原则不一致,即该条不应如唐律那样将外祖父母与伯叔父母同列。⑥ 既然高丽人将殴打妻之父母的行为列入了十恶,按照同样的逻辑,对于比妻父母地位更高的外祖父母的犯罪行为,更应修改,加重处罚,可实际上却没有。高丽人在移植唐律过程中的这种左右摇摆,⑦极大地影响了律典本身的权威与效能。

第四,高丽人在对唐律进行变异时,尽管在一定程度上考虑到了本国的国情,可对一些明显不符合国情而又和现实利益关系不大的律文却未做

---

① 《朝鲜王朝实录·太宗实录》太宗十一年闰十二月己卯条。
② 当然,在中国制度影响的大背景下,这种规则仍采用了"五服"这样的中国规则形式。
③ 《高丽史·礼六》中册,第 427 页。
④ 在中国齐衰不杖期,适用于祖父母、伯叔父母、兄弟、未嫁之姐妹、长子以外的众子以及兄弟之子。
⑤ 《高丽律》在殴伯叔父母、外祖父母致折伤的情况下均处流二千里之刑,而唐律为流三千里。
⑥ 唐律中将外祖父母和伯叔父母同列的情况很多,已是一个基本的法律原则。《唐律疏义·名例律》十恶条关于恶逆的解释就是:"谓殴及谋杀祖父母、父母,杀伯叔父母、姑、兄姊、外祖父母、夫、夫之祖父母、父母。"
⑦ 当时高丽的立法和法律移植工作是相当粗糙而不成熟的,在对唐律进行改造时,竟然只考虑了妻之父母,而没考虑到外祖父母,可在移植中国的礼制制定本国的礼典《详定古今礼》时,又进行了考虑,摇摆的情况严重。

改造。比如,《高丽律》完整地移植了唐律的五刑制度,其流刑也是完全依据唐律,分为流二千里、二千五百里、三千里三个等级。可是,高丽由于国土面积狭小,从首都开京出发,无论向哪个方向,都很少有达到两千里以上的地方①,在实践中不得不适用另外一套规则:将流刑划分为流无人岛——流有人岛——流陆地三个等级,②而不是如日本那样改为近流、中流、远流。又如,高丽基本上不存在道教,③在制律时,将唐律中"私入道"这样的律条删除,可在其他的一些条文中却又出现了和道教有关的内容。比如,第二部《高丽律》的《杂律》便有"凡人奸尼女冠"一条。这种情况之所以会发生,应和高丽人在制律过程中,过于关注那些影响或可能影响到强势集团现实利益之规则的状况有关。在这种状况下,对于那些只涉及技术问题,而不涉及实际利益的律文,便不去花费太多的精力研究琢磨,而是直接拿来使用。

第五,由于高丽人对法律移植活动赋予了过度的重要性,使立法活动受到了多种利益与考量的影响,从而产生了对唐律变异的规模过大,破坏、割裂了唐律的完整性与系统性,使得《高丽律》缺乏全局性,整体上显得支离破碎的问题。主要表现在以下三个方面。

其一,由于《高丽律》删除了唐律中几乎所有的通则、通例性规定,只能弃概括式的立法技术,而取列举式的立法技术。然而,列举式的立法技术存在重大缺陷,适用的范围与场合有限,在无法使用列举式立法技术的情况下,高丽人便只好忍痛将唐律的有关内容删除。比如,第二部《高丽律》的《贼盗律》移植了唐律的"窃盗"条,但完全采用了列举的方式,规定:"窃盗一匹,杖六十;二匹,八十……四十匹,三千里……周亲,减三等。"④可对于唐律窃盗条律疏中关于"窃盗"的定义,⑤只能弃而不取。由于这一原因,在《高丽律》中,没有一条定义性的条款,使得罪与非罪、此罪与彼罪之间失去了界限,其后果必然会在适用法律的过程中显现出来。高丽一朝的法制不彰,当和这种情况有一定的关系。采用列举式的立法技术不仅在形式上使得律条烦琐、臃肿,在内容上也缺乏周延。比如,《高丽律》的"因官挟势

---

① 〔韩〕林奎孙:《高丽法研究·法学史研究》1975年第2集,第242页。
② 参见张春海:《论高丽王朝对唐代流刑的变通》,《南京农业大学学报》(社会科学版),2008年第1期,第86页。
③ 〔韩〕金得榥:《韩国宗教史》,社会科学文献出版社1992年版,第44页。
④ 《高丽史·刑法志》盗贼条,中册,第869页。
⑤ 该定义为:"窃盗人财,谓潜形隐面而取。"(刘俊文:《唐律疏笺解》,第1382页。)

乞百姓财物"条有84字之多,唐律仅为32字,即便如此,比之唐律,《高丽律》该条还缺少了"豪强之人乞索"的情形。因为《高丽律》通篇采用列举式的立法技术,所以只能尽量地少用诸如"加""减""准""以""罪止""从坐"等概括性的法律术语,可这又造成了律文之间难以呼应的问题。

其二,高丽在移植唐律时,还对唐律的一些法律用语做了修改,以达到通俗易懂的效果,可这样的改动是有风险的。比如,《高丽律·厩库律》的"故放畜产损食人田苗条",将唐律"放畜损食官私物"条"失者,减二等"的表述改为"若因走失者,减二等。"①这一修改的核心是将"失"这一抽象的法律术语改为"走失"这一浅显易解的词汇。可是,唐律本条之"失"乃"过失"之意,并非"走失",《高丽律》的这一改动完全改变了唐律本条的律意。这不由使我们想到了朱元璋制定《大明律》时提出的一个原则就是"法贵简当,使人易晓。"其理由是"若条绪繁多,或一事两端,可轻可重,吏得因缘为奸,非法意也。夫网密则水无大鱼,法密则国无全民。"②可结果却是导致了不少条款上的缺陷。③可见,即使到了高丽中期,高丽的精英分子在律学上的修养仍是相当有限的,可他们却勇于对唐律这样一种高度发达的制度文化进行大的修改,表明他们对此并未有所认识,反而还有一定的自负心理。④

其三,高丽在移植唐律时,根据律意另创新条,通常都是以国情为依据的。这有其合理性,但也有相当大的风险。以上文所举《高丽律·杂律》的"凡人奸女冠条"为例,如将该条作为一个整体分析,不难发现,该条前后两段有重复和矛盾之嫌。前半段之凡人奸尼、女冠中的"和",实际上就包括了后半段所说之"尼、女冠与和"的情形,前后两段内容重复。可是,前后两段的量刑又不相同,形成了矛盾。在唐律中,《高丽律》此条前半段所来自

---

① 《高丽史·刑法志》:"故放畜产损食人田苗者,一尺笞二十……五十四三年;若因走失者,减二等,并勒偿所损。"(中册,第859页)《唐律疏议·厩库律》放畜损食官私物条:"放畜损食官私物;诸放官私畜产,损食官私物者,笞三十;赃重者,坐赃论。失者,减二等。……"(刘俊文《唐律疏议笺解》,第1125页。)

② [清]张廷玉等撰:《明史》卷九十三《刑法志》,中华书局1974年版,第2280页。

③ 关于这一问题的详细讨论,可参考张春海:《论唐律对朝鲜王朝前期法制之影响——以"华化"与"土俗"之关系为中心》一文中的有关论述,载《中外法学》2010年第4期。

④ 在高丽文治最盛的文宗时期(1046—1082),高丽的最高权力机构内史门下省上言:"我国文物礼乐兴行已久,商舶络绎珍宝日至,其于中国实无所资。"(《高丽史·文宗世家》上册,第167页)在肃宗时期(1095—1105),高丽朝廷最高级别的官员门下侍中邵台辅主张:"中朝之法,难以行于我国。"(《高丽史·邵台辅传》,下册,第129页)精英阶层的这种文化上的认知到了高丽中期,显然仍有相当大的影响。

的《唐律疏议·杂律》"奸"条,其适用的对象是"凡人";《高丽律》此条后半段所来自的《唐律疏议·杂律》"监主于监守内奸"条,其适用的对象是"监临主守";故而,唐律对后者规定的刑罚远重于前者。然而,高丽人在移植唐律并根据本国国情进行改造时,由于知识精英们律学修养不足、立法水平有限等原因,这样的前提被忽略。

四、小结

通过以上的分析,我们看到,高丽王朝在移植唐律时,对之进行了较大规模的变异。其原因甚为复杂,但从总体上看,不出社会、政治与文化三个大的层面。就社会层面的原因看,高丽王朝是一个贵族社会,贵族的势力强大,因此在制律时就要对唐律中那些与其社会状况不符的律条进行变异,在奴婢法制上,高丽对唐律中关于奴婢法制的律条几乎全部删除,剩余的条文也被做了与唐律本意不同乃至相反的改造就是其体现。高丽人出于政治层面的原因对唐律进行变异的情况更多,而这些改造都是以当时的权力格局为依据,为具体的政治利益服务的。文化是高丽贵族集团对王权移植中国法制进行抵制的最主要的理由,即要维持本国的"土俗",因此在制律时,就不能不对唐律中与高丽固有之文化传统、风俗习惯相冲突的某些内容做出筛选与改动,以显示其主张的正当性。

高丽人在对唐律进行筛选时,主要采取了整体性筛选和部分性筛选两种方法。所谓整体性筛选,先是在筛选律条的过程中,根据既定的筛选原则与目标,将某一类律条整体性地删除。部分性筛选是指对那些经过数次筛选剩余下来的律条,也不是完全采用,因为这些律条中的一些条款和内容有可能与高丽之社会、政治与文化等方面的国情存在冲突之处,所以还要根据既定的原则与目标,对这些具体律条中的条款与内容再进行筛选。高丽人对唐律律条进行改造的方法形形色色,大致有四种情形。

高丽人对唐律变异的效果并不理想。第一,高丽人在移植唐律时,有非常功利的考虑,将法律移植目的化、手段化。第二,从文化的角度看,高丽人对"华制"与土俗的关系处理得也不是很好。第三,由于超前立法的总趋向与法律所具有的保守性、滞后性之间的矛盾问题无法解决,高丽人对唐律进行变异时,常常顾此失彼,失去方向,迷失于"华化"与"土俗"、超前与保守等各种漩涡之中,造成了立法逻辑混乱的问题。第四,高丽人在对唐律进行变异时,尽管考虑了本国的国情,可是对某些明显不符合国情而又和现实利益关系不大的律文却没有改造。第五,由于高丽人对法律移植活动的过度的立法活动受到了多种利益与考量的影响,从而产生了对唐律变异的规模过大,破坏、割裂了唐律的完整性与系统性的问题。之所以会出现如此众多的问题,主要是由于他们没有正确地(或正向地)吸取历史教训,赋予了法律移植活动以过度的重要性,结果博弈的双方在立法过程中投入了过多的精力,立法进程与法条内容受到了多种影响,具有高度的政治与利益上的敏感性所致。与此同时,高丽精英阶层的律学修养却相当有限,同时存有相当强烈的文化上的自负心理,这就使得他们不能自觉发现并矫正上述问题。两相叠加,移植的效果不佳就是势所必然了。可以说,《高丽律》是一部比较直观的、技术含量相对较低的律典。

总之,高丽人对唐律变异的效果不佳。这不由又使我们联想到《大明律》对唐律所做的改造。对此,薛允升云:"明代则取唐律而点窜之,涂改之,不特大辟之科任意增添,不惬于人心者颇多,即下至笞杖轻罪,亦复多所更改。"①并云:"明律虽因于唐,而删改过多,意欲求胜于唐律,而不知其相去远甚也。"②《高丽律》对唐律的变异更不成功,其教训值得我们深思与汲取。关于此,我将另撰专文探讨,不再赘言。

(本文作者系南京大学法学院副教授、博士)

Study on the Transformation of the Korean Legal System from Tang Dynasty: the Reasons, Methods and Impacts

Zhang Chunhai

Abstract: The connection of legal system between Korea and Tang

---

① [清]薛允升著:《唐明律合编·唐明律卷首》,怀效锋、李鸣点校,法律出版社1999年版,第1页。

② [清]薛允升著:《唐明律合编·例言》,怀效锋、李鸣点校,第1页。

Dynasty was an important part of history of Sino-Korea relationship. This paper discussed the reason, method, and effect of the transmission of Korean ancient law system from the Tang dynasty in order to demonstrate the problems of the transmission. The author also hoped to summarize the referential significance through the historical analysis.

Key words: Korea; Law of the Tang Dynasty; transformation; reason; impact

建设中蒙俄经济走廊的有利条件与不利因素

王 浩

【内容提要】 中蒙俄经济走廊是丝绸之路经济带的陆地骨架之一,依托于中俄蒙合作机制的中蒙俄经济走廊建议由于搭建在现有小多边机制之上,从三国的经济、社会发展的现实需要和互补优势出发,与本地未来发展相对接,无论是在协调推进还是在具体落实方面,难度系数相对要小,操作相对容易,可以先行先试,为"一带一路"倡议的具体实施提供借鉴。探讨中俄蒙合作机制下的中蒙俄经济走廊建设,拥有哪些有利条件,又面临哪些不利因素,如何扬长避短,推进中蒙俄经济走廊建设是本文尝试探讨的内容。

【关键词】 中蒙俄经济走廊建设;中俄蒙合作机制;有利条件;不利因素

2014年9月11日,上海合作组织杜尚别峰会期间,中国国家主席习近平同俄罗斯总统普京、蒙古国总统额勒贝格道尔吉举行中俄蒙三国元首会晤,实现了引人注目的中俄蒙三国峰会,从三国的经济、社会发展的现实需要和互补优势出发,提出共同打造中蒙俄经济走廊的愿景。根据2015年3月28日发布的《推动共建丝绸之路经济带和21世纪海上丝绸之路的愿景与行动》,中蒙俄经济走廊是丝绸之路经济带陆地骨架之一。相对于新亚欧大陆桥、中国—中亚—西亚、中国—中南半岛等国际经济合作走廊,依托于中俄蒙合作机制的中蒙俄经济走廊建设由于搭建在现有小多边机制之上,与本地未来发展相对接,无论是在协调推进还是在具体落实方面,难度系数相对要小,操作相对容易,可以先行先试,为"一带一路"倡议的具体实施提供借鉴。

在中蒙俄经济走廊建设方面,拥有哪些有利条件,又面临哪些不利因素,如何扬长避短,推进中蒙俄经济走廊建设是本文尝试探讨的内容。

一、中俄蒙合作机制下的中蒙俄经济走廊建设

2013年9月13日,中国国家主席习近平在比什凯克举行的上合组织成员国元首理事会第十三次会议上发表题为《弘扬"上海精神" 促进共同发展》的重要讲话。讲话强调务实合作是上海合作组织发展的物质基础和原动力,指出上海合作组织6个成员国和5个观察员国都位于古丝绸之路沿线,提出"上海合作组织成员国和观察员国有责任把丝绸之路精神传承下去,发扬光大"的倡议。①

在习近平主席的倡议下,旨在加强上合组织成员国与观察员国之间的经济合作,扩大彼此贸易合作规模的"6+5"模式会晤,首次于2014年4月26日在上合组织驻北京总部举行,上合组织各创始国协调员与包括蒙古国、阿富汗、印度、伊朗、巴基斯坦在内的观察员国代表首次进行共同磋商。2014年9月上合组织成员国元首理事会会议前夕,举办了由各观察员国商界代表参加的上合组织杜尚别商务论坛。"6+5"模式大大拓展了观察员国参与本组织多边合作的可能性,对此,蒙古国反响热烈,表示希望该模式进一步保持并机制化,同时希望制定成员国与观察员国之间的中长期合作规划,确保本国能参与到本组织互利经济合作,譬如上合组织框架内的能源、金融和粮食安全合作等。中俄蒙合作机制,是上合组织"6+5"模式下的一种探索与尝试,既符合中俄蒙三国利益,也为上合组织多边合作注入活力,为上合组织内成员国与观察员国之间的深入合作树立典范。

2014年9月11日,上合组织杜尚别峰会期间,中国国家主席习近平同俄罗斯总统普京、蒙古国总统额勒贝格道尔吉举行中俄蒙三国元首会晤,实现了引人注目的中俄蒙三国峰会,达成诸多战略共识和外交成果:把丝绸之路经济带同俄罗斯跨欧亚大铁路、蒙古国草原之路倡议进行对接,打造中蒙俄经济走廊;三方愿在捍卫地区安全、推动世界多极化方面携手合作;确立三国副外长级磋商机制;三国峰会有望实现机制化等。② 在2015

---

① 《弘扬"上海精神"促进共同发展》,新华网,http://www.zzdjw.com/n/2015/0212/c393651-26553842.html,2013年9月14日。
② 马小军:《中国特色大国外交战略轮廓显现》,人民网 http://cpc.people.com.cn/n/2015/0206/c187710-26521353.html,2015年2月6日。

年的俄罗斯乌法峰会期间有望举行第二次三国元首会晤。

二、传统友谊为中蒙俄经济走廊建设提供合作基础

良好的双边关系是中俄蒙三国关系发展和三方合作的有力保障。2014年恰逢中俄建交65周年,中蒙建交65周年,《中蒙友好合作关系条约》修订20周年,无论是中俄关系,还是中蒙关系都处于历史最好时期。[①] 中俄、中蒙、蒙俄双边关系的顺利发展,为三边合作打下扎实的基础,提供了有利条件。习近平访蒙、普京访蒙为搭建中俄蒙合作机制提供了契机。同时,加强中俄蒙三方合作客观上也深化了彼此间的战略伙伴关系。

中俄互为最大邻国,是本地区最重要和最主要的战略伙伴。近年来,两国战略互信不断提升,两国在全球的战略协作更加紧密,并达到空前高度。2014年5月,普京总统访华期间同习近平主席签署《中华人民共和国与俄罗斯联邦关于全面战略协作伙伴关系新阶段的联合声明》,系统阐述了两国全面战略协作伙伴关系的内涵和未来发展方向,强调中俄建立的新型国家关系具有广阔前景。中俄经贸务实合作稳步推进,中国连续四年成为俄罗斯第一大贸易伙伴。2014年上半年双边贸易额达445.4亿美元,同比增长3.3%。能源合作取得新进展,2014年5月在习近平主席和普京总统见证下,中俄签署为期30年涉及4000亿美元的《中俄东线供气购销合同》及年供300万吨液化天然气合同。人文领域交流频繁,大规模的中俄国家年、语言年、旅游年、青年友好交流年、青年论坛等相关活动相继展开,双方互设文化中心,增进了两国民众相互了解,加深了友谊,巩固了中俄关系的社会基础。[②]

1989年中蒙两国关系实现正常化以来,两国睦邻友好合作关系发展顺利。2003年两国宣布建立睦邻互信伙伴关系。2011年两国宣布建立战略伙伴关系。2013年双方签署《中蒙战略伙伴关系中长期发展纲要》。2014年8月,习近平主席访蒙期间,与蒙方达成共识,将中蒙关系提升为全面战

---

① 参见中国驻俄罗斯大使李辉署名文章:《友谊凝共识 合作促发展》,人民日报,2014年10月12日。
参见中国国家主席习近平在蒙古国大呼拉尔的演讲:《守望相助,共创中蒙关系发展新时代》,人民网,2014年8月23日,http://politics.people.cn/n/2014/0823/c1024-25522727.html。
② 中国驻俄罗斯大使李辉:《友谊凝共识 合作促发展》,人民日报,2014年10月12日。

略伙伴关系,标志着中蒙关系进入历史最好的发展时期。双方签署了30多项合作文件,涵盖经贸、矿产、电力、交通、基础设施建设、金融等多个领域,制定了双边贸易额在2020年达到100亿美元的目标①。

苏联解体后,尽管俄蒙在1991年建立了外交关系,1993年1月缔结友好合作条约,但由于俄罗斯自顾不暇,十来年中几乎失去曾在蒙古几十年的丰厚积累,其中包括政治、军事、经济和人文等多个方面。俄罗斯与蒙古关系真正改善是普京当选总统以后,俄罗斯重新重视蒙古与俄罗斯远东地区的战略地位。2000年普京当选总统之年即访问蒙古,并签订了《乌兰巴托宣言》,明确了两国睦邻友好关系。2003年,俄罗斯免除蒙古积欠苏联的114亿美元债务,随后又免除新债的97.8%,相当于1.72亿美元。2006年蒙古国总统恩赫巴亚尔访俄期间,俄蒙双方签署《莫斯科宣言》,明确两国"根据战略伙伴关系原则发展合作关系"。2009年,梅德韦杰夫受邀参加"哈拉哈战役"胜利70周年纪念活动,访问期间签署了《发展战略伙伴关系宣言》,将两国关系提升到战略伙伴关系。2014年9月,应邀参加俄蒙联军哈拉哈河战役胜利75周年庆典活动的普京总统对蒙古国进行6个小时的工作访问,与蒙古共签署15个双边合作协议,其中包括给予乌兰巴托无偿军事技术援助、现代化改造蒙古国铁路、恢复于1995年取消的免签证制度。同时,普京表示取消对蒙古国畜牧业产品进入俄罗斯市场的限制,2020年前准备把两国贸易额提高到100亿美元。②

三、"丝路精神"为中蒙俄经济走廊建设提供精神动力和理念支撑

丝绸之路经济带之所以受到沿途各国的重视与关注,其重要原因在于唤醒了本地区对古丝绸之路共同、美好的历史记忆;对于包涵"团结互信、平等互利、包容互鉴、合作共赢"内容的"丝绸之路精神"的认同;以及对未来发展的期盼。中国国家主席习近平指出:"千百年来,在这条古老的丝绸

---

① 《走亲访友话合作,携手发展创未来——外交部长王毅谈习近平主席对蒙古国进行国事访问》,外交部网站,2014年,8月22日,http://www.fmprc.gov.cn.
② 《普京:加强与蒙古国多领域合作》,蒙古国总统网,2014年9月3日,http://www.president.mn.

之路上,各国人民共同谱写出千古传诵的友好篇章。两千多年的交往历史证明,只要坚持团结互信、平等互利、包容互鉴、合作共赢,不同种族、不同信仰、不同文化背景的国家完全可以共享和平,共同发展。这是古丝绸之路留给我们的宝贵启示。"①

学界目前把中蒙俄经济走廊看作丝绸之路经济带的分支。历史上,丝绸之路有多条,主要有沙漠丝绸之路、草原丝绸之路、海上丝绸之路与西南丝绸之路等。上海合作组织成员国所在区域是古丝绸之路必经之地,指的是沙漠丝绸之路。草原丝绸之路东起大兴安岭,西至黑海,途径南西伯利亚及新疆北部,连接西亚、中亚与东北亚。早期草原丝绸之路在欧亚文化交流中发挥着重要作用,是一条文化交流之路。秦汉时代以后,草原丝绸之路逐步衰落,成为沙漠丝绸之路的辅路或分支。连接中蒙俄的古代商业之路则是 17 世纪中叶兴起的"茶叶之路"。三百多年前,晋商从中国南方收购茶叶汇集至归化(今呼和浩特)、张家口等地,再组成驼队,途径伊林驿站(今二连浩特),到大库伦(今乌兰巴托)、恰克图,再向北至乌兰乌德、伊尔库斯克、托波尔斯克等地,最后直抵莫斯科和圣彼得堡。三个世纪以来,在这条横跨欧亚大陆、绵延万里的古商道上,中俄蒙商人铸就的"团结一心,生死相依,战胜险恶,勇往直前"的茶叶之路精神是万里茶道留给三国人民的宝贵财富。茶叶之路精神为中蒙俄经济走廊建设提供了强大的精神动力和理念支撑。

四、当前经济形势为中蒙俄经济走廊提供良好契机

复杂多变的国际和地区形势,世界经济复苏缓慢,新的增长动力不足,直接影响到俄罗斯、蒙古对外对内政策的调整,这为中俄蒙合作提供了新的发展机遇和空间。农牧业、矿业、交通运输业是蒙古国支柱性产业。随着近年来"矿业兴国"战略的实施,矿产业发展成为蒙古国国民经济发展的重要支柱产业之一,畜牧业是传统产业,是国民经济的基础,蒙古国逐步形成了以矿业为主、畜牧业为基础的产业结构格局。产业结构特点决定了其

---

① 中国国家主席习近平在哈萨克斯坦纳扎尔巴耶夫大学发表题为《弘扬人民友谊共创美好未来》的演讲,外交部网站,http://www.fmprc.gov.cn/mfa_chn/ziliao_611306/zyjh_611308/t1074151.shtml。

经济是典型的外向型经济,受外界因素影响较大,经济增长过度依赖矿业,并受制于国际原材料价格波动的影响。蒙古国国民经济在外来投资和矿业开发的驱动下,曾一度出现快速增长。2010 年,在国际市场矿产品价格不断升温的情况下,蒙古国经济快速复苏,实现国内生产总值增长 6.1%。随着全球金融危机影响的逐渐减弱,全球矿业走出低谷,国际市场矿产品价格在高位运行,2011 年、2012 年,蒙古国经济出现了前所未有的迅猛发展的势头,国内生产总值增幅分别攀升至 17.3% 和 12.3%,国内生产总值增速超过 20%。受国际大宗矿产品价格下跌及国内法律政策多变、执法存在一定随意性等内外因素的影响,蒙古国 2013 年国内生产总值增长下降到 11.7%,增速明显放缓。2014 年,蒙古国经济陷入低谷,据世界银行估计 2014 年蒙古国经济增长为 6.3%,预计 2015 年,经济持续低迷,增幅将进一步放缓至 6.0%。①

除产业结构不合理外,受资源民族主义影响,2012 年 5 月 17 日,蒙古国国家大呼拉尔通过《关于外国投资战略领域协调法》。②该法案的出台与实施直接影响到外资在蒙古的投入,2013 年蒙古国外国直接投资仅为 2012 年的 30%~40% 左右。尽管 2013 年蒙古国修改了战略投资法,放宽外国企业在战略领域的投资限制,但《关于外国投资战略领域协调法》挫伤了投资者对蒙古投资的热情,其负面影响一时难以消除,制约了 2013~2014 年蒙古国经济发展。国际煤炭价格下跌、外国在蒙投资骤减、资金流缺乏、经济增长乏力等因素促使蒙古认识到其奉行的"第三邻国"战略③的局限性与风险性,明白邻居不可选择的道理,意识到与中俄两大邻国合作的必要,蒙古开始转向中俄寻求支持经济发展。在蒙古未来发展中,加强与中俄两大邻国之间的合作将发挥着关键作用,这已成为蒙古政治精英、普通民众的共识。随着中俄贸易的持续扩大,蒙古参与本地区合作的意愿日趋强烈,为三国合作提供了契机。

促使俄罗斯重新重视蒙古主要有以下因素:其一,俄罗斯战略东移,推

---

① 数据来自世界银行 2015 年 1 月 13 日发布的《世界经济展望》(Global Economic Prospects)。
② 《关于外国投资战略领域协调法》,蒙古国大呼拉尔网站,2012 年 5 月 7 日,http://www.parliament.mn/。该法案指明矿产、食品农牧业、能源、交通运输、信息通信、金融行业为战略领域。同时,强调指出市场资产评估超过 100 亿图格里克的公司企业属于战略领域范畴。在战略领域项目上蒙方所持资产不得低于总量的 51%。
③ "第三邻国"战略是蒙古国为实现国家安全和经济利益最大化而建构的国家战略,旨在于中国、俄罗斯两大超级邻国之外发展出新的制衡力量。

行远东战略,与中国、印度的合作愈加紧密,蒙古不可忽视。其二,蒙古摆脱苏联"卫星国"地位以来,在经济上逐渐依靠中国,政治上与以美、日、北约等为代表的"第三邻国"有着密切联系,大众文化上认同并追随韩国文化模式。除了石油产品仍旧依靠俄罗斯供应外,对俄的依赖日渐减少,俄恐其与俄疏离。其三,意识形态方面,在美国的干预与扶持下,蒙古从"西方民主的实验室"发展成为亚洲"北亚民主的堡垒"。其四,蒙古与东北亚经济一体化的水平与日俱增。2015年2月,蒙古与世界第三大经济体日本达成蒙古的第一个自由贸易协议,标志蒙古正式进入东亚不断增加的贸易协议框架,显示出蒙古努力形成新的地缘经济构架的意图。蒙古在本地区的活跃与发展,无论在经济还是社会发展方面,对俄罗斯的东西伯利亚所带来的影响是俄罗斯所不能忽视的。加强与中蒙两国合作对于反对西方制裁、巩固俄罗斯在本地区的战略地位,无疑都利大于弊。

五、发展战略共性为中蒙俄经济走廊建设提供坚强动力

中蒙俄经济走廊建设的提出,与蒙古欲将本国打造成为欧亚国际运输大通道的目标相契合,也顺应俄罗斯远东地区开发战略意图,得到蒙俄领导层的积极回应,均对"中蒙俄经济走廊建设"抱有极大兴趣,视之为吸引外资、加速本国基础设施建设的历史契机。

蒙古国地处亚洲内陆,没有出海口,极大限制了与其他国家发展贸易往来。同时,蒙古国属能源型经济,国家外汇和财政收入主要依靠能源出口。从经济安全上考虑,蒙古注重矿产品市场的多元化,首先需要解决的是改善国内落后的交通设施[①]。2008年蒙古颁布的《蒙古国千年发展目标整体发展政策》中有关"基础设施发展政策"指出,在交通运输领域要建设满足矿产品出口运输需求的道路基础设施,建成同中俄两邻国相连接的跨欧亚运输线路,分为两个阶段完成。2010年,蒙古国议会通过《国家铁路运输领域建设规划》,计划分两个阶段建成1100公里的新东线和900公里的南线铁路,建成后将大幅度提升蒙古国内运力,届时将实现蒙古国南戈壁

---

① 蒙古国运输以铁路和公路运输为主,目前境内仅有一条乌兰巴托铁路,南北贯通蒙古,承担客运和货运运输需求。

省塔温陶勒盖煤矿、奥尤陶勒盖铜金矿、那林苏海图煤矿等大型矿区至边境口岸铁路直运。蒙古还有意在天津建立专属经济区,打通乌兰巴托到天津的出海通道,并且意欲开辟赛音山到海参崴的出海口,将矿产品运至日本、韩国、台湾地区、澳大利亚等地。中蒙俄经济走廊建设为蒙古国实现其国家发展战略目标提供了可能,因此蒙古积极响应。

此外,蒙古国还意识到其自身经济发展模式存在的弊端,提出经济多元化战略。蒙古国希望利用自身连接欧洲和亚太经济圈的地理优势发展过境运输,积极挖掘国际过境运输潜力,将自身打造成为欧亚大陆重要的运输通道,以实现经济多元化。中蒙俄经济走廊建设提出之后,2014年9月24日,蒙古国筹划启动"草原之路"计划。"草原之路"计划由5个项目组成,总投资需求约为500亿美元,具体包括:连接中俄的997公里高速公路,1100公里电气线路,扩展跨蒙古铁路、天然气管道和石油管道。蒙古国政府相信此计划的实施将激活蒙古过境潜力,为本国带来更多投资并带动产业升级,蒙古国的能源和矿产行业也会因此提升到新的水平。通过中蒙俄之间的运输贸易振兴蒙古国经济,据其估计,通过经营中俄间天然气和石油的过境运输,蒙古国将在2020年获得2000亿蒙图的收益。①

2007年以来,俄罗斯政府基于地区经济平衡和国家安全考虑,制定并通过一系列战略和规划,力图重新掀起远东地区开发浪潮。2007年11月,俄联邦政府批准通过《俄罗斯联邦远东及外贝加尔地区2013年以前经济社会发展联邦专项纲要》,其目标是在保障俄联邦地缘战略利益和安全的前提下,发展远东和外贝加尔地区的重点行业,建设必要的基础设施,营造良好的投资环境。2009年底,俄联邦批准了《2025年前远东和贝加尔地区经济社会发展战略》,其思路为以全球化视角,立足远东和贝加尔地区的资源与地缘优势,瞄准亚太地区,加快俄罗斯融入亚太地区经济空间的步伐,以保证俄罗斯出口市场多元化,防止国家对远东和贝加尔地区的经济和政治影响力下降。②为促进东部经济发展,俄罗斯计划改造升级西伯利亚大铁路和贝阿铁路,以此提升当地工业基础,促进矿产开发,巩固俄罗斯跨欧亚大陆运输系统的重要地位,改善俄罗斯西伯利亚和远东地区铁路运力不足的状况。2013年7月,普京责成政府制订西伯利亚大铁路和贝加尔—阿穆尔铁路(贝阿铁路)现代化改造方案的时间表。西伯利亚大铁路改造工程

---

① 《启动"草原之路"计划,振兴经济》,《乌兰巴托邮报》2014年9月24日。
② 高际香:《俄罗斯远东开发的历史与现实》,《俄罗斯学刊》2013年第3期,第7—8页。

成为俄罗斯目前投入建设的国家三大基础设施建设工程之一。

习近平主席强调"一带一路"的核心是互联互通建设,互联互通就是公路、铁路、机场、港口、电网、通信基础设施建设。基础设施建设是中国"一带一路"战略的重心,也是蒙古国国家发展战略的重中之重,还是俄罗斯远东开发的重要内容,中蒙俄三方在未来合作上互补性强,空间大。

六、建设中蒙俄经济走廊面临的不利因素

(一)蒙古国对外经贸合作中平衡策略带来的消极影响

随着中俄贸易的持续扩大,蒙古融入本地区的意愿日趋强烈,加入本地区的进程也在加快。国际煤炭价格下跌、外国在蒙古投资骤减、资金流缺乏、经济增长乏力等因素促使蒙古认识到其奉行的"第三邻国"战略的局限性与风险性,意识到与中俄两大邻国合作的必要,蒙古开始转向中俄寻求支持经济发展。作为中俄蒙三国首脑会晤的首倡者①,蒙古积极主动向中俄示好②,意欲使其在三方关系中处于枢纽位置,达到收益最大化。对待中俄两国,蒙古的原则是不偏重任何一方,采取平衡策略,以防历史重演。参与中俄蒙经济走廊建设,无疑是同时利用中俄两国促进自身发展的绝好时机。作为连接亚欧大陆桥最便捷通道的蒙古,希望参与中俄之间跨境运输及能源过境通道建设,与中俄合作在蒙古建立跨欧亚运输走廊,参与到地区物流网络,以此拉动蒙古经济发展,改善国内生产总值放缓的状况。同时,对于没有出海口的蒙古来说,中国代表了最近的港口③。经济走廊建设为蒙古国出口商品提供"转运"的机会,蒙古商品取道中国,销往亚洲甚至更远的国家,实现其能源市场多元化,降低其对中国销售市场的依赖,避免与中国发展垄断性和依赖性关系。

振兴经济是蒙古参与中俄蒙经济走廊建设的主要动机,趋利避害则是其积极参与合作的策略手段。蒙古一方面坚持以发展与两大邻国外交关

---

① 《关于三国元首会晤——蒙古国总统额勒贝格道尔吉接受蒙古国媒体采访》,蒙古国总统网,2014 年 9 月 12 日,http://www.president.mn。
② 额勒贝格道尔吉:《蒙古不会忘记老朋友——蒙古国总统接受俄罗斯塔斯社记者采访》,蒙古国总统网,2014 年 10 月 13 日,http://www.president.mn。
③ 蒙古国曾计划借道俄罗斯,将矿产资源北运至俄罗斯远东,实现其与太平洋沿岸港口对接计划,但世界银行认为此方案不切实际。

系为首要外交方针,积极参与经济走廊建设,以获取最大化的经济利益;另一方面则淡化中俄在蒙古的影响力,以确保自身安全。也就是说,在其参与中俄蒙经济走廊建设的过程中,其多年奉行的以国家安全为优先考虑的"第三邻国"战略非但不会改变,而且成为其趋利避害的主要手段,通过保持与作为"第三邻国"的包括美国、日本、德国、匈牙利、韩国、朝鲜,以及联合国在内的众多国家和国际组织的深度的政治接触、军事接触,确保其国家的独立与安全。"第三邻国"战略使蒙古、中国和俄罗斯之间三边关系复杂化,使中俄蒙经济走廊建设面临挑战。

(二) 俄罗斯从战略上重新重视蒙古所带来的消极影响

支持打造中俄蒙经济走廊建设,俄罗斯地缘战略的考量大于经济诉求。促使俄罗斯关注蒙古主要有以下因素:其一,俄罗斯战略东移,推行远东战略,与中国、印度的合作愈加紧密,蒙古不可忽视。其二,蒙古摆脱苏联"卫星国"地位以来,在经济上逐渐依靠中国,政治上与以美、日、北约等为代表的"第三邻国"有着密切联系,大众文化上认同并追随韩国文化模式。除了石油产品仍旧依靠俄罗斯供应外,对俄的依赖日渐减少,俄恐其与俄疏离。其三,意识形态方面,在美国的干预与扶持下,蒙古从"西方民主的实验室"发展成为亚洲"北亚民主的堡垒"。其四,蒙古与东北亚经济一体化的水平与日俱增。今年7月份,蒙古与世界第三大经济体日本达成蒙古的第一个自由贸易协议,标志蒙古正式进入东亚不断增加的贸易协议框架,显示出蒙古努力形成新的地缘经济构架的意图。蒙古在本地区的活跃与发展,无论在经济还是社会发展方面,对俄罗斯的东西伯利亚所带来的影响是俄罗斯所不能忽视的。打造中俄蒙经济走廊,对于反对西方制裁、加强与中蒙两国合作、巩固俄罗斯在本地区的战略地位,无疑利大于弊。

(三) 非本地区因素掣肘中蒙俄经济走廊建设

从蒙古国近些年的外交实践来看,蒙古将自身定位于东北亚国家。积极参与东北亚地区合作,并以此为支点融入整个亚太地区经济发展之中是蒙古国国家发展战略。东北亚地区在地理上是蒙古国的出海口,通过中国或俄罗斯的港口可以将能源产品输送到亚太其他国家及地区,使其产品市场更加多元化。蒙古以申请加入促进经济增长、合作、投资的APEC组织作为首要目标,申请加入东盟对话伙伴和东亚峰会①。参与中俄蒙经济走廊建设符合蒙古参与东北亚地区事务这一战略目标,2015年2月,蒙古国总理赛汗比勒格访问日本,与日本首相安倍晋三签署的经济伙伴关系协定(EPA)进一步印证了蒙古这一战略。蒙古是第14个与日本签署EPA或自由贸易协定(FTA)的国家,而对于蒙古而言,则是首次签署此类协议,是其迄今为止所签订的第一项自由贸易协议。两国首脑发表联合声明,称该协定强化了两国战略伙伴关系。两国首脑还就包括朝鲜在内的东亚局势交换意见,并就推进安全领域战略对话达成一致。

蒙古国巧妙利用处于中俄两大国之间的地缘政治位置,实施"第三邻国"战略。蒙古"第三邻国"外交的特点是寻求安全支柱,其落脚点是平衡中俄两大邻国的作用和影响。蒙古官方的表述是:"第三邻国"是蒙古与两大邻国关系保持平衡的因素,是蒙古的发展、进步、安全的重要保障。""第三邻国"战略成为其国家安全战略或外交政策的核心。所谓的"第三邻国",并不是指任何一个具体的第三国,而是包括了所有对蒙古的民主、发展坚定的支持国、强力的捐助国以及国际组织。按照这一原则,近年来蒙古国与美国、日本、加拿大、欧盟、德国、印度、韩国、土耳其等"第三邻国"往来密切,与欧盟、北约、欧安组织、世界银行、欧洲复兴开发银行、亚洲发展银行等各类国际和区域组织也保持紧密合作。例如,2012年11月蒙古国成为欧安组织第57个成员国,2012年5月,以"和平伙伴关系地位国"参加北约峰会。

七、结语

中俄蒙经济走廊建设不仅是一项能源或经济战略,而且是一项包含政治、文化、安全领域在内的综合战略,需多措并举,才能切实推进。建议做好以下三方面工作:

(一) 增强中俄在蒙古的合作

鉴于蒙古国对于俄罗斯的重要战略意义,没有俄罗斯的参与和配合,

---

① 《蒙古国总统额勒贝格道尔吉在参加"加强互联互通伙伴关系对话会"上的讲话》,蒙古国总统网,2014年11月8日,http://www.president.mn/content/4270。

丝绸之路经济带与草原之路难以顺利对接。中俄在蒙古应该相互合作,相互配合,不应搞地缘政治竞争,这样才能达到共赢。在基础设施建设领域,如电网、铁路公路网,中蒙双边难以解决的问题,则以三边合作为宜。中俄蒙经济走廊的建设成功与否,很大程度上取决于中俄的合作。我应与俄多沟通,使其认识到把蒙古的基础设施搞好,不仅有利于蒙古国家发展和中蒙之间的经济往来,还有益于俄罗斯远东及西伯利亚地区的开发与稳定。在蒙古问题上中俄两国看法趋于一致,即都希望蒙古保持稳定和发展,不希望非本地区势力介入,从而影响本地区的安全和稳定。倘若中俄在蒙博弈的话,会为美、日带来可乘之机。

中俄两方应该充分把握蒙古趋利避害的心理,摒弃传统地缘政治观中的冲突思维,实现战略的"相互借力给力",在进一步加强中俄经贸务实合作的同时,充分调动起蒙古的积极性,使之成为中蒙俄经济走廊建设的坚定的支持者和参与者。

(二)发展中俄蒙合作机制

2014年9月11日,上海合作组织杜尚别峰会期间,中国国家主席习近平同俄罗斯总统普京、蒙古国总统额勒贝格道尔吉举行中俄蒙三国元首会晤,实现了引人注目的中俄蒙三国峰会,提出共同打造中蒙俄经济走廊的愿景。中国和俄罗斯是上海合作组织中实力最强、影响力最大的两个成员国,蒙古国是上合组织的首个观察员国。中俄蒙三国位居上合组织的整个北部和东北部,面积几乎是本组织成员国、观察员国总面积的四分之三。蒙古国自2004年成为上合组织首个观察国以来,未表示出正式加入上海合作组织的意愿,目前仅将自身定位为上合组织"积极的观察员国",希冀以上海合作组织"积极观察员"的身份积极参与基础设施、过境运输、农业领域等自身感兴趣的上海合作组织合作项目。中俄蒙合作机制,是上海合作组织"6+5"模式下的一种探索与尝试,旨在加强上海合作组织成员国与观察员国之间的经济合作,扩大彼此贸易合作规模,有益于中蒙俄经济走廊的建设,应该给予机制化。应继续保持中俄蒙三国首脑会晤,并使其定期化,发挥其战略引领和顶层设计的作用,辅助中蒙俄经济走廊建设。发挥现有多边合作机制的能动作用,并与中蒙俄经济走廊建设相互配合,才能顺利推进本地区一体化进程。

(三）发挥蒙方的能动作用，充分释放三国能源经济互补潜力，扩大互利共赢、利益共同体理念的影响力，夯实合作基础

中俄应该充分把握蒙古趋利避害的心理，摒弃传统地缘政治观中的冲突思维，实现战略的"相互借力给力"，在进一步加强中俄经贸务实合作的同时，充分调动起蒙古的积极性，推动蒙方的"草原之路"计划①成为"丝绸之路"与跨欧亚大铁路的重要节点。

（四）注重人文与经贸的互动，重视发挥学术机构和非政府组织的重要作用，拓展合作的空间

从丝绸之路经济带建设的主要目标和实现手段来看，经济建设处于核心地位，但考虑到中俄蒙历史、地缘、宗教等问题的复杂性，中俄蒙经济走廊建设过程中不可忽视经济建设与人文交流之间的互动关系。在加强基础设施、交通、能源、金融等经济领域合作的同时，应重视与其在政治合作、人文交流和社会互动方面的协调，避免引起争端和矛盾。人文交流是经济走廊建设的基石，夯实人文这块基石，中俄蒙合作才能持久长远，才能实现本地区的共同繁荣、人民共同富裕的目标。在人文交流中，应充分重视发挥学术机构和非政府组织的作用。针对历史上中俄蒙文化交流的特点，学术机构、非政府组织通过论坛、协商会议、联合研究、人员交流与培训、高等教育合作等合作形式，构建多层次的交流与沟通渠道，以进一步扩大我国的影响力，增强本地区的文化认同感，促进中俄蒙经济走廊的长远发展。

总之，中俄蒙三国应凝聚共识，相互信任，秉承茶叶之路精神，遵循立足于当前、着眼于长远、先易后难、循序渐进的原则，以中蒙俄经济走廊为主线，把丝绸之路、草原之路及欧亚大铁路相对接。先从三方都感兴趣且有一定基础的领域和项目入手，以点带面，拉紧相互利益纽带，优先推进基础设施互联互通，进而深化经贸、产业、能源合作，扩大金融、生态环保、人文等领域的合作，构建区域合作的新格局。

（本文作者系北京大学蒙古学研究中心副教授）

---

① 2014 年 9 月蒙古国启动草原之路计划，包括铁路、公路、天然气管道、石油管道、电气管道 5 种类型。计划投资 500 亿，包括 997 公里高速公路，1100 公里电气线路，扩展跨蒙古铁路，天然气管道和石油管道。《组建"草原之路"工作组》，蒙古国新闻网，2014 年 9 月 3 日，http://politics.news.mn/content/188372.shtml。

The Favorable and Unfavorable Factors in the Construction of China-Mongolia-Russia Economic Corridor

Wang Hao

Abstract: The China-Mongolia-Russia Economic Corridor is one of the land skeletons in the Silk Road Economic Belt, relying on the China-Russia-Mongolia cooperation mechanism and the existing multilateral mechanisms. It bases on the realistic need and complementary advantages of the 3 countries, connecting with local future development and making it relatively easy to operate. It could be a pioneer example for the further implementation of "One Belt Road Initiative". This article deals with the favorable and unfavorable factors in the construction of China-Mongolia-Russia Economic Corridor. It also discusses how to make best use of the advantages and bypass the disadvantages in the construction.

Key words: China-Mongolia-Russia Economic Corridor, China-Russia-Mongolia cooperation mechanism, advantages, disadvantages

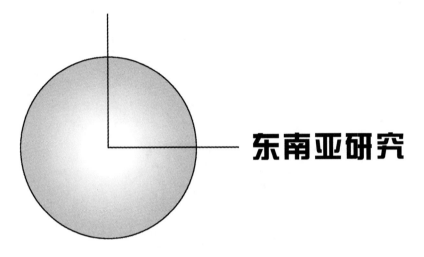

2014年中国—东盟经贸合作回顾与展望

袁 波

【内容提要】 2014年中国东盟经贸合作特点是：规模持续增长，中国对东盟贸易顺差进一步扩大；东盟仍为中国第三大外资来源地；东盟也成为中国对外投资第三大目的地；中国在东盟承包工程发展较快。当前中国东盟经贸合作面临某些困难挑战，也有诸多发展机遇，发展前景美好。

【关键词】 中国与东盟；经贸合作特点；困难挑战；发展机遇；发展前景

一、2014年中国—东盟经贸合作的特点回顾

2014年是中国—东盟战略伙伴关系的第二个十年的开局之年，在这一年中，中国与东盟国家在经贸领域合作水平显著提升，为中国与东盟由"黄金十年"转向"钻石十年"奠定了良好的基础。具体看，2014年中国与东盟的经贸合作表现为以下几个特点：

（一）双边贸易规模持续增长，中国对东盟贸易顺差进一步扩大

近十多年来，随着中国—东盟自贸区的建设，中国与东盟相互履行降低关税的承诺，双边贸易额也实现了快速增长。2002年双方签署《全面经济合作框架协议》之时，贸易额仅为500多亿美元，到2004年《货物贸易协议》签署之时即突破1000亿美元，2007年达到2000亿美元，2012年突破4000亿美元。2014年，中国与东盟双边贸易再创新高，达到4803.9亿美元，同比增长8.3%，高出同期全国外贸增速4.9个百分点。其中，中国对东盟出口2720.7亿美元，自东盟进口2083.2亿美元，同比分别增长

11.5%和4.4%。中国对东盟贸易顺差达到637.5亿美元,同比增长43.2%,贸易顺差主要来自越南、新加坡和印尼三国,中国对三国贸易顺差分别为438.3亿美元、180.9亿美元和145.4亿美元。中国继续保持成为东盟第一大贸易伙伴,东盟为中国第三大贸易伙伴,同时保持为中国第四大出口市场和第二大进口来源地。

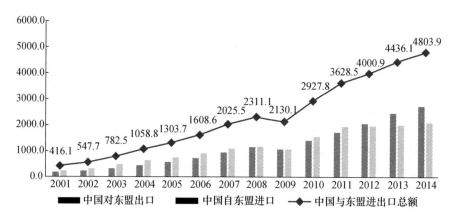

图1　2001—2014年中国与东盟的贸易发展

数据来源:中国海关统计。

从东盟具体国家来看,中国与东盟的贸易仍然高度集中于马来西亚、越南、新加坡、泰国、印尼、菲律宾这6个国家,2014年,中国与6国的贸易额合计超过4400亿美元,占中国与东盟贸易额的92.9%。6国中,2014年中国与马来西亚和印尼双边贸易出现明显下滑。马来西亚虽然继续保持成为中国在东盟的第一大贸易伙伴,但受橡胶、棕榈油等进口下滑的影响,双边贸易额下降3.8%,仅为1020.2亿美元;其中中国出口463.6亿美元,进口556.6亿美元。由于原矿、棕榈油等进口大幅下降等因素影响,中国与印尼的双边贸易整体下滑7%,其中中国自印尼进口仅为245.2亿美元,同比减少22%。

(二) 东盟对华投资规模回落,但仍为中国第三大外资来源地

自贸区的建设使得中国与东盟的经贸合作日益紧密,尤其是2009年《投资协议》的签署为双方的投资提供了更多的机制保障,东盟对华投资也随之进入新的发展阶段。2002—2013年,东盟对华投资流量由32.6亿美元增长到83.5亿美元,年均增长8.9%。2014年,东盟对华实际投入外资

金额为 65.1 亿美元,同比下降 23.8%,占同期中国吸引外资总额的 5.4%,占比略有降低。同期,东盟对华投资新设立企业 1097 家,同比增长 2.7%。东盟继续保持成为中国第三大外资来源地,仅次于中国香港地区和欧盟。

图 2　2002—2014 年东盟对华投资流量及占比

数据来源:中国商务部统计。

东盟国家中,新加坡对华投资最多,2014 年,新加坡对华投资金额为 59.3 亿美元,同比下降 19.1%;占同期中国实际利用东盟国家外资总额的 91.1%。东盟对华投资领域情况与中国吸收外资行业分布基本相一致,主要分布在房地产业、制造业、交通运输业、宾馆、饭店、住宅、金融、零售、石油化工、旅游、矿产资源开发等行业。

(三) 中国对东盟投资增长迅速,东盟成为中国对外投资第三大目的地

自贸区建设以来,中国对东盟投资发展迅速,据中国商务部统计,2003—2013 年,中国对东盟的直接投资由 1.2 亿美元增至 72.7 亿美元,增长了 60 多倍,平均增速 50.8%。与此同时,中国对东盟投资流量在中国对外投资总流量中的比重由 2003 年的 4.2% 曲折上升至 2011 年的 7.9%,2013 年虽有回落,也维持在 6.7% 的较高水平。2014 年,中国对东盟非金融类对外直接投资为 59 亿美元,同比增长 2.5%,占同期中国非金融类对外直接投资总额的 5.7%。

图3 2003—2013年中国对东盟投资流量及占比
数据来源：中国商务部统计。

截至2013年底，中国对东盟的非金融类直接投资存量达到356.7亿美元，占存量总额的5.4%，仅次于中国香港(57.1%)和欧盟(6.1%)。2013年末，中国共在东盟设立直接投资企业2700多家，占我国在外设立投资企业总额的10.6%，雇用当地员工15.97万人。中国对东盟国家的直接投资领域呈现多元化分布，涵盖电力生产供应、采矿、批发零售、制造、租赁、商务服务、建筑、金融、交通运输、仓储、农林牧渔业等各领域，其中新加坡、印尼、泰国和东盟新成员国是中国对东盟投资较多的国家。2013年底，中国企业对新加坡投资存量达到147.5亿美元，占同期中国对东盟投资总额的41.4%；对缅甸、柬埔寨、越南和老挝四个新成员投资存量合计占比达到31.8%。

（四）中国在东盟承包工程发展较快

长期以来，东盟都是中国最大的海外承包工程市场，随着中国—东盟自贸区的建设，中国企业在东盟的承包工程业务也得到了稳定的发展。2003—2013年，中国在东盟工程承包完成额从18亿美元提高到210亿美元，增长了10.9倍，年均增速达到23.1%。同期，中国在东盟完成工程承包营业额占中国对外工程承包完成营业额的比重由12.7%上升至15.1%。2014年1—9月，中国在东盟承包工程完成营业额为139.6亿美元，占同期中国在外承包工程完成营业额的15.1%。

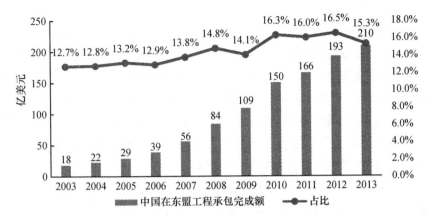

图4 中国在东盟工程承包完成营业额

数据来源:中国商务部统计。

截至2014年11月底,中国企业累计在东盟签订承包工程合同额1923亿美元,已完成营业额1361亿美元,分别占同期中国累计签订合同额和完成营业额的14.5%和14.9%。中国企业在东盟国家承包工程合作涉及电力、桥梁等基础设施以及农业、制造业等诸多领域,在东盟开展工程承包的国别以印尼、越南、新加坡、马来西亚、缅甸和菲律宾等为主。2002—2013年期间,中国累计在印尼、越南和新加坡三国的工程承包完成营业额合计达607.3亿美元,占中国同期累计在东盟工程承包完成营业额的55.6%。

二、当前中国—东盟经贸合作的困难挑战

当前,中国与东盟的经贸合作面临诸多困难和挑战。随着中国经济增长进入新常态,未来一段时期中国经济的重点任务将转向经济结构的优化升级,经济增长的动力将由要素、投资驱动转向创新驱动,同时,经济也将由于过去30年的高速增长转向中低速增长,中国经济的走低在一定时期内也将影响到中国与东盟之间贸易投资的增长。与此同时,由于中国、欧美等外需市场的下滑,以及美国结束量化宽松政策的影响,东盟中许多对外部经济依赖度较高的经济体都会受到较大影响,经济增长预期不容乐观。亚洲开发银行在2014年12月的ADOS(Asian Development Outlook Supplement)报告中,也因此将对2015年中国与东盟经济增长的预测值分

别调低至 7.2% 和 5.1%。

中国与东盟一些国家之间贸易不平衡的问题，如 2014 年，中国对越南和印尼的贸易顺差分别高达 438.3 亿美元和 145.4 亿美元，也会对未来的经贸合作带来挑战。中国与东盟自贸区建设进入到第 12 年，虽然成效卓著，但也有一些需要改善的地方，如利用率还需要提升，各方利益需要平衡，服务、投资领域的开放度也需要加强。同时，中国与东盟经济中存在的固有的问题，如合作与竞争、领海主权与经济合作等仍然需要妥善处理，否则也容易成为影响经贸合作的不稳定因素。

从外部来看，日本加大了对东盟国家的战略投入，不仅增加对东盟欠发达国家的经济援助，而且加快了对东盟国家的产业投资转移。日本贸易振兴机构（JETRO）发布的数据显示，2013 年日本对华投资减少 32.5%，降至 91 亿美元，而对东盟投资猛增至 2.2 倍，达 236 亿美元。尤其是在制造业、基础设施合作、农业投资合作等领域，日资企业与我国竞争较为激烈，对我国与东盟开展经贸合作也形成了较大的挑战与压力。

三、中国—东盟经贸合作面临的发展机遇

2013 年 10 月以来，中国国家领导人对东盟提出了许多新的合作战略与举措，如中国—东盟命运共同体的构想，共建 21 世纪海上丝绸之路和打造中国—东盟自贸区升级版的倡议，"2+7" 的具体合作框架等等，真心实意帮助东盟国家发展，得到了东盟国家的认同。最近发布的《推动共建丝绸之路经济带和 21 世纪海上丝绸之路的愿景与行动》，也明确了东南亚是"一带一路"建设的重点方向。今后一段时期，中国与东盟将继续积极落实这些合作倡议，提出了许多早期收获项目，在资金方面也做出了新的安排，如新增 100 亿美元优惠信贷支持、开展第二期中国—东盟投资合作基金、设立 100 亿美元中国—东盟基础设施专项贷款、向东盟欠发达成员提供 30 亿元人民币无偿援助等等，这些都将为中国与东盟在 2015 年的经贸合作创造新的发展机遇。

2014 年 12 月，中央经济工作会议在对外开放方面部署了新的任务，提出促进内需和外需、进口和出口、引进外资和对外投资的三个平衡。在货

物贸易、服务投资等领域,都提出了新的改革思路,如要完善扩大出口和增加进口政策,提高贸易便利化水平;扩大服务业市场准入,进一步开放制造业,推广上海自贸区经验;稳定外商投资规模和速度,提高引进外资质量;提高对外投资效率和质量,促进基础设施互联互通,推动优势产业走出去,开展先进技术合作,稳步推进人民币国际化。目前,国家已经出台了相应的配套政策予以落实,这些改革的措施也将惠及中国与东盟在经贸领域的各项合作。

四、中国—东盟经贸合作的前景分析

总体上看,未来一段时间,中国与东盟经贸合作既面临较多的困难和挑战,也面临难得的发展机遇。综合以上分析判断,未来的中国—东盟经贸合作将呈现如下发展趋势:

一是中国对东盟投资将有新增长。中国已经提出要促进引进外资与对外投资实现平衡,要推动优势产业走出去,在"一带一路"、孟中印缅等合作倡议中,对外投资合作也是非常重要的一个组成部分。为了解决基础设施等领域投资资金缺乏的问题,中国专门给东盟提供了100亿美元优惠信贷支持,设立了第二期20亿美元的中国—东盟投资合作基金,同时,新设立的400亿美元丝路基金和东盟10个国家全部加入其中的亚投行,也将惠及中国与东盟的投资合作。在自贸区升级版谈判中,中国与东盟将基于准入前国民待遇和负面清单方式来重新谈判《投资协定》,这也将为中国对东盟投资提供更全面的投资保护和更多的市场准入机会。2013年,李克强总理在第16次中国—东盟(10+1)领导人会议上提出,今后8年,中方对东盟投资将至少达1000亿美元以上的目标,随着"一带一路"以及自贸区升级版的建设,可以预计,今后中国对东盟的投资仍将持续增长。

二是产业与园区合作成为新重点。中国已经在东盟4个国家设立了5个境外经贸合作区,同时许多地方政府和企业也在东盟国家设立了许多经济区,在中越、中老、中缅边境地区,跨境经济合作区的建设也正在积极开展。2014年11月,李克强总理再次提出要与东盟共建跨境经济合作区和产业园区,伴随着对外投资的增长,未来产业园区将成为新的合作重点,有关产业园区的政策协调、投资保护等也将是重要的关注点。

三是货物贸易有望达到预期目标。 中国领导人已经与东盟提出了到 2015 年双边贸易达到 5000 亿美元、2020 年达到 1 万亿美元的发展目标，预计受投资、承包工程等因素带动的影响，2015 年双边贸易达到 5000 亿美元的目标不难完成，但受外部需求、国际市场环境以及中国、东盟经济放缓因素影响，2020 年达到 1 万亿美元的目标仍需要付出更大的努力。

四是服务贸易将会迎来新的突破。 与货物贸易相比，中国与东盟在服务贸易领域的合作水平还较低。据中国商务部统计，2010 年，中国与东盟双边服务贸易进出口总额仅为 268 亿美元，不足同期货物贸易的十分之一。当前，中国经济转型的一个重要方面是要大力发展服务业和服务贸易，东盟国家也非常重视发展服务贸易。中国与东盟国家在旅游、运输、建筑、劳务等传统服务业领域已经有较好的合作基础，今后随着自贸区升级版的建设，在电子商务、能源等新兴服务业领域的合作还将迎来新的突破。

五是贸易失衡有望得到一定缓解。 贸易平衡问题是东盟国家的重要诉求，也是实现中国与东盟经贸合作持续发展的关键。虽然贸易的平衡取决于各国企业的自主市场行为，但政府仍能在其中有所作为。2013 年，李克强总理就向东盟承诺今后 8 年，中方从东盟累计进口将达 3 万亿美元。目前，中国已经提出要完善扩大出口和增加进口政策，提高贸易便利化水平，促进进口与出口平衡，同时也与东盟许多国家签署过有关农产品进口的检验检疫协定，表达过愿意与东盟签署农产品长期贸易协定的意愿，在未来的自贸区升级版谈判中，提高贸易便利化水平、降低非关税壁垒也将是重要内容。随着这些措施的落实，预计未来贸易失衡问题有望得到一定缓解。

（本文作者系商务部研究院研究员）

Review and Forecast of China-ASEAN Economic Cooperation in 2014

Yuan Bo

Abstract: The characteristics of China-ASEAN economic and trade cooperation are as follow: continuous increase in scale of trade and China's trade deficit with ASEAN; ASEAN being the third sources of foreign investment and the third investment target of China; rapid growth of contracting of project of China in ASEAN. Currently, China-ASEAN economic and trade cooperation is facing both challenges and opportunities and the prospect is bright.

Key words: China-ASEAN; Characteristics of economic and trade cooperation; challenge; opportunity; bright prospect

中国企业投资东南亚的机遇与挑战

刘新生

【内容提要】 中国与东盟关系总体平稳有序;政治互信持续增进,南海形势总体稳定;贸易规模不断扩大,经济合作更加务实。然而,中国与东盟的经贸合作还有着不少困难。如:中国东盟国家之间贸易不平衡、合作与竞争、领海主权与经济合作等仍需妥善处理;日本加大投入致使对中国与东盟投资合作形成了激烈竞争等。近年来我国领导人对东盟提出了许多新的合作举措,2015年是东盟共同体建成的目标年,这些都将有利于东盟贸易投资环境的改善,促进对外经济合作,从而使中国—东盟经贸合作面临着难得的发展机遇。

【关键词】 中国企业;投资;东南亚;机遇;挑战

目前,东盟是中国企业在国外投资的第一大市场,越来越多的中国企业走进东南亚国家寻求新的发展。我们应对中国企业投资东南亚的机遇与挑战的问题密切关注。

一、中国与东盟关系总体平稳有序

(一) 政治互信持续增进

近年来,中国领导人提出了建设更为紧密的中国—东盟命运共同体、共建21世纪海上丝绸之路的战略目标,并提出了包括深化政治互信、聚焦经济合作这两点政治共识和政治、经贸、互联互通、金融、海上、安全、人文七个领域合作设想的"2+7合作框架",为双方关系发展规划了方向,得到了东盟国家的积极响应。2014年是中国—东盟战略伙伴关系"钻石十年"的开局之年,同时也是中国—东盟文化交流年。

过去一年,双方启动了中国—东盟自贸区升级版谈判,签署了筹建亚洲基础设施投资银行谅解备忘录,东盟十国均将作为创始成员加入亚投行。双方还成功举办了中国—东盟首个文化交流年,贯穿全年举办了近120项活动,将双方人文交流推向高潮。不仅如此,在去年底举行的中国—东盟领导人会议上,在"2+7合作框架"的基础上,中方就中国—东盟关系发展提出了一系列新的倡议,包括推进商签"中国—东盟国家睦邻友好合作条约"、制定《落实〈中国—东盟面向和平与繁荣的战略伙伴关系联合宣言〉行动计划(2016—2020)》、探讨建立澜沧江—湄公河国家对话合作机制、举办中国—东盟海洋合作年等。中国—东盟合作面临更加广阔的前景和更加美好的未来。

(二)贸易规模不断扩大,经济合作更加务实

2014年是中国—东盟战略伙伴关系的第二个10年的开局之年,在这一年中,中国与东盟国家在经贸领域合作水平显著提升,为中国与东盟由"黄金十年"转向"钻石十年"奠定了良好的基础。2014年,中国与东盟的经贸合作有以下几个特点:

一是双边贸易规模持续扩大,但中国对东盟贸易顺差进一步扩大。 2014年,中国与东盟双边贸易额达到4803.9亿美元,同比增长8.3%,高出同期全国外贸增速4.9个百分点。其中,中国对东盟出口2720.7亿美元,自东盟进口2083.2亿美元,同比分别增长11.5%和4.4%。中国继续保持为东盟第一大贸易伙伴,东盟为中国第三大贸易伙伴,同时保持为中国第四大出口市场和第二大进口来源地。2014年,中国对东盟贸易顺差达到637.5亿美元,同比增长43.2%,贸易顺差主要来自越南、新加坡和印尼3国。

二是东盟对华投资规模稳步扩大,成为中国第三大外资来源地。 2014年1—11月,东盟对华投资达58.7亿美元,占同期中国吸引外资总额的5.5%,占比略低于上年。1—10月,东盟对华新设立企业896家,同比增长5.8%。东盟国家中,新加坡对华投资最多,2014年1—10月,新加坡对华投资金额为49.6亿元,同比下降5.3%;占同期中国实际利用东盟国家外资总额的91.7%。东盟在中国投资领域情况与中国吸收外资行业分布基本相一致,主要分布在房地产业、制造业、交通运输业、宾馆、饭店、住宅、金融、零售、石油化工、旅游、矿产资源开发等行业。

三是中国对东盟投资增长迅速,东盟成为中国对外直接投资第三大经济体。 2014年1—10月,中国对东盟投资39.9亿美元,同比增长3.9%。截至2013年年底,中国对东盟的非金融类直接投资存量达到356.7亿美元，占存量总额的 5.4%，仅次于中国香港特区（57.1%）和欧盟（6.1%）。截至 2013 年年末，中国在东盟共设立直接投资企业 2700 多家，占中国在外设立投资企业总额的 10.6%，雇用当地员工 15.97 万人。中国对东盟国家的直接投资主要集中在电力生产、商务服务、批发零售、制造、采矿、金融等领域。新加坡、印尼、泰国和东盟新成员国都是中国对东盟投资较多的国家。

四是中国在东盟承包工程发展较快。双方在基础设施、农业、制造业、加工业等诸多领域正在商谈或建设一批大型合作项目，中方金融机构也为此提供了多种形式的融资便利。2014 年 1—9 月，中国在东盟承包工程完成营业额为 139.6 亿美元，占同期中国在外承包工程完成营业额的 15.1%。中国在东盟开展工程承包主要分布在印尼、越南、新加坡、马来西亚、缅甸和菲律宾等。

（三）南海形势总体稳定

尽管在 2014 年南海纷争中，越南、菲律宾等东盟一些成员国与中国存在分歧，越南、菲律宾企图拉拢东盟国家与中国对抗，但没有得到东盟大多数成员国的响应。过去一年，中国与东盟国家就全面有效落实《南海各方行为宣言》，推进海上务实合作，进行了密切有效的对话与沟通。中方明确了处理南海问题的"双轨思路"，即有关具体争议由直接当事国在尊重历史事实和国际法基础上，通过谈判协商和平解决，南海和平稳定由中国和东盟国家共同加以维护。双方同意积极开展磋商，在协商一致基础上早日达成"南海行为准则"，并同意在各国海事部门间建立海上联合搜救热线平台，在外交部间建立应对海上紧急事态高官热线。各方还在探讨建立南海沿岸国之间的各种交流合作机制。在寻求解决争议的过程中，中方倡议有关国家积极探讨共同开发，这也是管控分歧现实有效的办法。

二、中国—东盟经贸合作的挑战与机遇

（一）中国—东盟经贸合作的困难、挑战

然而，中国与东盟的经贸合作也面临不少困难和挑战。随着中国经济发展进入新常态，未来一段时期中国经济的重点任务将转向经济结构的优化升级，经济增长的动力将由投资驱动转向创新驱动，同时，经济也将由过

去30年的高速增长转向中低速增长,中国经济的走低在一定时期内也将影响到中国与东盟之间贸易投资的增长。与此同时,由于中国、欧美等外需市场的下滑以及美国结束量化宽松政策的影响,东盟中许多对外部经济依赖度较高的经济体都会受到较大影响,经济增长预期不容乐观。去年底,亚洲开发银行也因此对2015年中国与东盟经济增长的预测值分别调低至7.2%和5.1%。当前,双方经贸合作主要存在以下几个问题:

一是中国与东盟国家之间贸易不平衡的问题,如2014年,中国对越南和印尼的贸易顺差分别达到437亿美元和145亿美元,也会对未来的经贸合作带来挑战。中国—东盟自由贸易区建设进入到第十二年,虽然成效卓著,但也有一些需要改善的地方,如利用率还需要提升,各方利益需要平衡,服务、投资领域的开放度也需要加强。二是中国与东盟经济中存在的固有的问题,如合作与竞争、领海主权与经济合作等仍然需要妥善处理,否则也容易成为影响经贸合作的不稳定因素。三是从外部来看,日本加大了对东盟国家的战略投入力度,不仅增加了对东盟欠发达国家的经济援助,而且加快了对东盟国家的产业投资转移,对中国与东盟开展投资合作也形成了激烈竞争。

(二)中国—东盟经贸合作的发展机遇

首先,中国国家领导人近年来对东盟提出了许多新的合作战略与举措,如中国—东盟命运共同体的构想,共建21世纪海上丝绸之路和打造中国—东盟自由贸易区升级版的倡议,"2+7"的具体合作框架等,真心实意帮助东盟国家发展,得到了东盟国家的认同,如新增100亿美元优惠信贷支持、开展第二期中国—东盟投资合作基金、设立100亿美元中国—东盟基础设施专项贷款、向东盟欠发达成员提供30亿元人民币无偿援助等,这些都为中国与东盟在2015年的经贸合作创造新的发展机遇。

另一方面,2014年底中央经济工作会议在对外开放方面部署了新的任务,提出促进内需和外需、进口和出口、引进外资和对外投资的三个平衡。在货物贸易、服务投资等领域都提出了新的改革思路,如要完善扩大出口和增加进口政策,提高贸易便利化水平;扩大服务业市场准入,进一步开放制造业,推广上海自由贸易区经验;稳定外商投资规模和速度,提高引进外资质量;提高对外投资效率和质量,促进基础设施互联互通,推动优势产业走出去,开展先进技术合作,稳步推进人民币国际化。这些改革的措施也将惠及中国与东盟在经贸领域的各项合作。

其次,从东盟方面来看,2015年是东盟共同体建成的目标年,将建成经济共同体、政治共同体和社会文化共同体,区域内10个国家的一体化和互联互通水平将明显提升。同时,以东盟为中心推动的区域全面经济伙伴关系协定(RCEP)也在积极推进,原计划于2015年年底完成谈判。这些都将有利于东盟贸易投资环境的改善。举几个例子:

1. 随着东盟主要国家经济进入转型期,各国经济的增长模式出现新变化,产业结构加速调整。这几年,各国相继推出经济转型与产业升级的政策目标和相应措施,印尼推出经济发展总体规划与产业调整振兴方案,重点发展"六大经济走廊"和八个领域的18项主要产业;马来西亚实施经济转型计划,实施12项国家关键经济领域和131项计划。在鼓励与支持传统产业的结构调整和技术改造的同时,各国重视培育和扶持新兴产业的发展,如印尼的创意经济、绿色能源和再生能源,新加坡的生物医药、航天产业,泰国的汽车工业等。

2. 东盟国家的基础设施建设方兴未艾,各国政府制定了庞大的基础设施投资计划,以带动国内经济增长和改善投资环境。印尼的基础设施建设进展较快,2010—2013年期间,印尼"六大经济走廊"共有投资额217.71万亿盾的32项基础设施建设项目奠基。2014年,印尼"六大经济走廊"共有投资额232.82万亿盾的119项基础设施建设工程开工,其中以铁路、高速公路和桥梁工程为主;马来西亚全长24公里的槟城第二大桥建成通车,它也是东盟国家最长的跨海大桥。政府将投资40亿林吉特扩建彭亨州的关丹港,使之成为西马东岸规模最大的港口。马来西亚和新加坡政府已就吉隆坡与新加坡之间兴建新隆高速铁路达成共识,马来西亚还启动了建设连接马来西亚柔佛与印尼苏门答腊的跨国海底隧道的可行性研究。泰国新政府在暂停了前政府的基建投资计划后,经过重新规划评估,再推出了投资额高达2.4万亿泰铢的交通基础设施规划,其中耗资最大的是铁路项目。越南政府颁布至2020年吸引外商投资的国家项目名单,包括127个项目,投资额约达600亿美元。其中,基础设施方面共有51个项目,包括交通基础设施、能源基础设施、城市基础设施和工业园区基础设施等领域。

3. 互联互通战略成为东盟共同体建设的重要环节。根据《东盟互联互通总体规划》,东盟互联互通战略主要由基础设施互联互通、机制互联互通和民间互联互通三大支柱组成。在基础设施互联互通领域,东盟规划在陆海空交通、电力通信、金融证券、农业、旅游、科技资讯和人力资源等基础设施建设领域的总投入高达 600 亿美元。东盟交通运输基础设施的 15 个项目中的公路、铁路和海运项目已于 2012 年全面铺开;在机制互联互通领域,东盟努力建立"单一窗口"机制,建立由贸易者一次性提交通关信息、政府相关部门进行电子化一次性同步处理和审批的通关系统,东盟单一航空市场和东盟货物过境便利化议定书顺利实施。东盟证券交易所联接是东盟互联互通规划的重点项目之一,它通过"东盟交易联接"(ASEAN Trading Link)网路连线,将东盟国家现有的 7 个证交所实现交易连接。东盟各国央行决定,统一将财务内容及贷款余额等达到一定基准的金融机构指定为"东盟银行";在民间互联互通领域,东盟大学网络的建立,促进了各国学者和科学家的合作研究。东盟加强了区域旅游业整体宣传和产品推荐,培养区内旅游人才,2015 年将实现区内各国公民免签证、对其他国家游客实行东盟单一签证。

(三) 中国—东盟经贸合作的发展趋势

总体上看,未来中国与东盟经贸合作既面临较多的困难和挑战,也面临难得的发展机遇。中国与东盟已提出到 2015 年双边贸易达到 5000 亿美元、2020 年达到 1 万亿美元、今后 8 年新增双向投资 1500 亿美元的发展目标。综合以上分析判断,未来的中国—东盟经贸合作将呈现如下发展趋势:

一是中国对东盟投资将有新增长。中国已经提出要促进引进外资与对外投资实现平衡,要推动优势产业走出去,在"一带一路"、孟中印缅等合作倡议中,对外投资合作也是非常重要的一个组成部分。为了解决基础设施等领域投资资金缺乏的问题,中国专门给东盟提供了 100 亿美元优惠信贷支持,设立了第二期 20 亿美元的中国—东盟投资合作基金,同时,新设立的 400 亿美元丝路基金和东盟 10 个国家全部加入其中的亚洲基础设施投资银行也将惠及中国与东盟的投资合作。在自由贸易区升级版谈判中,中国与东盟将基于准入前国民待遇和负面清单方式来重新谈判《投资协定》,这也将为中国对东盟投资提供更全面的投资保护和更多的市场准入机会。

二是产业与园区合作成为新重点。中国已经在东盟 4 个国家设立了 5 个境外经贸合作区,同时,许多地方政府和企业也在东盟国家设立了不少经济区,在中越、中老、中缅边境地区,跨境经济合作区的建设也正在积极开展。2014年11月,李克强总理再次提出要与东盟共建跨境经济合作区和产业园区,伴随着对外投资的增长,未来产业园区合作将成为新的合作重点,有关产业园区的政策协调、投资保护等也将是重要的关注点。

三是货物贸易有望达到预期目标。预计受投资、承包工程等因素带动的影响,2015年,中国与东盟双边贸易达到5000亿美元的目标不难完成,但受外需、国际市场环境以及中国、东盟经济放缓因素的影响,2020年达到1万亿美元的目标仍需要付出更大的努力。

四是服务贸易将会迎来新的突破。与货物贸易相比,中国与东盟在服务贸易领域的合作水平还较低。当前,中国经济转型的一个重要方面是要大力发展服务业和服务贸易,东盟国家也非常重视发展服务贸易,未来,双方服务贸易合作将会迎来新的突破。

五是贸易失衡有望得到一定缓解。贸易平衡问题是东盟国家的重要诉求,也是实现中国与东盟经贸合作持续发展的关键。中国已经提出要完善扩大出口和增加进口政策,提高贸易便利化水平,促进进口与出口平衡,同时也与东盟许多国家签署过有关农产品进口的检验检疫协定,表达过愿意与东盟签署农产品长期贸易协定的意愿,在未来的自由贸易区升级版谈判中,提高贸易便利化水平、降低非关税壁垒也将是重要内容。随着这些措施的落实,预计未来贸易失衡问题有望得到一定的缓解。

三、中国企业投资东南亚要注意的问题

中国与东盟关系已进入成熟期,中国与东盟合作步入快车道。我们要把握机遇,进一步提高双方合作的水平,实现共同发展与繁荣,续写中国—东盟战略合作的新篇章,让中国—东盟关系的发展不仅造福于双方人民,也为地区乃至世界的和平、稳定与繁荣做出更大贡献。但也要看到,在走进东盟中,中国企业不可能完全一帆风顺、一路凯歌。目前许多企业缺乏走进东盟市场的商务信息,大部分企业不了解东盟国家的产业政策、市场特点、经济体制,在选择贸易和投资合作伙伴方面缺乏商务渠道,缺乏开放市场的经营人才。这些年来,中国企业既有成功的经验,也有失败的教训。在投资东盟时,应注意以下几个方面:

中国企业投资东南亚的机遇与挑战 141

一是，要事先做好可行性研究，包括：了解东盟经济政策和产业规划，掌握其市场经销的特点，调查合作伙伴资信，等等，要避免盲目投资，一哄而上。

二是，要有长期开发东盟市场的规划，这就需要企业注重产品和服务的质量，注重产品和服务的宣传，打造好品牌，切忌"打一枪换一个地方"。

三是，要了解"三个市场"开放的时间表，即中国与东盟相互开放市场的时间表，东盟内部相互开放市场的时间表，东盟与其他建自贸区国家（如韩、澳、日等）相互开放市场的时间表，了解时间表有利于抢抓商机。

四是，利用好"零关税"。利用好"零关税"可以降低营销成本，提高竞争力，绕开个别国家的关税壁垒，有助于开发国际市场。东盟正在进行经济共同体建设，到2015年建成。中国企业可以通过进入一个东盟国家打开其他国家的大门。

五是，要入乡随俗。中国企业要遵守东盟国家的法律法规，尊重其风土人情，切忌简单照搬本企业文化和在国内的市场营销经验，要高度重视处理好与当地政府和媒体、与当地雇员的关系，注意考虑到惠及当地发展，多做些公益活动，回馈社会。

总的来说，中国和东盟拥有相似的发展目标和任务。从客观上看，中国与东盟已具备牢固的合作基础；从主观上看，面对复杂的国际经济形势，双方都有合作的需求。"黄金十年"为中国—东盟未来发展积累了经验，奠定了基础，增强了信心。因此，未来十年，两大经济体的紧密合作必将迸发出巨大的能量，推进跨越式的发展。中国企业赴东盟投资兴业前途无量。

（此文作者系我国资深外交家、前中国驻文莱大使。此文系作者在2015年5月9日"北京大学东南亚学研究中心"举办的"海上丝绸之路建设与东南亚：历史与现实"学术研讨会上的发言。）

Chinese Enterprises' Investment in ASEAN: Opportunities and Challenges
Liu Xinsheng

Abstract: China-ASEAN relation is stable and in good order; mutual trust in political field is increasing, while the situation of the South China SEA is under control; scale of trade is enlarging, while being more pragmatic. Whereas, China-ASEAN economic and trade cooperation is facing challenges. Solutions to imbalance of China-ASEAN trade, cooperation and competition, territorial sovereignty and economic cooperation are in great need. Increase of Japan's investment in ASEAN has become a challenge factor to China. Because of the new cooperation strategy and measures proposed by Chinese leaders and 2015 being the target year of the complement of ASEAN community, investment climate in ASEAN and cooperation with external countries, including China, will improve. China-ASEAN cooperation is facing a rare opportunity.

Key words: Chinese enterprise; investment; South-east Asia; opportunity; challenge

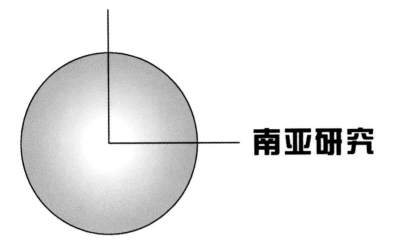

南亚研究

走进 21 世纪的亚洲两巨人*

尚会鹏

【内容提要】 中国和印度在今后发展的道路上面临许多共同或相似的问题,如发展经济、消除贫困等。两个社会在解决这些问题上都存在制度上的优势和劣势。两国传统精神文化和社会文化对于社会发展都有阻碍因素,但也具有某种塑造人类未来一种新文明的资源。

【关键词】 中印社会;发展;文化

一、亚洲两巨人的崛起

在人类已进入 21 世纪的今天,中印两国面临的一个共同的任务是如何在保持文化传统延续的同时使社会现代化。中国和印度这两个世界上人口最多的国家的苏醒和起飞,可能是 21 世纪初最重要的事情。尽管存在着种种困难,亚洲这两大巨人在 21 世纪的崛起几乎是可以肯定的,而这将大大改变世界。在今后发展的道路上,这两个国家都面临许多共同或相似的问题。这些问题包括以下几个。

第一,如何发展经济,解决贫困问题。摆在这两个国家面前的最迫切的问题应当说是发展问题。这两个古老文明都曾有过辉煌,但社会发展长期陷于停滞,使它们近代以后明显落在了西方国家的后面,积贫积弱是这两个国家的共同特征。现在,印度还有三分之一强的人生活在贫困线以下,中国的贫困问题也没有完全解决。解决贫穷问题的方法可以是多种多

---

* 本文为《中国人与印度人:文化传统的比较研究》(尚会鹏著,社会科学文献出版社 2015 年版)一书的终章。

样的。这两个国家都曾走过弯路,一个时期内两国由于强调民族独立而忽视了西方的科学技术、资金对于发展经济的重要作用。现在两国终于都认识到推进改革开放、吸引外国资金技术和采纳先进的管理经验对于经济发展的重要性,认识到发展科学技术是解决贫困问题的根本办法,并都做出了很大的努力。但两国都仍有许多工作要做。

第二,如何发展教育、消除文盲、提高国民素质的问题。印度人口中有一半是文盲,中国的文盲比印度要少,但印度在高等教育方面比中国做得好。印度科学技术人员的数量比中国多。由于两个国家的人口多,普及教育的工作比任何一个国家都艰巨。

第三,如何控制人口的问题。印度人口在2011年已经超过12亿,中国则已达13.5亿(2012),两国人口加起来,几乎占世界人口(70.57亿,2012年数据)的五分之二。这意味着:如果这两个国家把自己的事情办好了,那么就等于解决了地球上五分之二人口的问题。控制人口增长是两国面临的共同任务。控制好人口增长可能是这两个国家对世界能做出的最大贡献。计划生育已成为中国的国策。

第四,如何克服官僚机构过于庞大、权力过于集中和效率低下的问题。需要提高效率,打破官僚主义对国家机器的控制。两国都需要进行政府机构改革,建立一个高效廉洁的政府。

第五,如何建立一个健全的民主、法制社会的问题。这样的社会不仅有国家层面上的、运行有效的"大民主",还要有村落层面上的、村民参与的"小民主"体制。这种社会应有更大的活力,民众积极参与而不是被动地接受政府的命令。构建一个依法限制权力、依法克服腐败、政府和民众都能依法办事、运作良好的法制社会。

第六,如何解决环境问题,做到在经济发展的同时避免生态环境的严重破坏。中国和印度有巨大的人口基数,两国的经济发展如果要付出西方工业化国家曾付出的那样高的环境代价,后果将不堪设想。

从以往取得的社会、经济成就看,可以认定,中国比印度更成功一些。中国经历了比较彻底的革命,改革开放也更早一些。现在中国在国民收入、减少文盲、医疗、妇女地位、平均寿命、文化、消灭疾病、控制出生率等方面都超过印度。但在另一些方面,如个人的发展、社会集团的独立程度、国家层面的民主制度、法律的完备程度、与世界的融合程度等方面,应当说印度走在了中国的前面。印度有比中国发达得多的法律体系,有较完善的国家层面上的民主机制。中国现在刚刚实行基层直接选举,而印度早在几十年前就实行了。中国要达到完全的普选制似乎还需要很长的时间。不过,应当看到中国也在加速政治方面的改革。中国提出的目标是在建国一百周年(21世纪中叶)时把中国建设成一个"富强、民主、文明的国家"。

假如把这两个国家比作正在赛跑的两位巨人,那么,它们站在大体相同的起跑线上,从某种意义上说,谁能更有效地解决上述面临的问题,谁就能率先到达胜利的终点。就目前来看,中国在社会经济发展方面暂时领先一些,但不能说这种局面永远不会改变。中国的政治体制改革暂时滞后,走的是先发展社会经济、后进行政治改革的道路,而印度与此相反。

中国和印度在解决这些问题方面各有优势和劣势。印度的优势是:广泛使用英语,对西方的办事方式较熟悉,有一支庞大的科技队伍,有较完备的经过考验的法律制度,有大量的专业技术人员,与西方社会的传统联系和亲近感,某些领域的领先地位(如计算机软件领域等)、较大的中产阶级、一套比中国更为发达的私人经济体系和较完备的金融系统等;劣势是:经济力量、综合国力比中国弱,经济改革比中国迟,政府动员和控制社会的力量相对较弱,分配不公带来的较大的贫富悬殊,国内民族、宗教矛盾严重,对外界的反应较迟缓,官僚机构的低效率和腐败等。

中国在这方面的优势是:经济改革较早,综合国力比印度强,较彻底的社会改革的传统,种族、教派矛盾较小,较强的民族凝聚力和相对有效的政府及社会动员力量等,劣势是:法制不健全,整体主义的政治制度以及与之相联系的周期性社会动荡,较大的不可预测性,高等教育的相对落后,英语教育不足以及由此造成的信息相对封闭,对西方社会办事方法的相对不了解,官员腐败等。

应当指出,这里所谓的"优势"或"劣势",首先与两国现行的政治、经济制度有关,但还与文化传统密切相关。像中国和印度这样历史悠久的国家,文化传统构成了解决这些问题的背景。这个背景虽看不见摸不着,但非常重要,现行政治、经济制度本身也受文化传统的影响。

这里的"文化传统"是广义上的。根据对文化的定义,它大体包括物质、社会和意识形态三个层面。以下从意识形态传统、社会组织传统和政治传统三个方面加以考察。

在对两个社会进行展望时,我们注意到,文化传统所起的作用是双重的。一方面,文化传统对两个社会的发展有阻碍的一面。如前所述,从这两个古老文明中都未能产生现代的工业文明,应当说,这两个古老的传统都是在不断适应农业社会的过程中发展、完备起来的,对以工业文明为主要特征的现代社会并不适用,故在向现代社会的转型中都不能不解决与文化传统留下的负面遗产的矛盾与冲突问题。但另一方面,文化传统仍起着规范人们的行为、稳定社会的作用,它不仅能给处于社会转型过程中的人一种规范和安全感,同时在两国的现代化过程中起着保持文化个性、不被西方文化完全同化的作用。今日这两个国家的发展,不可能脱离其古老的传统,从某种意义上说,文化传统决定着两个国家的发展道路。此外,从人类面临的世界性问题来看,包括中印两个国家在内的目前的发展模式是有局限性的,解决这种局限性,人类需要一种新的文明,而中印这两个古老的文化传统对新文明的出现或许可提供某些借鉴。

二、意识形态传统与社会发展

这里的"意识形态传统"主要是指占主导地位的思想。中国占主导地位的意识形态是儒家思想,印度占主导地位的意识形态是印度教思想。

无论是中国的儒家思想还是印度的印度教思想,当然都有丰富的内涵,并且都不是固定不变的,但它们都在整体上体现着某种基本的取向。儒家思想的基本取向可以说是教导人们如何适应现实世界,它的终极目标是达到人与人之间的彻底和谐。它较注重解决人与人之间的关系问题,而较不太重视人与超自然的关系,因而缺乏超越思想。印度教则主要教导人们如何逃避现实世界,它的终极目标是个人与宇宙灵魂的彻底合一。印度教文化传统较注重人与超自然的关系。或许是由于南亚次大陆的复杂的人种关系使得解决社会问题困难较大,这个文化把相当大的精力放到探讨人与超自然的关系上,由此产生了发达的宗教和哲学思想。在印度教社会中人们的基本价值取向深受超自然的影响,在此意义上可把印度教文化传统称为"超自然中心"的传统。

中印两大文化传统可以说都对世界文明做出了独特的贡献,但在人与自然的关系上,两大文化传统都有一种抑制人的物质愿望、不强调追求物质进步的价值取向。两个传统都缺乏"发展"的概念,都未能从自身生长出新的生产方式和科学精神,因而都未能解决经济发展和贫穷问题。历史上,这两个文明对一次次可怕的饥荒和瘟疫都束手无策,对于大多数人所处的文盲、无知和贫穷状态也找不到解决的办法。中国的圣人教导人们君子在"义"与"利",传统印度教文化在解决这个问题上则走到了更为消极的地步,它过于教导人们抛弃物质欲望而追求纯精神的境界。所以,历史上,这两个社会长期以来都缺乏实质性的发展和变化,造成了近代的贫困与落后。

目前,这两个国家都瞄着欧美国家,制订了雄心勃勃的现代化计划。流行于当代并被认为是"现代化"的生活方式,基本上源于西方社会,与这种生活方式相联系的是西方文化传统的积极探索自然、向自然索取的精神。西方文化中具有一种强调改造、征服外部世界的价值取向,从这种文化传统中成长出的现代科学精神和新的生产方式,极大地促进了物质的进步,丰富了人类的生活。中国和印度近代以来出现的社会变化,就是朝着现代社会的方向转变,而现代社会中的许多价值观、制度和规则来自西方,是中国和印度传统所不熟悉的。我们不必忌讳自身文明的缺陷,应当吸收新的价值观、制度和规则,以弥补自身的不足。从文化传播和交流的角度看,文化从来就是相互吸收、相互影响的,一个民族创造的文化成果,最终会成为世界的共同财富。如古代中国的四大发明以及古代印度人发明的"十进位制"和数字"0"等,都已为全人类所享用。同样,现代科学和科学思想虽源于西方,但并不是西方的专用品,它应造福于整个人类。今后中印发展经济、消除贫困将主要依靠科学技术。西方文化传统发展出了一种更为积极向上的价值观和合理主义的生活态度,我们也应当加以吸收。目前世界秩序基本上是以西方社会为基础建立起来的,游戏规则也主要是西方社会制订的,这虽不合理却是一个难以改变的事实。中国和印度要发展经济、消除贫困,不能置身于游戏之外,而要参加游戏就必须熟悉游戏规则,并在这个过程中学会改造和创新。

中国文化传统的世俗、理性、实际及强调人际关系和谐等特点,使中国人在接受外来的新意识形态、新生活方式和新事物方面,比印度教徒更开放一些。中国经历了彻底的社会变革,文化上并不存在进行彻底变革的障碍,民众有接受任何彻底变革的承受能力,因而,在接受西方以物质享受为特征的现代生活方式上所遇到的文化上的障碍要比印度小。事实上,现代中国比印度较容易接受了西方的消费文化。

然而,我们也必须认识到源于西方的消费主义的生活方式的局限性和它带来的严重后果。这种生活价值观向当今的人们传递着这样一种错误的信息,即人的幸福是建立在不断的物质欲望的满足之上的,获得更多的财富就意味着成功,只要不断满足我们的物质欲望就能得到幸福。我们必须明白,人的物质欲望是无止境的,人不可能完全通过物质欲望的满足获得幸福。物质主义不仅不能解决所有问题,而且会带来许多严重问题。目前流行于世界的消费主义的生活方式由于忽视人类与外部世界的协调过度掠夺地球,破坏了我们赖以生存的环境,对此我们必须有清醒的认识。对中国和印度来说,发展经济、消除贫困固然是重要任务,但同时也应看到,目前两国模仿的这种源于西方社会的生活方式是有局限性的,人类必须准备承受这种生活方式的代价,中国和印度应高度重视发展的可持续性问题。

人类必须对自身的欲望有所节制以使发展与自然相协调。圣雄甘地早在几十年前就看出了西方消费主义生活方式普及带来的严重后果,对于印度独立后是否会达到前殖民大国的生活水平的问题做出了明智的回答:"英国为达到它那种富裕程度曾消耗掉地球上一半的资源。像印度这样一个国家需要多少个地球?"甘地提出的这个问题今天有了答案。根据计算,一个预期寿命为80岁的普通美国人在目前的生活水平下一生要消费两亿升水、2000万升汽油、一万吨钢材和1000棵树。根据国际能源机构的一项调查,美国人均二氧化碳排放量为20吨,约为中国人的8倍,印度人的23倍!美国在1995年排放的二氧化碳占全球总量的23.7%。如果世界上55亿人全达到这样的消费水平,我们需要20个地球!中国和印度人口合计23亿,如果这两个国家达到目前美国人的生活水平,那至少也需要七八个地球。

目前,掠夺式的、享乐主义的生活方式在向世界蔓延,人们对甘地的警告置若罔闻。也许我们应当重新听听他的教诲。源于西欧、以欧美国家为核心并蔓延世界的当代资本主义文明,是一种破坏平衡的文明。这种文明破坏了人内心的平衡,它强调满足人的各种愿望而忽视人的内在价值,过度追求物质享受而忽视人的精神方面。在人与自然关系方面,它过度强调对自然的索取而忽视自然的平衡。当代发达的工业化国家走过的是一条大量使用资源、破坏地球环境的道路。当今,地球在承受了人口占少数的发达国家的工业化带来的高消费所造成的环境、资源重负之后,又正在承受人口占多数的越来越多的发展中国家走向工业化所造成的新的环境、资源重担。21世纪,包括中国和印度这两个世界上最大的人口大国在内的亚洲,将成为世界最大的发展中心,照着目前的发展模式发展下去,这意味着,在新的世纪里,世界(尤其是亚洲)将面临更为严峻的生态环境被破坏的挑战。

现代科学技术的发展使人类有了越来越强的认识、改造能力。这种能力创造了财富,促进了社会的发展,但也反映了人类对自然的傲慢态度。人类也为此付出了(并且还在为此付出)沉重的代价。中国和印度的传统中包含了对人类理性有限性的认识和对自然秩序保持敬意的直觉表达,这种取向阻止了这两个传统社会的进步,财富的积累,延缓了社会的发展,但也包含着人类与大自然和谐相处的智慧。中印两国都应认识到目前发展模式的局限性,不应盲目效仿西方的生活方式,而应重视自身文化传统的智慧,在社会发展与自然和谐之间获得某些平衡。

三、社会文化传统与社会发展

一般来说,强调集体、强调人与人之间关系协调的社会,比强调个人、强调竞争的社会更容易稳定和延续,也更不容易发生变化。在个人与集团的关系方面,中印两种传统都不强调个人的自由、权利和独立,而是较多地强调责任、义务和服从,因而两个社会不是个人取向的社会。两种文化传统都不鼓励人与人之间的竞争,而是强调"和"与相互依赖。中国儒家思想通过提倡人与人之间的和谐以及强调"和为贵"之类的价值观来消除竞争,印度的种姓制度也把竞争限制到了最低限度。这种努力在一定程度上限制了社会的发展,因为竞争是社会发展的动力,没有竞争社会就缺乏活力,就会停滞不前。在中国传统中,个人被牢牢束缚于家庭以及在此基础上延伸出来的宗族集团中,缺乏独立的个体以及在此基础上缔结的独立的非亲属、非地域、自愿性团体,人与人之间的关系具有强调直接接触、强调情感、内部评价高于外部评价、不透明、不易测量的特点。印度教社会中的个人虽不像中国的个人那样严重受制于亲属群体,但由于受"超自然中心"生活方式的影响,个人仍受群体的严重束缚,也未发展出西方式的个人主义和建立在契约关系基础上的现代公民社会。传统中国社会比印度教社会更强调个人对亲属集团的义务、责任和忠诚,因而对个人的压抑更严重一些,这也是当前中国社会比印度显得更有秩序、更稳定、更呈静态,而印度社会比中国社会更具多样性、更呈动态的原因。

现代社会在不同程度上都有重视个人权利、强调个人独立和自由的特点,从一定意义上说,现代社会是建立在独立的个人基础上的市民社会。培养真正独立的个体,将个人从各种血缘、地缘群体的束缚下解放出来,培育真正的现代公民社会,当是今后两个社会的任务。

作为一种人际关系模式的个人主义,源于古希腊城邦社会,欧洲文艺复兴时期得以恢复和扩大,在现在的美欧社会得到了最充分的表达。美欧社会是建立在个人主义基础上的,它的一个重要前提是个人的"原子化"。这种社会的一个基本价值观是"个人的充分发展是社会发展的前提",即一个人如果不从血缘的、地缘的及超自然的束缚下挣脱出来获得真正的独立,就不能成为一个完全意义上的人,一个民族也不能算一个独立自由的民族。这是一种崇尚个性发展、寻求自我价值的实现、"个人大于群体"的模式,现代欧美型社会是这种社会的典型。在像美国那样的"极致个人"社会里,家庭和学校教育都比较强调人的独立和"独创性","有独创性"是对一个人最大的赞扬,而"缺乏独创性"是对一个人最严重的负面评价。在这种模式中,家族、社会、政府被视为个人的对立物而受到贬低,独立的个人与个人,以一种契约关系相联结,人与人之间的关系具有强调契约、强调平等、集团内部评价与外部的评价趋于一致、较透明、较易测量的特点。这种类型的人际关系本质上类似商品交换关系,它要求买卖双方平等,不承认特权、不承认温情、不承认超经济的人身服从、不承认忠诚心和恩义。资本主义最初就是在这种"个人社会"中发展起来的,资本主义的发展也最适合这种社会。中国和印度社会都不是"个人社会",社会传统都更强调群体,强调服从、责任和义务,都趋于贬抑个人的野性欲望。因而,当资本主义移植到这两个社会时,都面临传统的社会体制的适应和调整问题。

应当看到,源自西方个人社会的以资本主义为经济特征、以民主制度为政治特征的现代社会体制,正在向全世界蔓延,所谓"全球化"一定意义上就是指的这种制度的蔓延趋势。可以预料,至少在人类进入 21 世纪之后的一个相当长时期内,世界仍是这样的制度占主导地位。从当前两国的现实看,中国和印度在发展经济方面都不同程度地接受了资本主义的一些原则。印度不仅接受了资本主义的原则,也成功移植了其政治民主制度,故比中国更接近现代社会体制。两国目前所谓的社会"现代化",在一定程度上可以描述为在各自的社会风土上,移植现代社会制度的过程。从两国解决前述所面临的任务来看,拒绝移植这个制度,可能比接受这个制度所付出的代价更大。

接受(即便是部分接受)目前正在向世界蔓延的现代社会制度,就意味着调整传统的个人与集团的关系模式,创造适合现行体制运行的条件。从个人与集团的角度看,这个调整的趋势很可能是:由集团本位向强调个人独立的方向,由非契约方式向某种契约方式,由强调服从型向强调个人独创性社会的变化。当然任何国家都不可能脱离本国的实际完全照搬外来的体制,接受现代化并不是要把每个国家都变成美国(实际上也不可能)。但20世纪末日本、韩国及东南亚诸国出现的金融危机表明,那些想既吸收资本主义的优点又保留东方式群体社会特点的想法过于浪漫了,认为资本主义像澡盆里的孩子、人们可以轻易地抱出孩子而倒掉洗澡水的看法有点太天真。对于像中国和印度这样的国家来说,接受这个世界体制的过程中出现的现代体制与自身文化传统之间的矛盾和冲突似乎应当被估计得更严重一些。资本主义体制运行需要一定的条件。资本主义在这些国家出现的问题再次提示人们,市场资本主义不仅是一种经济体系,还是一种属于文化范畴的价值观和人际关系模式。它强调竞争的好处,收益的合法性以及自由、独立、平等的价值,而这些东西在非西方社会中是缺乏的,这使资本主义难于顺利运行。资主义的本质是"六亲不认"的,它不认家族,不认亲情,甚至也不认国家。"任人唯亲"的资本主义或"裙带关系"的资本主义违背了资本主义的规则,如果认为国家、政府可以包揽一切,政府对个人和企业实行"过度保护"而不是让它们独立地面对竞争的世界,那么这种模式或许可以在短时间内有效,但最终是要受到惩罚的;如果私人财产和国家财产不清楚地分开,如果政府与公司串通一气,如果为了不损害"家族"利益而隐瞒坏消息,即便企业亏损,为了不伤大家的和气也不裁减员工,那么资本主义也会给予惩罚的。目前中国和印度还都没有完全接受鼓励独立自由竞争的资本主义方式,政府或群体对"个体"还实行这样或那样的保护。因此,如何解决它们在接受现行世界体制时出现的矛盾和冲突是一个重要的问题。

印度在接受现行现代社会制度方面,可能比中国较为顺利,因为比较而言,印度文化传统比中国传统更强调个人和自由。今后印度可能仍选择较为强调自由的、个人主义的及与之相联系的政治上较为民主的道路,而今后中国仍可能选择一种更强调义务、强调对集团的责任、对集团和权威忠诚的制度。对"发展"来说,两种选择各有利弊:强调个人、强调自由和独立能够带来巨大的活力和创造精神,因为个人的活力是任何社会和政治制度的基础。①但这样做的弊端是,野性的个人利益动机在一个贫穷的社会导致腐败盛行和严重的贫富差距。所以印度在今后的发展中面临的问题是:在承认个人发展的同时如何克服社会腐败和缩小社会差别。中国可能会在一定时期内发展的速度更快一些,社会的公平方面可能会好一些,但这种选择的弊端在于:当集体利益凌驾于个人自由之上时,高度集权取向的领导人和法制的不健全,有可能导致严重的腐败和社会动荡。所以在今后的发展中,中国在发挥群体优势的同时更应注意个人独立性的培养和创造性的发挥,培育中间性集团,清除教条主义的影响,进一步解放思想。

目前印度的政治模式的长处是:多样化的、较为宽松灵活的政治体制为各社会集团、阶层及各地区提供了一个平衡利益的机会,有利于克服社会各部分之间的冲突、协调各种矛盾。但其弊端是:社会差距的扩大、秩序和纪律的丧失、村落中贫穷者的权利被剥夺,以及在人口控制、扫除贫困、建设大规模工程、实行社会改革以革除旧习俗等方面遇到较大困难。

> 如果民主是个人与集团压力之间的自由和开放的相互影响,那么印度在民族和国家层次上的民主是存在的,而且还不错。但正像所有民主制那样,它也付出了代价,即秩序的丧失、社会固有弊端的延续,而一个不怎么民主的政体似乎更容易应付这些东西。②

在印度的政治体制下,较难高效地推行类似全国性普及教育和反贫困之类的计划,因为推行这种计划所需要的力量容易被各种反对力量所抵消。此外,这种体制带来的党争、阴谋、严重的官僚主义、文牍主义、低效率、腐败等也是发展的障碍。

中国政治仍具有传统的特点,它是高度权威主义的,缺乏超越村落的组织,缺乏各利益集团的相互竞争和制约。这种模式的长处是:权威主义的政治结构提供了纪律、秩序、明确的目标和动员社会的巨大力量,在诸如实行社会变革、人口控制、抵抗大规模自然灾害、执行消除文盲和贫困计

---

① Jay Taylor, *The Dragon and the Wild Goose*, *China and India*, Praeger Publishers, One Madison Avenue, New York, 1987, pp. 153—257.

② Jay Taylo, *The Dragon and the Wild Goose*, *China and India*, Praeger Publishers, One Madison Avenue, New York, pp. 73—74.

划、建设大规模工程等方面效率较高,能够在一定时期内创下很高的发展速度。中国不是一个西方式民主国家,却是取得了进步和成就的国家。中国或将比印度更快地摘下贫穷、落后和愚昧的帽子。中国尽管个人自由受到一定限制,但更能够接受变化和引进的概念。但这种模式的弊端是:一定程度上限制了个人自由和民间力量的发展以及由于制约力量较弱和法制不完善导致社会动荡的可能性增大。今后中国的发展可能会比印度更快,但可能比印度具有更大的不确定性和不可预测性。中国今后政治改革的重要任务是:在发展基层民主的基础上逐步完善更高层面上的民主体制,建立和完善法治,克服社会运行不依赖法律而依赖个人以及由此带来的周期性社会动荡。从一定意义上说,新中国成立以来特别是改革开放以来的发展得益于中国式的政治体制,但受到的巨大挫折和获得的教训也来自这一制度。同样,今后中国发展的优势和障碍也都在于这种体制的特点。未来中国的政治体制肯定要向着更为民主的方向变化,民主体制也是未来中国的道路。为此,中国也可能在纪律、秩序、社会动员力量方面付出必要的代价。

四、对一种新文明的期待

前文已指出,目前在世界上广为流行并被认为符合现代社会的生活方式,是源于西方的个人社会。这种生活方式事实上是建立在下述三个基本价值观基础上的:第一,在解决物质与精神关系方面,人的幸福可以靠不断的物质欲望的满足而实现;第二,人类的理性可以无限度地去改变自然以创造更多的物质财富;第三,人与人之间是一种竞争关系,获取更多的财富、更高的地位、更大的名声是天经地义的。这种价值观的确给世界带来了巨大的变化,但也使我们付出了并且仍在付出沉重的代价。这些价值观不能说是人类在解决人与自然、人与人及人与超自然关系方面成熟的表现,因而是值得检讨的。

21世纪的人类需要一种新的文明。理想上的新文明应当符合以下三个基本原则,即人与自然的和谐、物质与精神的和谐及人与人的和谐。

---

① 从这个意义上说,一位西方评论家将中国描述为"封闭的系统、开放的心灵",将印度描述为"开放的系统、封闭的心灵"也许是有道理的。

新文明在人与自然的关系上应是和谐的。在人与自然的关系上,西方文化传统持更为积极的态度,在此基础上产生了近代科学技术文明,为发展经济、增加人们物质方面的福利提供了手段和经验。但西方文化传统的价值取向带有较大的进攻性和侵略性,在此基础发展起来的、今日受到世界许多国家追捧的西方社会发展模式,是掠夺式的,因而也是不可持续的。新文明下的社会和经济发展,应是可持续发展,新的发展模式要将发达国家开发的节省资源、保护和恢复环境的先进技术同亚洲古老文化传统中人与自然和谐共存的种种智慧结合在一起。

新文明在处理物质与精神的关系上应是和谐的。目前的生活方式使人变得越来越物质化,而人的幸福不是能完全通过物质满足获得的,过度的追求物欲反而会伤害到精神的和谐,使人无法获得精神、心理上的安宁,这使得现代社会的人们生活在一个压力和焦虑越来越大的环境之中。在这方面,印度文化传统认识得最为透彻,它将人们的注意力引向精神超越方面,并积累了丰富经验,可以为新文明提供借鉴。但应注意的是,这个传统把人引向了超自然方面,不是以人自身为本,而是通过冥想、苦行等神秘体验寻求解脱,这会造成迷信以及极端的精神状态和行为。

新文明在人与人的关系上也应是和谐的。在处理人际关系上,把他人视为对自己的威胁试图超过对方、战胜对方、压倒对方,从战胜对方中获得快感或者说获得"成功的喜悦",这种进攻型的"竞争性个人主义"的方式不能构成未来新型文明的主要特点。新文明中指导人与人、国家与国家之间关系的准则,不应基于暴力而应基于和平,不应基于竞争而应基于和谐。在这方面,中国文化传统认识得最为透彻,这个传统将人们生活的重心引向人与人的关系,并积累了丰富的经验,可以为新文明提供借鉴。但应注意的是,中国传统对人与人的关系的定义较为狭隘,它主要基于血亲网络,而且,人与人之间关系的和谐不是建立在个人独立、平等基础之上,而是以压制个人的权利、限制个人发展为条件的。因此,在发展个人、提倡竞争以增强社会活力的同时,应当考虑这样做可能付出的代价而不应走得太远。需要在发展个人和社会和谐之间取得某种平衡。

与人与人关系的和谐相联系,新文明下的国与国之间的关系也应是和谐的。目前国与国之间的关系是竞争性的,强力(表现为政治、经济、军事力量,主要是后者)原则,事实上在国际关系中起决定作用。在这个原则下,强者支配弱者。也就是说,人类至今仍然没有摆脱弱肉强食的"丛林法则"。当今人类面临的世界性难题,如恐怖主义、核武器困境、环境破坏、战争等之所以得不到解决,原因就在于事实上仍起作用的"丛林法则"。而今日的这种世界秩序,源自近代西方的个人社会,从本质上说,它反映了西方个人主义生活方式下个人内心世界的不安和竞争性的人际关系。我们必须认识到,人类若不找到一种新文明的国际秩序原理,而是沿着目前的道路走下去,最终或会面临人类文明的毁灭。

随着信息时代的到来,几大文明交流和融合的趋势更为明显,某种整合了各大文明特点的新文明的出现是可能的。这个新文明的地方特色将不明显,很可能是一种融合世界各主要文化的优秀部分的混合型世界文明。在中国和印度文化传统中,都有一种伟大的和平主义精神以及与自然和谐共处的智慧,分别在解决物质与精神生活、人与人之间关系方面进行了探索并积累了丰富的经验,这些经验能够为未来的新型文明提供重要借鉴。

(本文作者系北京大学国际关系学院教授)

Asian Giants: An Insight of China and India in the 21st Century

Shang Huipeng

Abstract: China and India are facing same or similar challenges in the future, suck as economic development and reducing poverty. Both communities have systematic advantages and disadvantages. Both countries' traditional cultures are impeditive to social development, whereas are also constructive resources to civilization in the future.

Key words: China and India society; development; culture

中巴经济走廊:当前争论与前景思考

张　元

【内容提要】 中巴经济走廊是一个超越地理路线的综合性概念,它代表着中巴两国在资本、技术、信息、劳动力等经济要素的跨国流动中将进行的良性互动的国内制度安排和宏观经济协调。它所承载的是十分艰巨的经济整合任务,即中巴区域经济合作。中巴经济走廊将如何促进实施国家对外经济新战略,需要加强研究,包括如何发挥其在提振巴基斯坦经济、探索亚洲区域经济合作、开展中国周边经济外交和迎接中美地缘经济挑战中的作用。

【关键词】 中巴经济走廊;中巴区域经济合作;中国对外经济新战略

一、中巴经济走廊:关于意义与挑战的讨论

自2013年7月正式签署协议以来,中巴经济走廊受到了中巴两国政府的高度重视。中巴经济走廊的意义及可行性评估受到了中巴两国等各界人士的强烈关注。关于建设中巴经济走廊的意义,前中国驻巴基斯坦大使张春祥认为将对巴基斯坦国内的经济发展、对中国西部大开发带来深远影响[1]。巴基斯坦伊斯兰堡世界事务委员会会长马哈茂德认为,走廊将为中巴沿线地区实现经济社会可持续发展提供巨大动力[2]。云南社科院南亚研究所所长陈利君总结最为全面,认为中巴经济走廊将在维护中巴两国能源

---

[1] 《张春祥谈李克强出访巴基斯坦与中巴关系发展》,载人民网,2013年5月23日,http://fangtan.people.com.cn/n/2013/0523/c147550-21588904.html.

[2] 《为中巴友谊续添新的不竭动力》,载新华网,2013年5月24日,http://news.xinhuanet.com/2013-05/24/c_115901831.htm.

安全、促进两国参与全球化和市场化进程、带动两国经济发展、维护边疆社会稳定四个方面发挥重要作用①。人民日报社王南还注意到,中巴经济走廊将发掘中阿经贸合作的空间和潜力②。

各界关于走廊建设面临的挑战的看法,归纳起来主要包括四方面:第一,建设和维护经济走廊的经济和技术成本较大。中巴经济走廊将在已有喀喇昆仑公路的基础上新建一条跨境铁路和跨境输油管线,要穿越自然条件复杂的喀喇昆仑山脉和帕米尔高原,长度达3300公里。受气候条件限制,喀喇昆仑公路一年里有半年时间基本上处于封路停运状态。而修建和维护跨境铁路的成本要远远高于公路,修建输油管道则需要解决好复杂的技术难题。第二,巴基斯坦境内的恐怖主义组织和地方势力可能对经济走廊造成破坏。巴境内的恐怖主义和部落武装主要存在于三个地区,即俾路支省、开伯尔—普赫图赫瓦省(旧称西北边境省)和联邦管辖部落地区(Federally Administered Tribal Areas,简称FATA)。俾路支省存在长期对抗巴基斯坦政府的军事武装"俾路支解放军"(BLA),开伯尔—普赫图赫瓦省的巴阿边境地区是塔利班势力的大本营。阿富汗战争开打后,塔利班势力对巴基斯坦渗透加强,联邦管辖部落地区出现了"塔利班化"现象③。同时,这些地区也是部落武装强势区,俾路支省的部落势力由于能源资源利益分配问题与中央政府存在较深矛盾,联邦管辖部落地区不施行巴基斯坦法律,由族人按照传统习惯和方式自行决定部落事务。在这种情况下,安全形势严峻成为制约中巴经济走廊顺利实施的重要因素。第三,国际政治形势复杂,特别是美国、印度等域外因素对中巴经济走廊的干扰不可忽视。中巴经济走廊涉及国际关系和地缘政治竞争,南亚、中亚、中东以及美国的战略利益都牵涉其中。西方媒体在中国获得瓜达尔港经营权后,一直炒作中国有可能将其用于军事目的。如果巴基斯坦进一步向中国靠拢,那么中国将扩大在南亚、中东、中亚地区的政治、经济、军事影响力,这显然是美国不愿意看到的。印度视巴基斯坦为敌人,视中国为战略对手,显然也不会

---

① 陈利君:《中巴经济走廊建设前景分析》,《印度洋经济体研究》2014年第1期,第107—110页。

② 王南:《"中巴经济走廊":助推中阿经贸合作的新契机》,《中国—阿拉伯国家博览会理论研讨会论文集》,2013年第4辑,第93—102页。

③ 具体情况可参见王联:《评塔利班对巴基斯坦的渗透》,《现代国际关系》2009年第8期,第24—36页;王联:《论巴基斯坦部落地区的塔利班化》,《国际政治研究》2009年第2期,第112—135页。

乐见中巴间开展深层次合作。印度媒体曾报道称,"巴基斯坦瓜达尔港与中国新疆维吾尔自治区之间打造运输走廊的计划是对本国构成的一种威胁——中国借此可以扩大自己在本地区的存在;自然也会让目前克什米尔的分离现状得到巩固。"①日本媒体也添油加醋,《日本经济新闻》2014年12月11日报道称,"经济走廊将成为中国加深参与南亚事务的'借口',走廊预计通过克什米尔地区,中国有可能向瓜达尔港派遣海军舰艇,对印度将是一个刺激"②。另外,有学者认为中巴经济走廊促成的中国能源进口多元化将降低俄罗斯能源份额,引起俄方在商业利益上的担忧③。伊朗的恰赫巴哈尔港与瓜达尔港呈竞争态势也是一个问题④。第四,中巴两国国内的反对和质疑舆论可能对走廊建设带来负面影响。中国国内质疑经济走廊的观点依据主要有两个,一是马六甲困境的真实性,二是中国经济支持能力的可持续性。有学者提出,马六甲困境是一个伪命题:当今世界美国军事实力无人能及,如果在战时美国具有封锁马六甲海峡的能力,那么美国同样也可以封锁瓜达尔港⑤。另外,走廊建设需要大量资金支持,巴基斯坦经济状况不佳,如果仅靠中国一己之力,难以长期维系。巴基斯坦国内的反对派媒体舆论则正好相反,认为中巴国家实力差距较大,大国与小国的合作只会给大国带来好处而非双赢局面。巴基斯坦亲美媒体《论坛快报》(*Express Tribune*)认为,"这种所谓的联盟(指中巴合作)对巴基斯坦经济几乎毫无积极意义","事实上,中国将不会给予巴基斯坦任何东西"⑥。巴方学界还认为,中巴合作文件形式多但贯彻执行少,中巴经济走廊也难以幸免。中巴至今已签署300多份协议和谅解备忘录,但近一半签署后没有进展,另一半执行情况也不容乐观⑦。

---

① 《外媒称中巴经济走廊将巩固喀什米尔现状?》,载俄罗斯之声,2013年5月25日,http://www.cjdby.net/redianzhuizong/2013-05-25/military-4023.html。
② 《日媒:中国推动中巴经济走廊建设,保障通往中东门户》,载新华社报道,2014年12月14日,http://www.xinhuatone.com/ckxxDetail.jsp? class_id=63&con_id=389245。
③ 张超哲:《中巴经济走廊建设:机遇与挑战》,《南亚研究季刊》2014年第2期,第84页。
④ 李青燕:《中国——巴基斯坦经济走廊:务实合作新起点》,《当代世界》2013年第9期,第53页。
⑤ 罗佐县、杨国丰、候明扬、卢雪梅:《第五大能源通道露端倪》,《中国石油石化》2013年第16期,第45页。
⑥ 《李克强呼吁加强中巴合作,巴媒体提质疑》,载路透伊斯兰堡报道,2013年5月23日,http://cn.reuters.com/article/CNTopGenNews/idCNCNE94M09J20130523。
⑦ 〔巴基斯坦〕哈立德·拉赫曼等:《继往开来的中国与巴基斯坦友好关系》,陈继东等译,云南大学出版社2014年版,第107页。

二、中巴经济走廊：超越地理路线的区域经济合作

中巴经济走廊还处于理念设计和初步规划阶段，具体内容并未最终敲定。根据目前中巴政府达成的协议，经济走廊的雏形已基本具备，即两国间将建成公路、铁路、航空、油气管道、光缆覆盖的"五位一体"通道，并延展为在沿线配备大量社会经济合作项目的地理路线①。有消息称，走廊的经停路线为中国新疆乌鲁木齐—喀什—红其拉甫—巴基斯坦苏斯特—洪扎—吉尔吉特—白沙瓦—伊斯兰堡—卡拉奇—瓜达尔港②。前文中学者关于经济走廊的质疑，如建设和维护走廊的经济成本和技术成本问题、由瓜达尔港讨论引出的马六甲困境问题，即是将关注点集中于走廊的地理路线性质。"走廊"一词，因本义指称连接两个较大地区的狭长地带，也可能产生了一定的误导作用。但实际上，中巴经济走廊是一个综合性概念，它远远超出了通道建设和沿线开发，未来其内涵和外延还会继续丰富。中国驻巴基斯坦大使孙卫东在2014年7月出席首届丝绸之路经济带国际论坛暨环球企业领袖西部(喀什)圆桌会上已明确表示了走廊概念的综合性③。那么，综合性可以往哪个方向拓展？这需要我们在回顾中巴经贸关系历史的基础上进行探讨。

新中国成立后，中巴两国在1951年5月21日正式建立外交关系后就确立了经贸联系。经贸合作历史经历了四个阶段——缓慢发展时期(20世纪50年代)、平稳发展时期(20世纪60—70年代)、持续发展时期(20世纪80—90年代)和全面发展时期(2000年至今)④。鉴于美苏冷战的影响，中巴并未从一开始就建立起相互信任的政治基础。20世纪50年代中巴经济关系发展缓慢，主要表现为商业团体联系、进出口贸易和换货协议⑤。1962

---

① 张超哲:《中巴经济走廊建设:机遇与挑战》,《南亚研究季刊》2014年第2期,第81页。
② 赵锐:《2014年中巴经济走廊期待发展新动力》,《大陆桥视野》2014年第2期,第18页。
③ 王琳:《中巴经济走廊建设驶入快车道》,《大陆桥视野》2014年第8期,第82页。
④ 本文对中巴经贸关系的阶段性划分,参考了中巴外交关系的发展主线即政治关系的变化。对于政治关系的历史划分,研究者的方法和结论有所不同,具体可参见孙红旗:《中巴建交六十年:双边关系回顾与思考》,《徐州师范大学学报(哲学社会科学版)》2011年第3期,第7—9页。
⑤ 1952年3月,中国代表团参加了巴基斯坦国际工业展览会。朝鲜战争期间,中巴贸易总额曾一度达到8600万美元。1952—1953年度巴基斯坦对中国出口仅次于其对英国和日本的出口,在巴出口总额中居第三位。1958年,两国签订了两项煤—棉、黄麻换货合同。

年中印发生边境战争后,美国南亚政策从倚重巴基斯坦防范社会主义国家转变为以印度为重心,巴基斯坦为改善恶化的外部安全环境,主动选择改善对华关系,中国也对发展两国友好关系表现出更大的积极性,中巴经贸往来进入到平稳发展阶段,主要集中于"最惠国待遇"下进出口贸易和边境贸易的发展、中国对巴提供赠款和无息贷款、以喀喇昆仑公路为代表的交通运输建设①。20世纪80年代初,虽然中国改变了对外援助方针,但巴基斯坦仍然是中国在南亚地区的第二大贸易伙伴,进出口贸易和边境贸易额持续增长②。90年代初世界形势发生剧变,中巴友好合作关系经受住了考验。中国政府在1996年首次全面阐述南亚政策,并与巴方确定了中巴全面合作伙伴关系,将经贸关系推向一个新阶段。进入21世纪后,中巴经贸关系全面深化。首先表现在指导中巴经贸合作方向的两个综合性文件的签署,即《关于中巴双边合作发展方向的联合宣言》和《中巴睦邻友好合作条约》。其次中巴自贸区建设启动并取得初步进展,《中巴自由贸易协定早期收获协议》《中巴自由贸易协定》《中巴自由贸易区服务贸易协定》陆续签订。除以传统商品贸易为重点外,中巴双方还采取工程承包、合资经营、独资经营等形式开展经济合作,中国公司在巴基斯坦直接投资建厂或承接项目,为巴当地的基础设施建设、经济发展和民众生活便利化作出了贡献。

　　中巴经贸关系发展至今,呈现出以下三个特点。首先,中巴政治经济关系的紧密性在不断加强。中巴两国自建交以来,除50年代末阿尤布·汗执政前期出现短暂冷淡外,均交往密切。在"铁兄弟"的框架下,政治关系也是逐步递进、层层深入的,特别是进入新世纪后,从建立全面合作伙伴关系,再到升级为全天候战略合作伙伴,中巴政治关系已经迈上新台阶。

---

① 1963年1月中巴双方在卡拉奇签署第一个贸易协定,中巴互相给对方以"最惠国待遇"。1967年10月从吉尔吉特(Gilgit)到新疆的传统陆路贸易通道重新开放。1969年两国签订边境贸易协定,并开始进行边境贸易。1965年2月,中国向巴基斯坦提供了一笔6000万美元的优惠贷款。1967年中国向巴基斯坦提供的无息贷款增加到6700万美元。1968年中国再向巴基斯坦提供2500万美元的无息贷款。1970年中国大幅度增加对巴基斯坦的经济援助,向巴基斯坦提供2亿美元的无息贷款。1971年中国决定将1970年以前向巴提供的1.4亿美元贷款改为赠款,延长1970年贷款的偿还期。1966年3月,双方签署《关于修建喀喇昆仑公路的协定》。经过两国共同努力,喀喇昆仑公路于1978年开通。为修建这条公路,中国政府向巴基斯坦提供了共计3亿元人民币的无偿筑路援助。

② 1980—1981年度中国在巴基斯坦35.7亿卢比出口总额中占12.2%,成为巴商品最大买主。1981—1982年度巴基斯坦对中国的出口在其出口总额中居第四位。中巴双边贸易额从1970—1971年度的7740万卢比增加到1987—1988年度的4.28亿卢比。喀喇昆仑公路通车后,中国新疆同巴基斯坦北部地区之间的边境贸易大幅度增加。年边境贸易额从1970年的24万卢比增加到1983年的390万卢比,1988年增加到4000万卢比。

在政治关系的带动下,经贸关系经过60年积累,从一般进出口贸易到相互给予"最惠国待遇",再到涵盖商品贸易、服务贸易在内的自由贸易区建设,联系日益加深,合作领域和方式也在不断拓展。其次,中巴经济合作依然存在不少问题:巴基斯坦长期以来在中巴贸易中处于逆差地位,且逆差在不断扩大;两国经贸合作层次不高,商品贸易结构简单,服务贸易市场尚未完全打开,投资领域水平不足;经贸合作容易受到非经济因素的干扰。再次,也是最为重要的一点,即中巴日益深入的经贸关系,与中巴两国的国内政治改革和经济建设进程相互交织,已经在两国间形成了一种共生共荣的关系:两国都力求保持边疆地区稳定,防止外国颠覆势力操纵国内民族矛盾;都面临调整经济结构、加快转变经济发展方式的问题;都需要摆脱国际宏观经济不利影响,尤其是能源安全风险。这些问题的解决,都离不开两国经济资源的重新整合和宏观经济的协调。但是目前,中巴之间恰恰缺少能够反映两国政治经济关系发展新趋势、妥善解决好两国经济合作出现的问题,并且支撑两国共生共荣关系继续向前发展的区域经济制度框架。

中巴经济走廊正是在这样的背景下,由中巴两国共同倡议并实施的区域经济合作战略。由此理解的中巴经济走廊,是阐述中巴区域经济一体化模式的概念,它代表着中巴两国在资本、技术、信息、劳动力等经济要素的跨国流动中将进行的良性互动的国内制度安排和宏观经济协调。在理论层面,它符合区域经济一体化概念的基本内涵,即"地缘上相邻国家间通过签署政府间协议,共同采取措施减少国家间商品、服务或要素流动的壁垒,通过加强经济政策协调,以实现区域内不同要素自由流动的过程或状态"[①]。在政策层面,它符合中国领导人关于周边经济合作的构想,即习近平主席关于丝绸之路经济带建设的"政策沟通""道路联通""贸易畅通""货币流通""民心相通"五方面要求[②]。考虑到巴基斯坦和我国西部地区基础设施薄弱,为了更好地实现经济要素的外联内应,打通顺畅的交通动脉是第一位的,因而中巴经济走廊首先着手的必定是道路联通,但这并不意味着中巴经济走廊仅是一条单纯的地理路线,也并不意味着两国经济合作只能在沿线地区展开,而是以点带面,从线到面,逐步推进。

---

① 郎平:《发展中国家区域经济一体化框架下的政治合作》,《世界经济与政治》2012年第8期,第132页。
② 习近平:《创新合作模式,共同建设"丝绸之路经济带"》,载人民网—中国共产党新闻网,2013年9月7日,http://cpc.people.com.cn/n/2013/0907/c164113-22840646.html。

目前,巴基斯坦是南亚第一个与中国签署自由贸易协定、服务贸易协定和货币互换协议的国家,也是中国在南亚地区重要的投资目的地和海外工程承包市场,中国则是巴基斯坦的第二大贸易伙伴和第四大出口目的地,再考虑到两国地理位置的天然邻近性和政治外交关系的长期友好性,中巴区域经济一体化的条件是具备的。

中国与巴基斯坦在经济发展水平、资源结构、地缘政治上具有突出的互补性,这种互补性主要体现在资本、技术、劳动力、能源方面的优势互补和合作共赢。在愈加紧张的资源利用和环境保护约束下,中国需要解决过剩产能的市场问题;巴基斯坦工业化进程落后,需要大量进口技术和机器设备,制造业自主生产能力较差。中国需要向外输出资本,以带动消化过剩产能;巴基斯坦由于无法大量吸引到外国直接投资(FDI),将外债作为寻求外部经济支持的首选①,结果负担累累。中国长期对外贸易顺差,积累大量外汇储备,用于购买美国国债但收益不高,需要找到更有效利用外汇资金的渠道;巴基斯坦长期对外贸易逆差,国际收支失衡,为数不多的外汇储备却用于大量进口工业制成品和石油。中国已进入老龄化社会,无法继续享有人口红利;巴基斯坦人口结构年轻化,是世界上最年轻的国度之一,但人口受教育程度低,青年人技能水平不足。中国要解决能源获取多样性问题,巴基斯坦地缘位置显著,在中国构建跨国陆上油气运输系统和缩短海上石油运输距离方面具有举足轻重的作用,在页岩气、水能、风能、太阳能方面与中国合作潜力较大;巴基斯坦石油依赖严重,石油在其六类能源消费品②中占32%③的比重,中国搭建能源通道可以帮助巴基斯坦安全稳定、价格合理地获得油气供应,与中国深化其他能源合作可以有效降低能源依赖风险。同时,资本、技术、劳动力、能源等经济要素相互联系、相互影响,在中巴两国内部形成了盘根错节的利害结构。中国长期要解决的是转变经济发展方式问题,积蓄大量资本、外汇和产能但无法在本国内部直接发挥调整经济结构的作用,而人口老龄化和能源供需矛盾突出又是经济转型

---

① 根据世界银行统计数据显示,外债在巴基斯坦经济发展过程中起着十分重要的作用,自1972年至2012年巴基斯坦外债占其国内生产总值的比例一直高居35%—55%之间,而外国直接投资(FDI)对其经济增长的影响却微乎甚微,从1972至2013年占GDP的比重一直持续低于4%。原始数据参见http://data.worldbank.org/country/pakistan。
② 巴基斯坦能源结构主要分为石油、天然气、煤、核能、水电、新能源六类。
③ 〔巴基斯坦〕纳西尔·阿里·布哈里:《巴基斯坦:改革进程》,全球智库联盟,巴基斯坦国立科技大学,2014年2月。

过程中的两大隐患。巴基斯坦本身具有显著的地缘位置和年轻的人口结构,但无法利用这两点自身促进工业化进程,国际收支失衡(举借外债、贸易逆差)与能源外部依赖之间形成恶性循环,导致经济形势恶化,又进一步造成青年人口大量失业。因而,中巴间的经济合作并不仅仅是在资本、技术、劳动力、能源某一领域上的单线互补,而是重新整合这些经济资源、梳理这些经济要素,使之在优势互补的基础上,在两国内部和两国之间形成良性循环,从而支撑经济的可持续发展。这也就是中巴经济走廊的要义所在。因而,中巴经济走廊所承载的不是简单的互联互通,而是十分艰巨的经济整合任务。在经济整合的基础上,实现以道路通联为核心的基础设施融合、以产业分工为核心的经济结构融合、以货币使用为核心的金融体系融合、以政策协调为核心的决策机制融合①,构建中巴之间更加紧密的经济联系。

三、中巴经济走廊:如何促进实施国家对外经济新战略

战略,旨在配置和调动各种力量和资源,以实现重大或全局性的目标,是"目的与手段、意图与能力、目标与资源联系起来的一个过程"②。当前关于中巴经济走廊的意义和挑战的讨论,还仅仅停留在就走廊谈走廊上,不仅对其概念的综合性(中巴区域经济一体化问题)缺乏深入研究,并且对其如何促进实施国家对外经济新战略也缺少细节规划。这是中国政府决策者和研究人员需要认真斟酌之处,主要包括以下几方面:

第一,如何发挥中巴经济走廊在提振巴基斯坦经济中的作用

在研究发展中国家区域经济一体化的障碍问题上,学者多将焦点集中于发展中国家的经济发展水平相对落后③,经济结构单一④,对区域内贸易

---

① 宋国友:《中国周边经济外交:机制协调与策略选择》,《国际问题研究》2014年第2期,第50页。
② [美]约翰·加迪斯:《遏制战略:战后美国国家安全政策评析》,时殷弘等译,世界知识出版社2005年版,前言。
③ W. Andrew Axline, "Underdevelopment, Dependence, and Integration: The Politics of Regionalism in the Third World," *International Organization*, Vol. 31, No. 1, 1977, pp. 83—105.
④ 国际货币基金组织(IMF):《世界经济展望》(1993年5月),中国财政经济出版社1994年版,第109页。

自由化措施的执行不力①。巴基斯坦经济增长的不稳定性十分明显,极易受到国内政治局势、国际经济环境和国际安全形势的影响。同时,经济结构具有脆弱性,第一产业(农业)仍然落后和欠发展,第二产业比重上升缓慢,服务业主要集中于低端行业。中巴经济走廊或者说中巴区域经济合作能否成功,更大程度上取决于巴基斯坦经济,即是当前中国政府所倡导的如何"合理兼顾他国关切"。因而中巴经济走廊的首要任务,即是缩小中巴两国经济间的过大差距,使生产要素在两国地域范围内达到比较自由的流通,从而带来经济资源的有效配置与生产效率的提升。过去三十年,经济全球化加深了发达国家与发展中国家之间的鸿沟,像巴基斯坦这样的发展中国家经济地位趋于恶化甚至边缘化。作为应对经济全球化负面影响的手段之一,区域合作也未能带给巴基斯坦以福祉。例如南亚区域合作联盟(SAARC)由于印度的一家独大,并未给予巴基斯坦经济发展方面的有力扶助。中巴经济走廊将给巴基斯坦经济发展带来新的契机。从长期来看,中巴区域经济一体化应着力提升巴基斯坦控制生产要素跨国流动和保护市场的能力,以抵御经济全球化风险。当前任务,则在于能否妥善解决巴基斯坦能源短缺危机和有效开展基础设施建设。2013年谢里夫新当选总理时即表示:"巴基斯坦要走出困境,我们希望(和中方)在基础设施建设和能源领域进行合作。"②同时,提振巴基斯坦经济还需要注意两点,一是受巴基斯坦政治体制影响,执政当局可能从政党利益、地区利益出发进行决策。我方需要就走廊建设过程中资金的利用和分配情况进行全面指导和长期监督,避免巴方在资金使用中的盲目性、无效性,以及地方利益集团的干扰。二是经济政策应拓展至民间,从对高层激励转向更加注重对民众的激励,让巴基斯坦民众真真切切感受到两国经济合作带来的民生变化。

第二,如何探索中巴经济走廊在亚洲区域经济合作中的定位

近期中国政府开始着力打造"丝绸之路经济带"和"海上丝绸之路"(简称"一带一路"),并提出"亚洲命运共同体"概念③,倡导地区互利共赢。先暂时忽略相关国家间的历史遗留问题、安全困境、政治互信可能会给亚

---

① 〔英〕彼得·罗布森:《新地区主义与发展中国家》,《世界经济译丛》1994年第4期,第14页。

② 《巴媒:巴基斯坦总理访问中国,中巴经济走廊是焦点》,载中化新网,2013年7月3日,http://www.ccin.com.cn/ccin/news/2013/07/03/267805.shtml。

③ 刘振民:《坚持合作共赢 携手打造亚洲命运共同体》,《国际问题研究》2014年第2期,第1—10页。

洲区域合作带来的制约,单从经济角度探讨亚洲区域合作,即面临如下几个问题:(1) 20 世纪 80 年代以后亚洲国家政府和学术界曾总结了三种区域发展模式——"雁型发展模式""大中华圈论"和"东盟方式"(ASEAN Way),用以解释亚洲新兴国家的崛起和区域融合的深入①。"雁型发展模式"立足于亚洲地区工业增长和贸易模式变化间的关系,"大中华圈论"倡导"儒家资本主义"的作用,"东盟方式"推崇协商一致与灵活性原则,均提出了比较有解释力的关于亚洲区域经济发展的理论(当然也有其局限性)。那么,在"一带一路"或"亚洲命运共同体"的倡议中,中国希望给亚洲区域经济发展带来的新的经济合作模式和核心理念是什么,目前还不明晰,既亟需理论上的讨论,也期待外交实践中的探索。(2) 中国周边业已存在的地区经济合作机制有东盟(ASEAN)及其"10 + X"体系、南盟(SAARC)、大湄公河次区域合作机制(GMS)、亚太经合组织(APEC)、跨太平洋伙伴关系协定(TPP),再加上"丝绸之路经济带""海上丝绸之路"、中巴经济走廊、孟中印缅经济走廊、中国与东盟"合作框架"等倡议,这些机制由于成员和议题上的交叉重叠、发展动力和制度水平的差异,将不可避免地出现相互嵌套、既竞争又互补的复杂关系。我们有必要展开研究,全面评估国际机制重叠性和复杂性对于亚洲区域经济治理及中国周边环境变化的影响。(3) "一带一路"建设可能存在国内协调与执行风险,中国政府如不能对与沿线国家的经济合作展开总体规划和有效协调,针对不同国家的资源禀赋采取不同的合作政策,那么很可能存在项目一哄而上、同质化和恶性竞争的局面。具体到中巴经济走廊建设,我们要解决的三个问题是:(1) 中巴区域经济的合作模式和核心理念是什么?(2) 中巴经济走廊与其他区域合作安排之间的关系,特别是与孟中印缅经济走廊、中国与南盟合作框架间的关系是怎样的?如果存在竞争,应如何协调?(3) 从地缘经济来看,巴基斯坦在"一带一路"沿线国家中处于怎样的位置?中巴区域经济一体化在中国倡导的亚洲区域经济合作中可以发挥什么样的作用?应该说,中巴经济走廊在探索亚洲区域经济合作问题时的示范意义是不言而喻的,因为亚洲地区没有哪个国家像巴基斯坦一样与中国长期保持着如此友好的政治关系,如果中巴经济走廊不能在上述三个问题上取得有效进展,那么中国以"一带一路"为平台倡议的亚洲区域经济合作模式可能会面临质疑。

---

① 王正毅:《亚洲区域化:从理性主义走向社会建构主义?——从国际政治经济学的角度看》,《世界经济与政治》2003 年第 5 期,第 6—8 页。

第三,如何看待中巴经济走廊在中国周边经济外交中的影响

周边是中国维护主权权益的首要保证,也是中国提升国际地位的主要支撑点与战略依托带。固然中国周边地区面临一些十分紧迫的安全问题,但不得不承认,自冷战结束以来绝大多数国家一直将经济发展和社会稳定视为国家战略的优先选项,这一选择也直接影响着该地区安全形势的演变①。因而,在考虑中国周边形势时,有必要将经济发展作为变量之一,重视经济外交在营造良好周边安全环境中的重要作用。近年来,中国提出的几个周边经济合作新构想,包括建设"丝绸之路经济带"和"海上丝绸之路"、打造中国—东盟自贸区升级版、设立亚洲基础设施投资银行等,初步打开了周边外交新局面。但是,由于中国周边各国政治制度、经济发展水平、历史文化传统等方面存在巨大差异,中国在周边经济合作模式中不能搞"一刀切",即既不能孤立地看待与某一地区的经济合作,也不能搞统一的与所有周边国家的经济合作模式。在未来一个时期,中国周边经济外交需要处理的问题是,分清东南亚、东北亚、南亚、中亚等不同区域的轻重缓急和特性,并能够对不同方向的外交政策进行宏观协调,使之成为一个有机整体。同时,我们提出的周边经济合作构想,也不是得到了所有国家的共同响应。根据美国兰德公司的研究,周边国家对中国经济崛起的态度以及与中国的亲疏远近形成了一种同心圆结构,位于同心圆内圈的是持积极乐观态度的"全天候"伙伴和朋友国家,包括俄罗斯、巴基斯坦、朝鲜、大部分中亚国家,东盟的泰国、缅甸、柬埔寨、老挝和南亚的孟加拉、尼泊尔;处在中间地带的是心存顾虑的国家,包括韩国、蒙古、马来西亚、新加坡,以及持深度怀疑态度的印度尼西亚、越南和菲律宾;处于同心圆外围的是和中国有明显分歧或潜在冲突而持极度怀疑的国家,主要是日本、印度和澳大利亚,采取抵制政策②。巴基斯坦在同心圆内圈占据十分重要的位置,因而我们需要将中巴经济走廊与中国周边经济外交相联系,评估其在周边外交工作中能够发挥的作用,即中巴经济走廊展现的中国周边经济合作治理理念,如何在同心圆内圈国家中展现样板效应,消除中间地带国家的疑虑,同时如何拓展外交回旋空间,有效抵御外围国家(这里主要是印度)的压力。

---

① 杨明杰:《共同发展仍是周边形势变化的主要动力》,《现代国际关系》2013 年第 10 期,第 19 页。

② Evan S. Medeiros, et al., *Pacific Currents: The Responses of U. S. Allies and Security Partners in East Asia to China's Rise* (Pittsburgh: Rand Corporation, 2008). 转载于张贵洪、斯瓦兰·辛格主编:《亚洲的多边主义》,时事出版社 2012 年版,第 265—273 页。

第四,如何借力中巴经济走廊迎接中美地缘经济博弈

与中巴经济走廊相联系的中美地缘经济博弈主要是在两个层次。在全球经济层次,美国开始倡导"巨型地区"(Mega-regional)自由贸易安排,其中包括跨太平洋伙伴关系协议(TPP)、跨大西洋贸易与投资伙伴协议(TTIP),且这些超大型自贸安排带有明显的地缘政治动机,反映了美国欲重新执掌新一轮全球经济规则制定主导权,维持现有国际政治经济秩序的意图。中国的策略是利用其地缘、经贸和资本优势,构筑以中国为主的地区经济合作体系,旨在推动现有国际经贸体制朝着反映中国实力变化的方向发展:一是参与符合自身发展需要的自由贸易区(包括中韩、中澳、中国与巴基斯坦、中国与海湾国家自贸区建设和打造中国与东盟自贸区升级版),二是积极参与东南亚区域全面经济伙伴协定(RCEP)谈判,倡导亚太自贸区(FTAAP)路线图,三是提出"一带一路两走廊"战略构想。在地区经济层面,中美主要围绕复兴丝绸之路展开竞争。美国最先明确提出"新丝绸之路"计划(The New Silk Road)①,该计划围绕阿富汗展开,主要是为阿富汗政府提供充足财源,保障美军撤退以后阿富汗的稳定和发展。"新丝绸之路"计划建设贯穿阿富汗的交通、通信和能源管线,消除跨境障碍,推动中亚、南亚地区经济和社会综合发展。美国希望通过"经贸与过境"组成的经济链条,使中亚、南亚地区形成一个经济利益共同体,从而达到影响地区国家间政治关系的目的,同时保持并强化美国对该地区的影响②。美国的"新丝绸之路"计划很有可能对中国的"一带一路"建设造成负面影响,主要表现在:一是大国竞争可能造成沿线国家被迫站队;二是"一带一路"无法形成四通八达的网络,而处于条块分割状态;三是丝路交通节点国家面临地缘政治动荡的风险③。中巴经济走廊在两个层次的中美地缘经济博弈中均可发挥重要作用,特别是考虑到巴基斯坦在中美之间的桥梁作用、巴基斯坦与阿富汗的地理邻近性和在阿富汗战争中的特殊角色、巴基斯坦在

---

① "新丝绸之路"概念由美国参议员布朗·巴克与美国约翰·霍普金斯大学中亚和高加索研究所负责人弗雷德·斯塔尔教授提出,建议美国应以阿富汗为中心,推动中亚、南亚在政治、安全、能源和交通等领域的合作,建立一个由实行市场经济和世俗政治体制的亲美国家组成的新地缘政治板块,从而保障美国在中亚和南亚地区的战略利益。2011年7月,美国国务卿希拉里·克林顿在印度正式宣布采纳"新丝绸之路"计划。

② 高飞:《中国的"西进"战略与中美俄中亚博弈》,《外交评论(外交学院学报)》2013年第5期,第43页。

③ 甘均先:《中美印围绕新丝绸之路的竞争与合作分析》,《东北亚论坛》2015年第1期,第114—115页。

伊斯兰世界中的影响。但是,如何借力中巴经济走廊迎接来自美国的地缘经济博弈,特别是如何应对"巨型地区"自由贸易安排和"新丝绸之路"计划的挑战,许多细节问题尚未纳入到中巴经济走廊的战略设计范畴,这点不能不引起重视。

值得注意的是,中巴经济走廊所承载的区域经济合作任务可以战略化,但不能军事化。中巴经济走廊,是将中国与巴基斯坦的国家战略规划纳入到同一个框架中,在两国间形成更加紧密的政治经济联系,但这是一种开放性的安排,它以经济为主线,辅以人文交流,不是封闭性集团,更不是军事联盟。我们既不能因过度关注走廊的地理路线而忽略中巴区域经济合作的综合性,也不能过度拔高经济活动的战略性,避免使用军事色彩浓重的概念来渲染经济走廊。否则,中巴经济走廊的实施将面临更多外部阻力,而其本应在中国对外经济新战略中发挥的重要作用将大打折扣。

(本文作者系北京大学国际关系学院国际政治专业博士生)

China-Pakistan Economic Corridor: Current Debate and Prospect Thoughts
Zhang Yuan

Abstract: China-Pakistan Economic Corridor is a comprehensive concept beyond geographical route, representing the domestic institutional arrangements and macroeconomic coordination between the two countries in the transnational flow of economic factors such as capital, technology, information, labor. It carries out the task of regional economic cooperation. How China-Pakistan Economic Corridor will promote the implementation of the new national foreign economic strategy needs to be discussed, including how to play a role in giving Pakistan an economic boost, exploring Asian regional economic cooperation, developing economic diplomacy around China and meeting geo-economic challenges from America.

Key words: China-Pakistan Economic Corridor; China-Pakistan regional economic cooperation; Chinese new national foreign economic strategy

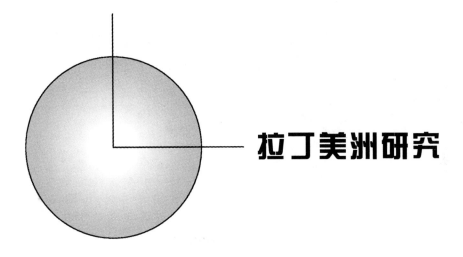

巴西城市化进程初探

陈 禹

【内容提要】 本文在拉美地区的大背景下考察20世纪巴西的城市化进程,阐述了经济发展模式及政策导向对城市化的影响。长期以来,巴西政府对经济发展和城市化进程的干预程度较深。但是,这种干预建立在精英主义和现代化理论视角上,试图通过大型建设项目短时间改变国内的落后局面,解决城市问题。但是,无论是军事独裁时期的强力镇压,还是民粹主义政府貌似有利于劳工的政策,都没有触及城市问题的根本:贫困、社会排斥和不平等。民主化以来,巴西经济进行了结构性改革。80年代民主化运动中形成的新的制度框架强调公民权和公民政治参与,2002年后左翼政府为解决社会问题采取了不少措施,这些都为解决城市问题提供了新的可能。但这些努力如何应对来自当前经济形势的结构性挑战,值得学界和政策界关注。

【关键词】 巴西;城市化;发展模式

一、概述

我国目前处于快速城市化阶段,城市人口占总人口比例从2000年的35.9%上升到2013年末的53.73%[①]。据预测,该指标将在2020年超过60%,在2030年超过70%[②]。快速城市化进程中产生的诸多问题(如住房、

---

① 财新网,《我国城镇化率达53.73%》,2014年1月21日:http://www.caixin.com/2014-01-21/100631353.html。
② United Nations, Department of Economic and Social Affairs, Population Division (2014). *World Urbanization Prospects: The 2014 Revision*, CD-ROM Edition.

治安、交通、都市贫困等)成为越来越敏感的公众议题。在这样的背景下,借鉴其他发展中地区城市化进程的经验和教训就显得格外重要。拉丁美洲和加勒比地区大规模的快速城市化始于20世纪40年代,1950—1990年这40年间,拉美城市人口从总人口的约40%上升至约70%,城市人口占总人口比重远高于其他发展中国家和地区,甚至超过发达国家的平均水平。研究拉美国家的城市化进程和都市治理经验,可以为我国应对城市化挑战提供有益的借鉴。

巴西的城市化进程大体上反映了拉美地区的整体趋势。据巴西地理和统计中心(Instituto Brasileiro de Geografia e Estatística, IBGE)估计,2014年巴西人口约为2.03亿[1],约占拉丁美洲和加勒比地区总人口的三分之一。全国大部分人口居住在大西洋沿岸一带的三个地理分区(东北部、东南部、南部地区,分别占全国总人口27.7%、42.0%和14.3%),广大内陆(中西地区和北部地区)人烟稀少(分别占全国总人口的7.5%和8.5%)[2]。巴西城市化水平较高,城市人口占总人口84.36%,但各地区城市化水平有差异(东北地区73.13%,北部地区73.53%,南部地区84.93%,中西地区88.8%,东南地区92.95%)[3]。根据2010年人口普查数据,巴西人口两百

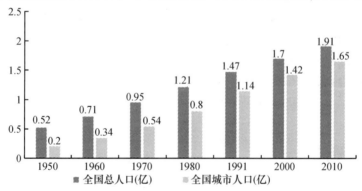

图1 巴西总人口及城市人口(1950—2010)

数据来源:总人口根据IBGE *Sinopse do Censo Demográfico* (*2010*),城市人口根据United Nations, Department of Economic and Social Affairs, Population Division (2014). *World Urbanization Prospects*: *The 2014 Revision*, CD-ROM Edition。

---

[1] IBGE, "Estimativas populacionais para os municípios brasileiros em 01.07.2014", http://www.ibge.gov.br/home/estatistica/populacao/estimativa2014/estimativa_dou.shtm.

[2] 同上。

[3] 同上。

万以上的城市(不含都会区)有 6 个,分别是圣保罗、里约热内卢、萨尔瓦多、巴西利亚、福塔莱萨和贝洛奥里藏特。巴西目前有 68 个都会区。根据其影响力,巴西地理和统计中心将全国的都会区划分为以下几个等级:世界级大都会区(圣保罗、里约热内卢)、国家级都会区(圣保罗、里约热内卢、巴西利亚)、地区级都会区和州级都会区。都会区由州法令或联邦法令(跨州的都会区)设立,主要是为了协调公共政策,整合都会区内部资源配置。在联邦制和地方自治的体制下,都市区本身并不单独设一级政府,而都市区内部各区县的协作也成为都市区治理面临的巨大挑战。

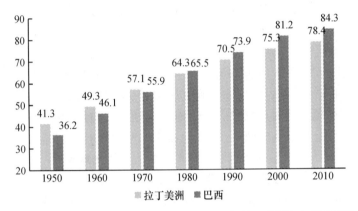

图 2　巴西城市化水平(城市人口占总人口百分比,与拉丁美洲和加勒比地区对比)
　　数据来源:United Nations, Department of Economic and Social Affairs, Population Division (2014). *World Urbanization Prospects*: *The 2014 Revision*, CD-ROM Edition.

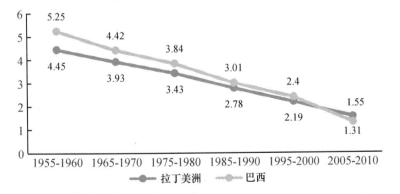

图 3　巴西城市人口平均年增长率(百分比,与拉丁美洲和加勒比海地区对比)
　　数据来源:United Nations, Department of Economic and Social Affairs, Population Division (2014). *World Urbanization Prospects*: *The 2014 Revision*, CD-ROM Edition.

二、20 世纪 30 年代前巴西的城市化

早在葡萄牙殖民时期,巴西经济就建立在原材料和农产品出口上。这一时期城市人口占总人口比重非常低。1872 年巴西只有 10 个人口两万以上的城市,大部分分布在海岸线上;这些城市人口总和仅占全国人口的 8%[1]。同时,城市的主要功能是农业扩张的前哨站或农产品出口的中转站(及港口),本土城市间的联系甚至不如与宗主国的联系紧密[2]。一般说来,人口的分布和流动与就业机会的空间分布紧密关联,而后者又在很大程度上由经济发展模式和发展水平决定。巴西国土广袤,各地各时期经济发展模式和发展水平迥异,出现过几次较大规模的国内移民潮。东北地区作为蔗糖种植业中心,最早获得开发;萨尔瓦多作为葡属巴西最早的首府,直到 1763 年才被里约热内卢取代。但该地区的经济结构长期停留在落后的大庄园传统农业上,土地分布极为不均,技术水平落后且饱受旱灾困扰,人民生活困苦,成为此后数次国内移民潮的主要人口输出地[3]。

葡萄牙王储佩德罗带领巴西在 1822 年独立,成立巴西帝国。1889 年废除帝制成立共和国。19 世纪末 20 世纪初,咖啡种植在里约热内卢和圣保罗两地迅速扩张[4],咖啡出口成为新的国民经济支柱和主要外汇来源。随着巴西奴隶制于 1888 年废除,两地都需要大量自由劳动力,这吸引了大

---

[1] George Martine & Gordon McGranahan, "Brazil's Early Urban Transition: What can it Teach Urbanizing Countries?" Human Settlements Group, International Institute for Environment and Development (IIED), 2010.

[2] 同上。

[3] 在巴西被称作 migração nordestina。18 世纪米纳斯吉拉斯州的金矿繁荣和 19 世纪末 20 世纪初亚马逊丛林的橡胶繁荣,都吸引了大量东北部人口。

[4] 1852 年到 1960 年间,除极少数年份外,巴西咖啡产量占全世界总产量的 40% 以上,特别是 20 世纪前四十年,这一比例达到 60% ~ 80%(Francisco Vidal Luna & Herbert S. Klen, *The Economic and Social History of Brazil since 1889*, New York: Cambridge University Press, 2014, p.7);圣保罗地区作为咖啡主产地,其重要性逐渐超过里约热内卢,在 1895—1939 年间咖啡产量占全国总产量的一半,1905—1915 年更是占到全国总产量的 70%(同上,p.14)。

量东北部移民以及国际移民(主要来自东欧、南欧和日本)①。与前几次初级产品繁荣周期不同,咖啡繁荣加速了巴西的现代化进程:咖啡加工要求一定的机械化水平;运输大宗出口货物的需求刺激了铁路网的发展。工薪阶层(包括产业工人)的扩大培育了国内消费市场。咖啡出口所得外汇推动了圣保罗等地的工业化(如纺织业),以满足日渐增长的国内市场需求。咖啡繁荣使圣保罗和里约热内卢这两个特大城市在国内的统治地位得以建立和巩固。当局以欧洲城市治理经验为蓝本,制定了第一批代表城市新兴阶层利益的"城市治理政策",卫生、防疫以及城市规划成为核心议程②。巴西在19世纪90年代开始制定城市防疫条例,1904年开始推行强制疫苗,为"改善环境",里约热内卢市政当局在1903年到1905年间拆掉了590座条件恶劣的筒子楼(cortiço),建立了大量现代化建筑和街道。然而,大量城市贫民难以在市中心找到安身之所,只能在市郊自行搭建,贫民窟(favela)开始大规模出现③。这是现代巴西"城市问题"的开端,即政策制定往往从精英视角出发,推行基于现代化理论的、自上而下的国家政策干预,忽略广大下层民众自身的境况、需求与参与;而对城市问题的根源(广大民众的贫困、不平等、社会排斥)缺乏长期和系统化的对策,导致各种层出不穷的现代化项目常常复制和加剧其试图解决的问题。

三、进口替代工业化时期巴西的城市化

大萧条和第二次世界大战严重阻碍了拉美地区的对外贸易,"出口初

---

① 1880到1930年间约有400万外国人移民巴西,其中70%居住在圣保罗州[见George Martine & Gordon McGranahan, "Brazil's Early Urban Transition: What can it Teach Urbanizing Countries?" Human Settlements Group, International Institute for Environment and Development (IIED), 2010];1900年圣保罗州有21%的人口出生在外国(见Arquivo Publico do Estado de Sao Paulo: http://www.arquivoestado. sp. gov. br/imigracao/estatisticas. php)。

② Brodwyn Fischer, "A Century in the Present Tense: Crisis, Politics, and the Intellectual History of Brazil's Informal Cities", Chapter 1 in Brodwyn Fischer, Bryan McCann and Javier Auyero (Ed.), Cities from Scratch:Poverty and Informality in Urban Latin America, Durham: Duke University Press, 2014.

③ Teresa Meade, A Brief History of Brazil, New York: Checkmark Books, 2004, pp. 125—126. "法韦拉"(favela)最早是东北部一座山的名字,在卡努多斯战争(Guerra do Canudos)中,政府军从法韦拉山向起义军发起最后一轮攻击,但战争结束政府军老兵回到里约热内卢时,政府却没有兑现承诺进行安置。复员军人在郊外自己建立定居点,并命名为tavela。同一时代许多城市贫民(包括大量获得自由的奴隶)也住在条件类似的定居点中,后来这些自发形成、土地产权不清、居住条件恶劣、缺乏基础设施的定居点都被称作法韦拉。

级产品—进口工业制成品"的自由主义经济模式已不可行。在联合国拉美经委会的倡导下,战后拉美大多数国家都推行了政府主导的进口替代工业化模式,试图通过出口初级产品、贸易壁垒和补贴来实现自给自足的工业化①。巴西的进口替代工业化时期(1930—1980)经历了瓦加斯的独裁统治(Estado Novo,1930—1945)、民主政府(1945—1964)和军政府时期(1964—1985)三个阶段。通过工业化提高巴西在国际分工中的地位并实现现代化始终是国家政治的核心议程;而国家干预(经济计划、补贴、关税保护、国家投资、国有企业等方式)和建立技术官僚体系被认为是实现这一目标的必要手段和要素。

瓦加斯的上台代表城市新兴阶层(包括工业资本家和产业工人)作为政治力量对19世纪后期以来地主阶级寡头政治的颠覆②。瓦加斯政府带有强烈的民族主义和民粹主义色彩,在经济上加强国家对工业化的支持力度,将航运和铁路公有化,成立了以巴西石油公司(Petrobrás)为代表的一批国有企业。政治上,瓦加斯实行独裁,加强中央对地方的权威,试图建立一套庞大的现代官僚体系;他推行了一些有利于劳工阶层的进步措施(如引入最低工资制、八小时工作日、制定劳工权益法案、设立社会保险制度、工会合法化、妇女开始拥有投票权),但将工会置于政府的严格控制之下,希望创造有利于工业资本的、稳定的社会和政治环境。③ 1945年的军事政变虽然使巴西重回民主制度,但社会动荡持续,直到库比契克政府(1956—1961)才进入一段相对稳定的时期。库比契克政府推行了一套雄心勃勃的工业化计划(Plano de Metas),规定了对能源、食品、基础工业和教育几大领域的投资比例和目标,试图对瓦加斯时代打下的工业化基础进行全面升级。国家对私人资本无力投资或不感兴趣的重要部门(如基础设施)进行投资。这一阶段的重要成就是巴西汽车业迅速发展(国家规定90%~95%汽车零件应为国产制造)和新都巴西利亚的落成(1960年)④。随着巴西工业化的升级,国内资本已经不能满足投资需求,从库比契克政府开始,政府

---

① Ramon Grosfoguel, "Developmentalism, Modernity, and Dependency Theory in Latin America", *Nepantla: Views from South*, Vol. 1, Issue 2, 2000: pp. 347—374.
② Teresa Meade, *A Brief History of Brazil*, New York: Checkmark Books, 2004.
③ 这种模式在同时期的拉美其他国家也有所反映(如30年代墨西哥革命制度党对工会和农会的整合和控制)。
④ Francisco Vidal Luna & Herbert S. Klen, *The Economic and Social History of Brazil since 1889*, New York: Cambridge University Press, 2014, p.163.

开始积极吸引外国资本(以贷款和直接投资为主);同时通货膨胀压力也日渐加大(图4)。

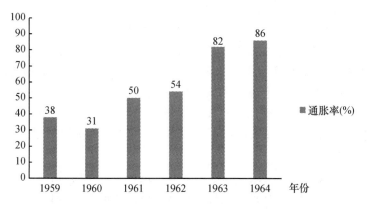

图4 巴西的通货膨胀率:1959—1964(百分比)
来源:Francisco Vidal Luna & Herbert S. Klen, *The Economic and Social History of Brazil since 1889*, New York: Cambridge University Press, 2014, p.369.

  库比契克政府之后巴西社会重新陷入动荡,受古巴革命鼓舞的左翼与持反共立场的右翼之间的冲突愈演愈烈,直到1964年左翼的古拉特政府被军人推翻。政权交替是工业化进程引起的各政治力量博弈的结果:精英阶层内部不同集团试图掌握国家政治局面,控制劳工阶层反抗,将工业化推向有利于己方利益联盟的轨道。巴西军政府试图通过强力镇压手段清除反对势力保持社会稳定,打击劳工阶层,使工业化进程对工业资本和国内外金融资本有利;通过人为压低实际最低工资等手段控制通胀(1973年4月的实际最低工资比1964年4月下降了34%[①])。军政府在经济政策上与前几届政府保持了一定连贯性,即强调工业化是巴西实现现代化的唯一途径,国家以多种形式的干预推进工业化和经济增长,重视大型基础设施建设(特别是能源和交通领域)和国家在投资及拉动内需方面的主导作用。在梅迪奇将军的统治下(1968—1974),巴西国内生产总值增长率基本保持在10%以上(被称作"巴西经济奇迹"),出口产品多样化,钢产量从1964年的280万吨上升到1976年的920万吨,各种大型项目如伊泰普水电站

[①] Francisco Vidal Luna & Herbert S. Klen, *The Economic and Social History of Brazil since 1889*, New York: Cambridge University Press, 2014, p.193, p.197.

(与巴拉圭合建)、公路网(包括著名的泛亚马逊公路)甚至核武项目纷纷上马①。以发展中国家标准衡量，在80年代军政府统治末期，巴西工业体系已相当完备，工业占国内生产总值的比例从1960年的33%上升至1980年的44%②。但这一阶段，工业化进程对外资依赖程度持续加深。1973年的第一次石油危机对巴西的打击非常沉重，外债负担呈指数级增长，1964年巴西外债约为30亿美元，1972年突破100亿美元，1978年突破500亿美元，1983年接近1000亿美元③。而国际金融市场中汇率在1979年超过10%，并在此后几年继续上涨，极大地增加了巴西的还贷负担④。整个80年代巴西的通胀率都在100%以上，而低收入阶层受通胀打击尤为严重，收入分配持续恶化。

进口替代工业化模式下的拉美城市化进程有以下特征：人口自然增长加快和工业化对劳动力的需求使得大量农村人口向城市移民；大城市因为聚集了基础设施、政府决策部门和消费市场，成为投资和国内移民的主要目的地，其扩张速度远超过中小城市。尽管进口替代模式创造了一个相当规模的现代工人阶层，但正规部门以资本密集型工业为主，难以吸收大量来自农村的新移民，这些新移民通常进入非正规部门⑤。同样，由于政府和正规市场都难以提供足够的住房，非正规住房区在城郊大量涌现，贫民窟大量扩张。在非正规住房区形成之初，邻里间常常组织起来对抗地方政府可能的强制搬迁行动，或利用政治庇护主义获得政客支持，使得地方政府提供基本的水、电以及道路等设施。许多居民通过非正规经济获得收入以及向上层社会流动的机会(特别是代际向上流动)。与此同时，部分非正规住宅区的房屋条件得到了一定改善(但能否得到改善，与家庭可支配的时间和资源、建筑材料价格、住宅区地理环境和地方政府的态度等因素紧密相关)。此外，与美国城市相比，拉美城市的种族隔离程度相对较低，收入或阶层是居住隔离的主要决定因素。若以不同社会经济地位的家庭混居在同一区域来定义社会多样性，拉美城市富裕阶层聚集区的社会多样性相

---

① Teresa Meade, *A Brief History of Brazil*, New York: Checkmark Books, 2004, p.174.
② Francisco Vidal Luna & Herbert S. Klen, *The Economic and Social History of Brazil since 1889*, New York: Cambridge University Press, 2014, p.220.
③ Ibid., p.201.
④ 因为相似的原因，墨西哥在1982年发生债务危机。
⑤ Alejandro Portes & Bryan R. Roberts, "The Free-Market City: Latin American Urbanization in the Years of the Neoliberal Experiment", Studies in Comparative International Development, Spring 2005, Vol. 40, No. 1, 2005: pp.43—82.

对较高,但低收入聚集区的社会多样性相对较低①。

这一时期巴西的城市化进程大致反映了同一趋势。据统计,1950～1960 年间农村向城市移民约为 700 万,占 1950 年农村人口 21%;1960～1970 年间农村移民为 1360 万,占 1960 年农村人口 35%;1970～1980 年间农村移民 1740 万,占 1970 年农村人口 42%②。60 年代末,巴西城市人口首次超过农村人口,城市人口占农村人口比例从 1960 年的 46.1% 上升到 1980 年的 65.5%。大城市在人口和经济上垄断地位不断加强。70 年代,全国城市人口增长的 56% 集中于圣保罗州,而该州的城市人口增长 55% 集中于圣保罗大都市区。1970 年,圣保罗州以 19% 的全国人口,产生了巴西 39% 的国民生产总值和 58% 的工业产出,而该州 78% 的工业产出集中于圣保罗大都市区③。工业化对社会流动的促进在 20 世纪 60 年代和 70 年代非常显著。1973 年,巴西约 71% 的城市工人其父母来自农村。

与经济领域类似,进口替代工业化时期的历届巴西政府试图通过国家主导的经济项目减轻各地发展不平衡,将人口流动和城市化进程纳入良性轨道(基于地缘政治考量,军政府也希望有效控制全部国土)。大幅扩张的公路网将全国各地联系起来,改变了殖民时期城市间相互孤立的格局,有利于人口流动、调整产业布局和形成一体化的国内市场。为向内地疏散人口并开展经济活动,政府新建了戈伊亚州首府戈亚尼亚(1937 年)和新都巴西利亚(1960 年)两座大型城市,对愿意在内地投资的企业提供补贴,专门成立了东北地区发展促进局(Superintendência do Desenvolvimento do Nordeste)致力于北方的农业转型和工业化。但这些项目成效有限,除了因为贪腐和行政效率低下,根本原因是各届政府仍将工业化作为国家核心议程,大量资源和就业机会向中心工业城市集中的局面在短期难以改变。同时,尽管军政府推行了农业现代化改革,但在土地分配严重不均的现状没有改变的情况下,机械化和补贴贷款更有利于生产出口作物和能源作物的大地

---

① Francisco Sabatini, "The Social Spatial Segregation in the Cities of Latin America", Working Paper No. 3418, Inter-American Development Bank, 2006.
② George Martine & Gordon McGranahan, "Brazil's Early Urban Transition: What can it Teach Urbanizing Countries?" Human Settlements Group, International Institute for Environment and Development (IIED), 2010.
③ Ibid.

主,土地兼并现象严重,这反而将许多小农"推出"了农村①。

这一时期的城市贫困人口或居住在位于城市中心区域的条件极差的公寓楼,或通过自建方式满足住房需求,形成了大量的法韦拉(favela,贫民窟)和违章建筑(loteamento,"违章出售的土地上"的自建房,指所出售土地不符合城市规划条例的要求,有时也被归于法韦拉)②。现代化理论指导下的拉美主流住房政策以欧美城市为范本,认为"贫民窟"是"前资本主义落后观念"的残余,终将被大规模现代化住宅取代。在冷战思维下,政府与精英担心贫民窟会成为传播革命思想的温床③。因此在60年代和70年代,军政府试图强行拆除贫民窟,将居民迁移到"现代化"公共住房项目中。但是,政府和市场都没有能力新建足够的现代正规住房,"贫民窟"的清除和强制搬迁受到广泛质疑,其扩张却有增无减,迫使80年代初军政府意识到消灭之已无可能,而应该通过改善贫民窟条件将其纳入城市体系。

四、20世纪80年代经济危机及新自由主义转型期巴西的城市化

进口替代模式在20世纪50年代到70年代末推动了拉美地区的工业化,但在该模式下,本国工业缺乏竞争力,在技术和投资上高度依赖外资,至20世纪70年代末难以为继,拉美地区建立独立自主的工业体系的目标未能实现④。在债务危机的背景下,拉美大多数国家在20世纪80年代都接受了国际货币基金组织的建议,进行新自由主义改革以获得贷款。其主要内容是贸易和资本市场自由化、放松政府经济管制和干预、私有化、实行财政紧缩政策、削减社会开支等。1981年,巴西国民生产总值在战后第一

---

① George Martine & Gordon McGranahan, "Brazil's Early Urban Transition: What can it Teach Urbanizing Countries?" Human Settlements Group, International Institute for Environment and Development (IIED), 2010.

② Ibid.

③ Alan Gilbert, "Land, Housing and Infrastructure in Latin America's Major Cities", in Alan Gilbert (ed.), The Mega-City in Latin America, United Nations University Press, 1996.

④ Ramon Grosfoguel, "Developmentalism, Modernity, and Dependency Theory in Latin America", Nepantla: Views from South, Vol.1, Issue 2, 2000: pp. 347—374.

次出现负增长(-4.3%)[1]。在80年代经济危机和高通货膨胀的形势下,进口替代工业化末期的政治格局已难以维持,国内抗议浪潮此起彼伏,军政府在1985年下台,1988年制定了新宪法。但与其他拉美国家不同的是,由于工业体系和公共部门庞大,公私部门利益较一致,尽管巴西在80年代也采取了削减补贴、减少银行借贷、限制公共部门投资等措施,但大规模的新自由主义改革要到90年代初的科洛尔政府才开始。依附论理伦家、社会学家卡多佐在1993年被任命为财长,继而在1995年当选总统,他推行的雷亚尔计划(Plano Real)有效控制了通货膨胀。私有化、放松管制、放开国内市场(降低关税平均水平并加入南方共同体市场)、减少国家对经济的干预都是在这一时期实行的;巴西经济在90年代开始广泛参与国际市场和国际竞争。这一时期经济政策的中心还是放在稳定经济(1987年到1994的通胀率见图5,但此后直到2011年,除极少数年份外,通胀率基本控制在15%以内[2])而不是实现高增长。由于实行高估本币和高汇率的政策,且外部环境不利(90年代的墨西哥、东南亚和俄罗斯相继发生金融危机),巴西

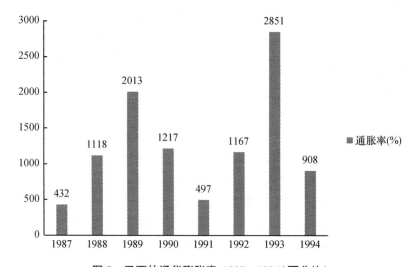

图5　巴西的通货膨胀率:1987—1994(百分比)

来源:Francisco Vidal Luna & Herbert S. Klen, *The Economic and Social History of Brazil since 1889*, New York: Cambridge University Press, 2014, pp. 369—370.

---

[1] Francisco Vidal Luna & Herbert S. Klen, *The Economic and Social History of Brazil since 1889*, New York: Cambridge University Press, 2014, p.214.

[2] Ibid., pp. 369—370.

经济投资占国内生产总值比例偏低①。总的说来,巴西经济在 90 年代的增长率低于进口替代时期。

卢拉政府(2002—2010)基本延续了卡多佐政府的经济政策,任内国内生产总值年均增长 4%(高于卡多佐任期的 2%),通货膨胀较缓和,失业率从 2003 年 6 月的 11.3% 下降到 2010 年 10 月的 6.3%,基尼系数从 2003 年的 0.59 下降到 2009 年的 0.54,贫困人口比例和赤贫人口比例分别从 2005 年 30.82% 和 11.49% 下降到 21.42% 和 7.28%。特别是巴西经济经受了 2008 年全球金融危机的考验,在 2010 年取得国内生产总值 7.5% 的增长②。这一表现除了得益于较有利的国际经济环境,也得益于本届政府的各类社会项目;贫困人口的减少和收入分配的好转扩大了国内市场,有利于经济增长。但巴西的出口产品中,非工业产品比例从 2000 年的 16.6% 上升到 2009 年的 31.6%,而高科技产品比例从 2000 年的 12.4% 下降到 2010 年的 5.9%。巴西出口"初级产品化"的原因,一是其他新兴市场(特别是中国)对巴西大宗商品的需求增加,二是本币高估使得工业制成品竞争力下降③。对大宗产品出口的依赖使巴西经济更易受国际市场波动的影响,目前罗塞夫政府(2011 年—)在经济上的疲软表现体现了这一点。

在拉丁美洲,城市人口增长自 20 世纪 90 年代以来已明显放缓,城市人口年增长率从 1950～1955 年的 4.52% 逐年下降至 2005～2010 年间的 1.42%。同时,农村向城市移民对城市人口增长的贡献下降,城市间移民成为国内移民的主要组成部分,人口向大城市集中的趋势减弱。这一现象的产生,除了由于超大城市人口较低的自然增长率和政府疏散大城市的努力,也由于经济增长点转移(如墨西哥靠近美国边境地区的出口加工业),或者新企业通常选择避开超大城市的规模不经济而选址在二线城市。但是,与新自由主义倡导者的预期所不同的是,在大多数拉美城市,失业率上升,正规部门就业机会减少,或者经历劳动力市场"非正规化"。在阿根廷,城市失业率从 1980 年的 2.6% 上升至 2000 年的 15.1%,同期,非正规部门占就业人口比重从 23.0% 上升至 45.0%。墨西哥、秘鲁等国在 20 世纪 90 年代的失业率均有所下降,但非正规部门也经历了类似的扩张,城市贫困

---

① Marcelo Curado, "Uma Avaliação da Economia Brasileira no Governo Lula", *Economia & Tecnologia*, Ano 07, Volume Especial, 2011.
② Ibid.
③ Ibid.

率和基尼系数都有所反弹①。在全球化和新自由主义改革的背景下,拉美各城市与全球市场和跨国公司的联系更为紧密,也更易受全球经济周期影响,各国中央政府对城市的影响有所减弱②。

巴西从80年代起也从"快速城市化"阶段过渡到了"城市化巩固"阶段。大城市人口增长率显著降低,城市人口增长的重心从大城市向中小城市转移。同时,新的经济增长点在以亚马逊、马托格罗索为代表的内陆地区,主要以出口原材料和初级产品为主(如大豆),这些地区的国内生产总值增长率超过7%,相比之下,圣保罗和里约热内卢一带的增长率不到2%③;90年代初,圣保罗地区的失业率维持在10%~16%。特别是,由于正规部门难以创造足够的就业岗位,城市中受过教育的人群受打击严重。传统工业重镇在新自由主义经济转型中的停滞,使得原有的两个超大城市(圣保罗和里约热内卢)对国内移民的吸引力降低,东南部甚至成为国内移民的输出地区④。而新的经济增长极附近的城市化进程最为活跃,中等城市和内地城市加速增长,同时北部和东北部也开始吸引人口。但有学者指出,与进口替代时期东南部工业化进程对国内社会融合的贡献相比,新的经济增长极以初级产品为主,提供的就业岗位基本是最低工资水平的低质量就业岗位,并不能解决国内日益增长的对中产阶级就业岗位的需求。新的经济增长极没有能带动全国其他地区的发展。另一个重要现象是,在都市圈内,核心区县的人口增长率下降,人口增长主要发生在边缘区县。但与欧美发达国家的中产阶级郊区化现象不同的是,拉美许多大都市区的"郊区化"是低收入人群寻找廉价住宅的结果。这些郊县的各项社会经济指标均与中心区有较大差距。

当前巴西的城市问题主要反映在就业、基础设施、住房、治安和环境几个方面。举例来说,90年代巴西就业市场形势恶化,六个大都市区的失业率从1995年的4.65%上升至2002年初的7%。除此之外,就业市场趋向

---

① Alejandro Portes & Bryan R. Roberts, "The Free-Market City: Latin American Urbanization in the Years of the Neoliberal Experiment", Studies in Comparative International Development, Spring 2005, Vol. 40, No. 1, 2005: pp. 43—82.

② Bryan R. Roberts, "Comparative Systems: An Overview", Paper prepared for Conference on African Migration in Comparative Perspective, Johannesburg, South Africa, 4—7, June, 2003.

③ Pochmann (2007), "Nova Geoeconomia do Emprego no Brasil: um Balanço de 15 Anos nos Estados da Federação", http://www.unicamp.br/unicamp/unicamp_hoje/ju/fevereiro2007/ju349pag03.html

④ Ibid.

去工业化和非正规化:经济转型对工业部门打击最大,劳动力在工业部门就业的比例从 1989 年的 23.7% 下降到 2001 年的 20.6%;劳动力在非正规部门就业的比例从 1990 年的 39.3% 上升到 1996 年的 48% 和 2001 年的 50%①。住房方面,据 2010 年人口普查数据,全国人口的 6%(1140 万人)居住在"条件恶劣的聚居区"(aglomerados subnormais),其中里约热内卢大都市区人口的 14.4%(170 万人)和圣保罗大都市区人口的 11%(216 万人)住在此类社区②。治安方面,巴西的凶杀率从 1980 年的每 10 万居民 11.7 起,上升至 1990 年的每 10 万居民 22.2 起,2000 年的每 10 万居民 26.7 起和 2010 年的 27.4 起,而大城市的情况尤为恶劣③。

　　城市问题难以解决主要有两个原因,一是上述几方面问题并非独立存在,而是互相叠加和强化,形成"问题链"或者"问题集",需要整体化的政策方案。二是巴西城市问题的根源仍是城市化进程中严重的社会排斥和不平等,而促进社会融合又与经济发展的制度和模式密切相关。从卢拉政府起的几届左翼政府对贫困和社会排斥现象给予了前所未有的关注和应对,整合和推出了大量社会项目,进行了不少制度创新,如法韦拉—社区(Favela-Bairro)、有条件现金转移支付项目(Bolsa Familia)、参与式预算、社区警察等。重要的是,社会政策和城市政策领域的范式发生了积极变化,尤其是政府和公民,特别是政府与低收入人群间的关系发生较大转变,对公民权和公民参与的强调,改变了以往只重视大项目、片面强调现代化的狭隘视角。但巴西城市中的不平等和社会排斥仍比较严重。例如,大城市的无序扩张产生的环境问题对于低收入人群的影响更为严重。在圣保罗市,2000 年有 28% 的低收入居民区居民面临环境风险,且这一比例以每年 4% 的比例增加,而在中等收入居民区和高收入居民区,这一比例只有 15% 和

---

　　① 请参考 Estanislao Gacitúa Marió & Michael Woolcock (eds.), *Social Exclusion and Mobility in Brazil*, Washington, DC: The International Bank for Reconstruction and Development / The World Bank, 2008 和 Diego Coletto, *The Informal Economy and Employment in Brazil: Latin America, Modernization, and Social Changes*, New York: Palgrave McMillan, 2010.
　　② Daniela Moreira, "São Paulo é metrópole com mais moradores de favelas do Brasil, segundo o IBGE", 2011, http://exame.abril.com.br/brasil/noticias/sao-paulo-e-metropole-com-mais-moradores-de-favelas-do-brasil-segundo-o-ibge.
　　③ Julio Jacobo Waiselfiz, *Mapa de Violência*, tabela 2.2.1. FLACSO Brasil, 2014, http://www.mapadaviolencia.org.br/. 关于贫民窟与青少年毒品犯罪,请参考 Alba Zaluar, "Perverse Integration: Drug Trafficking and Youth in the Favelas of Rio de Janeiro", *Journal of International Affairs*, Vol. 53, No. 2, 2001.

9%,且在逐步减少①。新自由主义时期,收入和阶层仍是城市居住隔离的重要决定因素②,但居住隔离的程度普遍加深。尽管高收入人群住宅区可能毗邻非正规/低收入住宅区,但随着监控和隔离技术日新月异的发展,居住隔离的"强度"却有所加深。"避免接触"成为新的建筑设计准则,封闭式社区通过围墙、铁丝网和电线将自己的居住区更加彻底地隔离。这些趋势都与现代城市包容、参与和流动的原则相悖,不利于民主政治和社会融合③。

五、结论

巴西的快速城市化发生在1930年到1980年间,其主要动力是进口替代工业化。这一阶段城市人口占总人口的比例从约20%上升至65%,主要城市在工业化进程中集中了大量资源,其统治地位得到巩固。在进口替代时期,巴西历届政府对经济的干预程度较深;城市政策方面,军政府城市政策的重心在包括公路网在内的大型基础设施建设,但没有对人口快速增长做好必要的准备④。这突出表现在"贫民窟问题"上:无论政府还是正规市场都没有足够的激励和资源去满足这部分人群的住房需求,也没有为他们的自建房提供必要和足够的基础设施。基于现代化理论的观点,政府将贫民窟视作前现代生活方式的体现,仅仅是过渡现象,而忽略贫民窟是进口替代经济模式的结构性产物。仅有的针对他们的举动是贫民窟形成后的"补救"行动:或加以拆除,或投入大量资源进行"正规化"。

80年代民主化之后,特别是2002年左翼政府上台后,巴西的城市政策

---

① Humberto Prates da Fonseca Alves, "Desigualdade ambiental no município de São Paulo: análise de exposiçã diferenciada de grupos sociais a situções de risco ambiental através do uso de metodologias de geoprocessamento", *Revista Brasileira de Estudos Populacionais*, 24(2), 2007, pp. 277—300.

② Haroldo da Gama Torres& Renata Mirandola Bichir, "Residential Segregation in São Paulo: Consequences for Urban Policies", in Bryan R. Roberts & Robert H. Wilson (ed.) *Urban Segregation and Governance in the Americas*, New York: Palgrave Macmillan, 2009, pp. 145—165.

③ Teresa P. R. Caldeira, "Fortified Enclaves: The New Urban Segregation", *Public Culture*, 1996, 8: pp. 303—328.

④ George Martine & Gordon McGranahan, "Brazil's Early Urban Transition: What can it Teach Urbanizing Countries?" Human Settlements Group, International Institute for Environment and Development (IIED), 2010.

有了范式性的变化,即强调公民权和参与,并将政策重心放在缩小贫富差距和脱贫上,这就指向了巴西城市问题的根源所在。卢拉政府期间较好的经济表现使得巴西城市化的各项社会指标有所改善。新自由主义改革以来巴西经济的两个主要变化,一是经济表现相对稳定,80年代后期四位数的通货膨胀再也没有发生过;二是巴西经济进一步融入国际市场。但是,巴西经济在21世纪前十年的繁荣在相当程度上是建立在有利的国际环境中的。在巴西经济越来越依赖大宗商品出口的背景下,城市劳动力市场在创造有质量的正规部门就业机会方面显得并不乐观。也是在这一背景下,学者开始讨论拉丁美洲的"新贫穷",即新自由主义时期的贫困是结构性的[1],强调参与和公民权在多大程度上能解决城市问题,需要学界和政策界的进一步关注。

(本文作者系美国德克萨斯大学奥斯汀分校社会学博士候选人)

Study on the Brazilian Urbanization
Chen Yu

Abstract: This article examines the Brazilian urbanization against the backdrop of regional context, and analyzes the impacts of economic development models and policy orientations on the urbanization process. The Brazilian government has deeply intervened in the urbanization of the country, but such intervention is often based on elitist and modernist perspectives, intending to solve the urban problems in short term through megaprojects, without targeting the roots of the problem: poverty, social exclusion and inequality. Structural reforms have been launched in Brazil since the country's democratization in 1980s, and the new institutional framework formed in the democratization movement emphasizes citizen rights and citizen political participation. The leftist administrations, ruling

---

[1] Peter M. Ward, "Introduction and Overview: Marginality Then and Now", *Latin American Research Review*, Vol. 39, Num 1, 2004, pp. 183—187.

the country since 2002, have taken various initiatives to address the urban issues, which has opened new horizons for solving the urban problems. To what extent such efforts can cope with the structural challenges of the current economic conjuncture remains a relevant question for scholars and policy makers.

Key words: Brazil, Urbanization, Development Model

1910年前墨西哥农村社会关系的变化与革命的根源

——以莫雷洛斯州和奇瓦瓦州为中心

董经胜

【内容提要】 墨西哥革命前,在中部地区,特别是莫雷洛斯州,庄园为扩大生产,利用国家政权的力量,侵吞村社土地,迫使失地农民以分成方式租种庄园土地或沦为庄园雇工维持生存。农民对庄园主和代表庄园主利益的国家政权的不满不断加剧,1910年革命爆发后,他们在萨帕塔的领导下,要求收回失去的土地和自主权。而北部地区,由于铁路的修建,促进了商品性的农牧业的发展,由原军事殖民地居民演变而来的小农场的土地不断被大庄园侵占,大庄园与小农场主的冲突激化。与此同时,由于商品性农牧业的市场不稳定,大庄园内部雇工的工作稳定性也受到威胁。1910年革命爆发后,小农场主和庄园雇工成为马德罗和比利亚领导的革命的重要力量。

【关键词】 墨西哥革命;大庄园;村社;小农场

美国政治学者塞缪尔·亨廷顿指出,"农村在现代化中国家的政治里起着举足轻重的作用。……西方和非西方社会发生的每一场大革命,基本上都是农民革命。"[1] J. 米格代尔也指出,"20世纪是农民革命的世纪。"[2]从法国大革命以来,直到20世纪的墨西哥、俄国、中国、古巴,农民在革命中发挥的决定性作用是不可否认的。虽然对于1910年爆发的墨西哥革命

---

[1] 〔美〕塞缪尔·P. 亨廷顿:《变革社会中的政治秩序》,李盛平、杨玉生等译,华夏出版社1988年版,第285—286页。
[2] 〔美〕J. 米格代尔:《农民、政治与革命:第三世界政治与社会变革的压力》,李玉琪、袁宁译,中央编译出版社1996年版,第195页。

本质上是否是一场农民革命,学术界存在着不同的看法,①但勿容置疑的是,农民是发动和推进这场革命的主要力量。在中部地区,特别是莫雷洛斯州,萨帕塔领导的革命农民成为土地改革的先锋。在北部地区,特别是奇瓦瓦州,比利亚率领的革命武装成为推翻旧政权和复辟势力的主要力量。本文的目的是,通过重点考察革命前上述两个地区经济和社会关系的变化,对墨西哥革命的根源进行较深入的探讨。

一

传统上,墨西哥中部地区的范围包括以墨西哥城为中心的中央谷地,加上南至库纳瓦卡(Cuernavaca)、西到托卢卡(Toluca)、北抵梅斯基塔尔(Mezquital)的盆地地带。② 自古以来,这里一直是墨西哥人口最密集、农业生产最发达、拥有最大的城市中心的地区,无论是阿兹特克人,还是西班牙殖民者都明白,要统治墨西哥,就必须征服中部地区。1810年,墨西哥独立战争爆发。对于伊达尔戈领导的起义农民来说,夺取墨西哥城,占领中部地区,同样成为取得革命胜利的关键。遗憾的是,伊达尔戈率领起义军从巴希奥地区(Bajio)来到中部地区,并没有得到当地农民的支持和加入。伊达尔戈之所以决定放弃攻占防守空虚的墨西哥城,正是由于他担心,如果得不到中部地区农民的支持,即使拿下墨西哥城,也难以持久坚守。而从墨西哥城的撤退,直接导致了起义的失败。然而,一个世纪之后,1910年墨西哥革命爆发,在中部地区的绝大多数地方得到了积极的响应,尤其是莫雷洛斯州,成为最重要的革命中心,并产生了埃米里亚诺·萨帕塔这样的革命领袖。为什么中部地区的农民在独立战争期间和墨西哥革命期间的表现如此不同?这与独立以后,特别是19世纪末20世纪初迪亚斯政权时期墨西哥中部地区农村社会关系的变化密切相关。

到17世纪中期,由于殖民地政府对印第安人的重新安置和向西班牙人授予土地,在墨西哥中部地区形成了这样一种农村社会结构:西班牙人的大庄园占有大片优良的土地,穿插于庄园之间的是大量的印第安人村

---

① 参见董经胜:《墨西哥革命:从官方史学到修正派史学》,《史学集刊》2011年第6期。
② John Tutino, *De la insurrección a la revolución en México, Las bases socials de la violencia agrarian, 1750—1940*, México: Ediciones Era, 1990, p.126.

社。殖民地晚期，随着商品货币关系的发展，大庄园力图通过侵占印第安人村社的土地增加利润，村社与庄园之间的矛盾和冲突不断增加。但是，殖民地的农村社会结构能够消化和吸收这种压力与冲突。因为庄园与村社之间是一种虽不平等，但相互依存的共生(symbiotic)关系。没有村社农民提供的廉价的季节性劳动力，庄园无法维持生产获得利润；同样，随着农民人口的增加，没有来自在庄园劳动的工资所得，村社农民也难以维持生存。为限制殖民者自主权的过分膨胀，殖民地政府在某种程度上对村社的土地加以保护。也就是说，由此形成的农业生产模式和农村社会结构中，村社和庄园相互对立又相互依存，二者之间的平衡由殖民地政府负责协调。村社、庄园、殖民地政府都不想打破这种平衡关系。因此，1810 年，伊达尔戈领导的起义队伍抵达墨西哥中央地区时，当地绝大多数村社农民拒绝加入或支持起义队伍。① 此后几年，在墨西哥城东北干旱的龙舌兰产区，农民游击队运动坚持斗争，但是这些起义一直没有发展成为广泛参与的民众运动。独立战争期间，中部地区一直维持着相对的稳定局面。

　　独立后，中部地区农村的社会稳定被打破了。19 世纪上半期，在经济困境面前，庄园主试图利用手中的政治权力，剥夺村社的土地，而曾经在庄园和村社之间发挥协调作用的殖民政府瓦解了，独立后完全代表庄园主利益的国家政权却难以发挥这种作用。殖民地时期庄园与村社之间的共生关系遭到破坏，庄园与村社之间的冲突成为独立后墨西哥中部地区的主要矛盾。19 世纪 40 年代末到 70 年代末，中部地区发生了一轮接一轮的农民运动。在 1880 年以前，中部地区的人口增长缓慢，村社内部土地压力相对不大，庄园一直经受着财政困境，因此农民的反抗运动在一定程度上延缓了对村社土地的剥夺。②

　　1880 年后，商品经济的发展、人口增长的恢复，使得庄园与村社的关系朝着有利于庄园的方向转变。迪亚斯政权建立后，国家实现了政治稳定，政府力量增强，使得《莱尔多法》得以有效地付诸实施，绝大多数村社丧失了土地。到 1910 年，墨西哥 82% 的村社已经被庄园吞并了。4000 人以下的村社共有 49549 个，其中 56825 个，即 81.7% 被吞并，只剩下 11117 个，即

---

① 董经胜：《19 世纪上半期墨西哥的农业发展模式与现代化道路》，《史学集刊》2012 年第 3 期。
② 莱斯利·贝瑟尔主编：《剑桥拉丁美洲史》第五卷，胡毓鼎等译，社会科学文献出版社 1992 年版，第 47 页。

15.98%。①

与此同时,墨西哥中部地区的农业发展和农村社会关系的演变呈现出与南部和北部不同的特色。南部和北部主要生产供出口的热带作物和牲畜,而墨西哥中部地区的农业生产仍主要面向国内市场。南部和北部劳动力供应不足,而中部地区劳动力供应过剩。中部地区的人口密度一直很大,迪亚斯时期,大量印第安人村社丧失土地,又产生了一大批失地农民。中部地区的工业不够发达,只能吸收很少部分过剩的劳动力。从产品来看,中部地区的庄园可分为两类,大多数庄园生产玉米、小麦和龙舌兰,小部分庄园生产热带产品,如位于低地的莫雷洛斯州的庄园,以种植甘蔗为主。

迪亚斯时期,虽然墨西哥对于玉米和小麦的需求大大增加,但产量下降了,墨西哥不得不依靠大量进口玉米。玉米生产从1877年的2730620吨下降到1907年的2127868吨,同期小麦生产从338683吨下降到292611吨。在中部地区,由于劳动力供应过剩,很低的劳动力费用妨碍了庄园主采用机械化生产。据估算,1902年,在哈里斯科州,采用机械化手段进行收获比手工收获的费用高出8%。②

农民仍旧生活在村社,但越来越多的失地农民成为庄园的分成农,同时在庄园充当季节性的劳动力。墨西哥中部生产玉米和小麦的庄园面临着其他更富饶地区的竞争,铁路建成后,又面临着来自美国进口的竞争,只有那些拥有富饶土地、水源充足,而且易于将产品运往市场的庄园才能赢利。高地地区绝大多数庄园将玉米地租给分成农耕种,留下最好的、得到灌溉的土地种植其他作物。而失地农民由于在村社和家庭的土地上不足以生产维持生存的玉米,只得租种庄园土地。庄园发现,分成制可将气候变化和市场变化带来的风险转嫁给分成农,而后者又可向庄园提供季节性的劳动力。迪亚斯时期,为了盈利,庄园主采取多种措施,减少分成农的收益。瓜纳华托州塞拉亚附近一家大庄园分成制的演变典型地反映了大庄园在这方面的做法:

> 直到19世纪后半期,这个大庄园有两类分成农,自备农具和耕牛

---

① Jorge Luis Ibarra Mendivil, *Propiedad agrarian y systema politico en México*, 转引自高波:《墨西哥现代村社制度》,北京大学博士学位论文,2000年,第9页。

② Friedrich Katz, "Labor Conditions on Haciendas in Porfirian Mexico: Some Trends and Tendencies," *Hispanic American Historical Review*, Vol. 54, No. 1, 1974, p. 24.

的分成农,他们分收成的一半。向大庄园租借农具和牲畜的分成农,他们除把收成的一半交给庄园外,还要支付收成中的五分之一作为使用机器和牲畜的租金。这样,他们就至多留下 40% 的收成。到 19 世纪末期,该大庄园禁止佃农使用大庄园的牧场喂养牲口,从而缩减自备农具和耕牛的分成农人数。到 20 世纪初期就只有少数特许留下来的人仍以对半分成的方法耕作他们的土地了。所有其他佃农都成为租用农具和牲畜的分成农。①

中部地区其他生产玉米和小麦的庄园的情形与此类似。在瓦哈卡州,一家庄园将半公顷的土地租给分成农(被称为 terraguerros),要求这些分成农自备耕牛、种子和农具。收获之后,收成分成两份,一半属于庄园,但另一半并不完全归分成农所有。分成农要从不属于庄园的另一半中缴纳"犁沟税"(derecho de surco),在好的土地,每 1 犁沟缴纳 1 分(centavo),在较差的土地,每 3 犁沟缴纳 2 分。有些情况下,分成农不缴纳收成或者货币,而是无偿在庄园土地上劳动 10 到 15 天。分成农还必须在庄园要求的情况下,在庄园土地上劳动,报酬为每天 1.5 到 2.5 雷亚尔(reales),或者星期天在庄园土地上劳动,无报酬。如果分成农自己没有牛车将属于庄园的那部分收成运往庄园,他必须从庄园主那里租借牛车,租金为每天 3 到 4 雷亚尔。作为回报,庄园主允许分成农的妻子或孩子跟随将收成运往庄园的牛车,沿路捡拾从车上掉落的玉米,归自己所有。但是庄园的护卫随行,以确保掉落部分降低到最少限度。②

为了从分成农那里获取更多的收成份额,庄园主经常采用的一个有效办法是在播种时节借给分成农大量的货币和种子。在米却肯州,分成农(被称为 mediero)从庄园那里获得每 1 牛轭 3 百公升(hectoliter)的玉米,还有每周 1 比索的货币,另加整个期间额外的 22 到 25 比索的货币。分成农必须在收获时用玉米还清,庄园主付给分成农的价格远低于他出借时的价格。于是,"毫不奇怪,在收获时节,分成农不仅得不到玉米,而且还负债于庄园主。"1912 年,哈斯思科州的参议员加夫列尔·瓦加斯(Gabriel Vargas)在墨西哥议会发言中证实,很多庄园主甚至从分成农那里获得更多的份额。分成农在播种时节从庄园主那里借到的货币和玉米,在收获时节偿还

---

① 莱斯利·贝瑟尔主编:《剑桥拉丁美洲史》第五卷,第 53 页。
② Friedrich Katz, "Labor Conditions on Haciendas in Porfirian Mexico: Some Trends and Tendencies," p. 25.

时,还要追加100%的额外费。如果从庄园主那里租借的牛死了,分成农要全部赔偿。加夫列尔·瓦加斯注意到,这种情况时常发生,因为往外租借的通常是庄园主搜集的老病牛。因此,分成农处于一种极不安全的状态。无论分成合同如何,庄园主都可在收获季节突然出现,拿走所有的收成,分成农无法求助于司法机构。迪亚斯时期,由于大批村社失去土地,要求承租庄园土地的农民急剧增加,庄园主变得更加肆意妄为。①

对于失去土地的农民而言,为了维持生存,除了通过分成制租种庄园土地外,另一选择是干脆成为庄园雇工。但是,在中部高地,成为长工的机会是很少的,这是因为失地农民很多,庄园可以很容易地雇用到季节性短工。在迪亚斯时期,即使那些少数长工的生存环境也不断恶化。在位于墨西哥城东北龙舌兰产区的托查特拉科庄园(Tochatlaco),直到19世纪中期,长工的待遇除了工资外,还有玉米配给,并可得到庄园贷款。但是,19世纪末,随着铁路的修建,龙舌兰市场不断扩大,庄园主为扩大生产,取消了除工资以外的其他待遇,只有极少数长工例外。1897年,玉米短缺,提高了庄园主提供的玉米配给的费用,于是庄园主取消了给长工的玉米配给,也取消了向长工提供的信贷,仅代之以略微提高工资。但是,工资的提高难以弥补失去玉米配给带来的损失。与此同时,庄园内长工的数量不断减少,季节性短工数量越来越多,很多短工同时也是庄园的分成农。在伊达尔戈州的帕丘卡(Pachuca)东北的韦亚潘庄园(Hueyapan),随着市场的扩大,该庄园通过投资兴建新的灌溉设施和采用新的农业机械以扩大生产。生产扩大了,但需要的劳动力并未增加。而且,随着农作物的加工都使用机器来完成,庄园雇用越来越少的长工,仅在播种和收获季节雇佣大量的短工。结果,稳定的长工逐步消失,不稳定的、缺少安全感的短工越来越普遍。②

在米却肯州的纳兰哈庄园(Naranja),由于铁路的修建,市场扩大,投资者将原来村社农民用来捕鱼、猎取水鸟、采集芦苇编制篮筐的沼泽地据为己有。这一沼泽地虽然对于村社农民的生活至关重要,但属于无人拥有明确产权的"空闲地",因而投资者可根据迪亚斯政府分配土地的计划获得所有权。新的主人将沼泽排干,在此建成富饶的生产谷物的庄园。庄园只雇

---

① Friedrich Katz, "Labor Conditions on Haciendas in Porfirian Mexico: Some Trends and Tendencies," p. 26.

② John Tutino, *De la insurrección a la revolución en México, Las bases socials de la violencia agrarian, 1750—1940*, pp. 266—267.

用少量长工,主要来自该地区以外的梅斯蒂索人。少数当地农民,大约有二十家,成为庄园最贫瘠土地上的分成农。其余大多数则依靠在19世纪80年代公共土地分割时得到的小块土地维生,随着人口的增长,土地被不断分割。但是,"当庄园侵占附近农村的土地时,在农民中间引起的痛苦和不满非常之大,以致他们当中大多数人宁可在其他庄园而不愿到他们社区的那个庄园去干活。"在纳兰哈,土地被侵占后,"那里的塔拉斯科印第安人中,只有三户在庄园干活。其余的人都被与侵占土地毫无关系的别的庄园所雇用。"①但是,附近庄园所能提供的工作机会毕竟太有限,为了生存,失地的农民便流落到国内其他地区,甚至美国。②

这样,迪亚斯时期,在整个墨西哥中部地区,人口的增长、村社公共土地的私有化、庄园生产的扩大和机械化等因素使农村社会关系发生了重要的变化。越来越多的农民依赖村社和家庭土地,甚至加上在庄园做季节性短工,已不能维持生存。他们只能作为分成农租种庄园的土地,同时在庄园土地上充当季节性短工。农民生存的自主性丧失殆尽。从1810年爆发独立运动到1910年爆发革命的一百年内,尤其是迪亚斯时期,墨西哥中部高地农民的生活状态发生了彻底的改变。殖民地末期相对自主、与庄园处于共生的依存关系的农民变为十足的依附性的农民,受制于地主,经受着贫困,失去了安全感。农民对庄园主和代表庄园主利益的国家政权的不满不断加剧,终于在1910年革命中全面爆发。

与生产玉米和小麦的庄园不同,在中部地区生产热带作物,特别是蔗糖的庄园,分成制不占主导地位,庄园的绝大多数土地用于直接经营,与东南部、南部地区(如尤卡坦州和恰帕斯州)类似,但是与西沙尔麻、橡胶、烟草和咖啡不同,甘蔗不是19世纪晚期新兴的农作物,自殖民地时期以来,蔗糖就一直是十分重要的产品。虽然一些原来租给农民生产谷物的土地转而种植甘蔗,但19世纪晚期,甘蔗种植的扩大主要是在新近侵占村社的土地上进行的。

莫雷洛斯州位于墨西哥城以南中部高地核心的盆地,气候温暖湿润。自殖民地时期以来,这里就开始种植甘蔗。最初,甘蔗庄园与农民村社共同占据富饶的莫雷洛斯盆地。在周围的高地地带,村社占有大部分土地。

---

① 莱斯利·贝瑟尔主编:《剑桥拉丁美洲史》第五卷,第48页。
② John Tutino, *De la insurrección a la revolución en México*, *Las bases socials de la violencia agrarian*, 1750—1940, p. 268.

为了得到一支稳定的劳动力,莫雷洛斯的庄园主最初采用了奴隶制。16世纪中期以前,奴隶来自被抓到的印第安人;此后,引进了非洲黑人奴隶。此外,庄园从庄园附近的村社征召季节性的短工。到18世纪后期,自由雇用的长工取代了奴隶,而农民村社继续在种植和收获季节向庄园提供季节性的短工。

1810年,在莫雷洛斯,庄园和村社之间的冲突不断加剧,程度要超过中部高地的谷物产区。但是,冲突并未严重到导致民众起义的程度,尽管何塞·马里亚·莫雷洛斯率领的起义军在1812年占领了库奥特拉(Cuautla),但没有引起农民的普遍响应和加入。然而,独立后,莫雷洛斯州的农村冲突不断升级。庄园主由于经济困难,试图凭借政权的力量占据村社土地和水源,遭到村社农民的激烈反抗。到19世纪40年代末,在甘蔗产区,暴力性的冲突已屡见不鲜,莫雷洛斯的农民也由此获得了斗争的经验。到迪亚斯时期,莫雷洛斯州的村社农民面临的压力急剧增加。19世纪80年代初,铁路的开通使莫雷洛斯到墨西哥城的交通更加便捷了,从而为莫雷洛斯的蔗糖开辟了一个巨大的市场。迪亚斯政权垮台前的1908—1909年,莫雷洛斯17家主要的大庄园每年生产5200万千克蔗糖。1880—1910年,莫雷洛斯的蔗糖产量增长了四倍。①

为了扩大生产,生产甘蔗的庄园"把分布在莫雷洛斯州的一百来个村社的其余土地都侵占过来"。在村社与庄园的冲突中,州政府完全站在庄园一边。1908年,大庄园主巴勃罗·埃斯坎东就任州长,"他属于这个州的地主寡头势力,曾与'科学派'有密切联系。因此莫雷洛斯州的权力完全落入当地寡头势力之手。对该州的村社来说,埃斯坎东的统治完全是一场灾难。"②在位于莫雷洛斯州的霍纳卡特佩克区(Jonacatepec)的特潘辛格村(Tepalcingo),村社土地被圣克拉拉庄园(San Clara)侵占,村里一位受尊敬的长者安东尼奥·弗朗西斯科(Antonio Francisco)试图向法庭申诉,他因此于1886年被暗杀。此外,阿卡特里帕村(Acatlipa)、夸奇奇诺拉村(Cuachichinola)、萨尤拉村(Sayula)、圣佩德罗村(San Pedro)都完全被庄园吞并了。圣何塞比斯塔埃尔莫索庄园(San José Vista Hermosa)为了将特克

---

① John Tutino, *De la insurrección a la revolución en México, Las bases socials de la violencia agrarian*, 1750—1940, pp.272—273.
② 莱斯利·贝瑟尔主编:《剑桥拉丁美洲史》第五卷,第72页。

斯基特格(Tequesquitengo)最后一批村民赶走,干脆放水将此居民点淹没。①

此外,庄园主扩建灌溉设施,并在蔗糖提炼环节采用机械化。但是,庄园主的做法损害了村社农民的利益。新的灌溉设施通常会占据或消耗此前由村民使用的水源。铁路的修建使得很多赶骡人失去了生计,而蔗糖提炼的机械化虽然增加了庄园的产量,却没有由此导致长工数量的增加,仅仅增加了对于季节性短工的需求。与此同时,1877—1910年,莫雷洛斯的人口不断增长,虽然增长率略低于墨西哥中部其他地区。到19世纪末,莫雷洛斯的村民控制的土地等资源已经达到了最少限度。

由于庄园需要大量的季节性短工,维持当地农民最低的生存条件符合庄园主的利益。为此,庄园主将得不到灌溉、不适合种植甘蔗的土地以分成的形式租给土地不足的农民耕种。与庄园管家关系密切的承租人从庄园租得土地,他们有义务每年向庄园提供规定数量的劳动力。于是,这些承租人再将租得的土地转租给不太幸运的村民,通常是与他们有血缘关系的人。实际上,这些人耕种土地,并向庄园提供劳动力。到19世纪末,越来越多的村民以这种方式获得了耕种维持生存的玉米地的机会。为了对农民加强控制,庄园主将土地承租期限制为1年,每年都要重新承租,那些表现出任何对庄园管理者不顺从迹象的人,在下一年就会失去承租土地的机会。进入20世纪后,由于可供出租的土地已远远不足以满足不断增加的村民人口的需要,新一代村民面临着基本完全依靠在庄园做短工维持生存的前景。随着当地劳动力供应超过庄园的需求,庄园管家只向那些最老实、最听话的农民提供做季节性短工的机会。②

在庄园内部,有少数长工(被称为acasillados),自由受到一定的限制。在莫雷洛斯州的圣安纳庄园(Hacienda de Santa Ana),如果没有监工的批准,长工不得不离开庄园,特别是不得前往库奥特拉等城镇。但是,没有证据证明,庄园主采纳了任何公然的强制手段来将长工固定在庄园内。相反,如果长工在规定时间没有出现在劳动地点,监工通常简单地将其从房间内逐出。由于墨西哥中部劳动力过剩,这并不奇怪。一些证据表明,在

---

① John H. McNeely, "Origins of the Zapata Revolt in Morelos," *Hispanic American Historical Review*, Vol. 46, No. 2, 1966, p. 154.

② John Tutino, *De la insurrección a la revolución en México, Las bases socials de la violencia agrarian*, 1750—1940, pp. 274—275.

甘蔗种植园，长工认为自己处于特权地位。1910年革命爆发后，在圣安纳庄园，极少有长工参加革命，尽管此地处于萨帕塔的控制区。

季节性短工(被称为cuadrillas)构成庄园的主要劳动力。甘蔗收获时节，这些短工前来庄园干活。但是与东南部热带地区不同，在中部地区，这些短工是自由的，不受庄园约束。原因在于，在中部地区，由于大量的村社农民失去土地，产生了大量的过剩劳动力。短工每天的工资为3到4雷亚尔，庄园不提供食物。庄园为每10到12名在庄园干活的短工花钱雇用一名人员(被称为tlaqualero)，此人每两天在庄园与短工来源的村庄间往返一次，将短工的家属做好的玉米饼带到庄园。来自村庄的订约人(被称为capitanes)负责将劳工带到庄园，并在庄园监督管理这些劳工。这些订约人从庄园获得每天4到5雷亚尔的工资，每监督管理10名劳工，他另外获得每天1雷亚尔。有的庄园干脆付给订约人每天1比索的工资，这大约是其他工人工资的两倍。①

这样，到20世纪初，通过分成制租种庄园土地，并在庄园充当季节性的短工成为莫雷洛斯农民维持生存的基本方式。这种状态使农民失去了任何自主性和安全感，引起了农民的极大愤怒。对于社会不公的强烈感受促使莫雷洛斯的农民成为革命的积极参与者。在萨帕塔的领导下，他们要求收回失去的土地和自主权。虽然他们的斗争最后失败了，却开辟了墨西哥历史上一个革命的转折时代。

二

1910—1917年的墨西哥革命中，北部地区，特别是奇瓦瓦州、科阿韦拉州和杜兰戈州交界的拉古纳地区成为与中部的莫雷洛斯州同样重要的下层农民革命核心，并产生了以潘乔·比利亚为代表的一批革命领导人。由于革命前北部地区的经济结构、社会阶级关系有其自身特点，因此，促使北部农民参加革命的动因、革命队伍的构成，以及革命后北部地区的社会经济政策，特别是土地和农业政策也与其他地区存在很大的差异。

美国历史学者帕克斯(H.B. Parkes)认为，"比利亚和奥夫雷贡的军队

---

① Friedrich Katz, "Labor Conditions on Haciendas in Porfirian Mexico: Some Trends and Tendencies," p. 27.

是从矿区营地和牧牛农场、从沿美国边界城镇里充满老虎机的卡塔声和廉价舞厅的机械钢琴的叮当声的赌场和红灯区征募来的。北方人的口号可能是自由和民主,推翻大庄园主、科学派和政治首脑,但是,当他们乘火车南下时,对大多数人来说……革命意味着权力、意味着对大庄园的洗劫和对城市的劫掠。"①在很多学者看来,比利亚的军队主要来自矿工,如果来自农村,他们的主要目标是获得脱离中央政府控制的自主权,而非土地。但是,这种看法逐渐被后来的研究所修正。

与中部和南部不同,在西班牙殖民者征服前,墨西哥北部地区未被纳入阿兹特克帝国的范围。由于绝大多数土地不适合于农业生产,这里没有密集定居的、从事集约型农业的人口,也没有形成大城市和高度分层化的社会结构。在奇瓦瓦州,生存着半游牧的印第安人,其中一些人从事很原始的农业,其余的人依靠打猎和采集为生。缺少大量的定居的印第安人作为征调劳动力的对象,阻碍了西班牙人向北部地区的扩张。只是在银矿发现后,这个地区才引起西班牙殖民者的兴趣。随着银矿的开采,出现了一些矿业城镇,西班牙人在城镇周围建立了大庄园,向矿区供应食物。虽然西班牙人建立了一些军事要塞,但由于人烟稀少,难以抵御来自北部的阿帕切(Apache)印第安人的侵袭。②为此,18世纪后半期,西班牙王室为了维持其北部的殖民地,在北部建立了一系列军事殖民地(被称为presidios)。白人、梅斯蒂索人、印第安人被吸引到此定居,抗击阿帕切人的袭击,作为回报,他们被授予大量土地、获得自由地购买和出售多余土地的权利、可免交赋税,并享有很少受王室干预管理自己的城镇的权利,这是南部和中部印第安人城镇所不具有的。他们不仅有权,而且有义务携带武器,以便于同阿帕切人作战。在奇瓦瓦州北部,这些军事殖民地据点包括哈诺斯(Janos)、帕索德尔诺尔特(Paso del Norte)、圣卡洛斯(San Carlos)、科亚梅(Coyamé)、卡里萨尔(Carrizal)、纳米基帕(Namiquipa),形成了一个警戒哨线。这些军事殖民地居民及其后裔就形成了北部地区的小农场主(ranchero),他们独立地,或者与相邻的大庄园以及其他军事殖民地合作,抵御印第安人侵袭。但是,他们经常与坎佩切人(Comanche)和阿帕切人(Apache)入

---

① Henry B. Parkes, *History of Mexico*, New York, Houghton Mifflin, 1958, p.339.
② 阿帕切人因更北部的卡曼切人(Comanche)的进攻而被迫不断南下。

侵者私自达成协议,与后者进行走私贸易,甚至与后者联合向南发动袭击。①

  墨西哥获得独立后,政府软弱,内部纷争不断,难以有效地抵御北部阿帕切人的侵袭,致使北部很多庄园和矿主放弃产业。19世纪上半期,坚守在奇瓦瓦州的只剩下军事殖民地居民。结果,在北部绝大多数地区,形成了美国边疆学派史学的创始人弗雷德里克·杰克逊·特纳理想中的民主的、以农民为基础的农业社会。根据当代美国历史学的研究,边疆社会很少像特纳所描述的那样仅由小农组成,还有土地投资者、银行家、富有的地产主。但是,在19世纪40到60年代的墨西哥北部,投机者、银行家、大庄园主在阿帕切人的袭击下都离开此地。② 1908年,在一封致总统的信中,纳米基帕军事殖民地的小农场主写道:"1832—1860年间,由于受到野蛮人的持续侵袭,所有临近的大庄园……都逃之夭夭,只有纳米基帕继续坚持战斗,并成为这个遥远的北部地区文明的堡垒。"③

  19世纪60年代,由于战胜了法国人的入侵,一个更为强大、统一的中央政权出现了,愿意也能够投入资源抗击阿帕切人的进攻。大庄园主又回到了北部,其中最有名的是路易斯·特拉萨斯(Luis Terrazas),他不仅在奇瓦瓦州建立了庞大的养牛帝国,而且对该州实行了有效的控制。当时,与中部和南部相比,北部大庄园主与军事殖民地居民的关系是相对和谐的,因为二者都面对着一个共同的敌人——阿帕切人。这里有大量的空闲土地,没有什么动力去刺激大庄园主侵占军事殖民地居民的土地。因为阿帕切人的袭击,加上连接此地与墨西哥中部和美国的交通设施不具备,发展商品性农业的可能性很小,土地价格低廉。实际上,在19世纪60年代,路易斯·特拉萨斯在北部是一个很受欢迎的人,因为他有效地组织了抗击阿帕切人袭击的战斗。

  1885年后,情况发生了急剧的变化。阿帕切人首领吉若尼莫(Geronimo)在美国被俘后,阿帕切人的威胁最后消除了。随着印第安人部落威胁

---

  ① Mark Wasserman,"The Social Origins of the 1910 Revolution in Chihuahua," *Latin American Research Review*, Vol. 15, No. 1, 1980, p. 31.
  ② Friedrich Katz,"The Agrarian Policies and Ideas of the Revolutionary Mexican Factions Led by Emiliano Zapata, Pancho Villa, and Venustiano Carranza," Laura Randall, ed., *Reforming Mexico's Agrarian Reform*, M. E. Sharpe, Armonk, New York, 1996, p. 24.
  ③ Friedrich Katz,"Pancho Villa, los movimientos compesinos y la reforma agraria en el norte de México," in D. A. Brading, ed., *Caudillos y compesimos en la revolución Mexicana*, Fondo de cultura económica, México: Fondo de Cultura, 1985, p. 87.

的消失,大庄园主对军事殖民地的态度发生了变化。一方面,他们不再需要后者抵御印第安人袭击,另一方面,军事殖民地的土地对他们的吸引力大大增强了。1880—1884 年和 1897—1906 年,墨西哥出现了两次铁路建设的高潮,墨西哥中央铁路自南至北穿越奇瓦瓦州,奇瓦瓦太平洋铁路则穿越该州西部,铁路的修建促进了出口农牧业的发展,铁路沿线的土地价值倍增。此外,由于美国西南部经济的迅速发展,致使墨西哥靠近美墨边境的土地价值也急剧上升。在奇瓦瓦州,1884 年,以路易斯·特拉萨斯和他的女婿恩里克·克雷埃尔(Enrique Creel)为首的特拉萨斯家族被迪亚斯总统剥夺了政治权力,此后几年,该家族集中发展面向美国市场的出口经济,大获其利。1900 年后,该家族与迪亚斯缓和了政治关系,1903 年,路易斯·特拉萨斯重登州长宝座,控制着奇瓦瓦州的经济命脉和政治权力,而恩里克·克雷埃尔则在中央政府任职,直到 1910 年革命爆发。在特拉萨斯家族的统治下,1905 年,奇瓦瓦州议会通过了地方土地法,"这个莱尔多法的边疆版虽然较晚来到奇瓦瓦州,但效果是一样的。"①从一开始,地方土地法在执行过程中,充满了私下交易、偏袒一方、裙带关系、程序违规等不法行为。克里埃尔宣称,地方土地法的目标是实现土地所有权的"现代化",并为社会底层提供购买土地的机会。但实际上,该法案实施的后果是公共土地转入大地产主和投机者手中。小农场主看到,他们的土地和自主权受到带有明显的阶级利益的州政府的"合法行动"的侵犯。为了捍卫自身利益,最初,他们举行和平的抵制,后来逐步演变为武装暴动。

位于科亚梅(Coyamé)市的库奇约·帕拉多(Cuchillo Parado)是 1865 年胡亚雷斯总统授权建立的军事殖民地,当地大庄园主利塞西亚多·卡洛斯·穆诺斯(Licenciado Carlos Muñoz)是特拉萨斯核心圈子的成员。1903 年,他试图将原属于库奇约·帕拉多的 4.3 万英亩的土地据为己有。当地小农场主组成了以托里比奥·奥尔特加(Toribio Ortega)为首的"库奇约·帕拉多居民指导委员会"(Junta Directiva de Los Vecinos de Cuchillo Parado),托里比奥·奥尔特加代表当地 834 名居民在写给联邦发展部的电报中抗议,"我们知道,利塞西亚多·卡洛斯·穆诺斯试图攫取属于库奇约·帕拉多的十个大牧场。因为他据有的文件是通过武力手段得到的,我们请

---

① John Tutino, *De la insurrección a la revolución en México*, *Las bases socials de la violencia agrarian*, 1750—1940, p.255.

求你拒绝他的要求。"①库奇约·帕拉多的居民最初在捍卫自身土地所有权的斗争中取得了成功,但是随后新的土地争端又接连发生。1910年革命爆发后,托里比奥·奥尔特加成为第一个起来反对旧政府的革命领导人,后来,他成为比利亚最为信任的将军之一。位于奥希纳加(Oginaga)市的军事殖民地圣卡洛斯(San Carlos)与拥有大片土地的庄园发生土地边界争端。双方的冲突达到白热化的程度,1909年5月,政府派乡警前来阻止暴力事件发生。②

奇瓦瓦州西北部属于加莱阿纳区(Galeana)的军事殖民地哈诺斯(Janos)位于铁路的延长线两侧,结果,其土地成为大庄园主觊觎的对象。1905—1908年,在哈诺斯,就有123起关于市镇和村社土地的判决。其中66起发生于1908年,是在当地居民向迪亚斯总统抗议之后做出的。然而,1908年,两位当地庄园主和地方政治首脑对哈诺斯土地的侵占依然继续,当局动用警察和乡警将居民驱赶出他们自己的土地。波菲利奥·N.塔拉曼特斯(Porfirio N. Talamantes)就是失去土地的抗议者之一,1908年8月22日,他代表哈诺斯的居民在写给迪亚斯总统的信中写道,"距离哈诺斯两里格(leagues)的费尔南德斯·里尔(Fernández Leal)殖民地的业主正在美国享受着舒适的生活,而我们这些遭受我们的父辈抗击的野蛮人侵袭的居民,却不能保住自己的土地。"③波菲利奥·N.塔拉曼特斯后来成为比里亚军队的一名上校。

1906—1910年间,在奇瓦瓦州西部属于格雷罗区(Guerrero)的军事殖民地纳米基帕(Namiquipa)发生了296起土地争端。1908年,当地居民向迪亚斯总统提出抗议,"如果你不保护我们,我们就将失去我们的土地,为了这些土地,我们的祖辈曾经跟野蛮人进行了斗争。"④但和北部邻居哈诺斯一样,他们的抗议并未达到保护自己土地的效果。对于纳米基帕的居民来说,可能最令他们烦恼的是,当地两位最令人痛恨的地方首脑路易斯·Y.科马杜兰(Luis Y. Comadurán)和霍尔金·查韦斯(Joaquín Chávez)以及他们的家属是当地市镇和村社土地的最大的攫取者。1910—1920年,纳米

---

① Friedrich Katz, "Pancho Villa, los movimientos compesinos y la reforma agraria en el norte de México," p. 88.
② Mark Wasserman, "The Social Origins of the 1910 Revolution in Chihuahua," p. 31.
③ Friedrich Katz, "Pancho Villa, los movimientos compesinos y la reforma agraria en el norte de México," p. 89.
④ 莱斯利·贝瑟尔主编:《剑桥拉丁美洲史》第五卷,第70页。

基帕一直是革命活动的核心地区之一,1906 年,比利亚袭击美国新墨西哥州的哥伦布市时,他的军事力量中相当部分来自纳米基帕的居民。格雷罗区的其他村落也受到铁路网扩张的影响。在巴契尼瓦(Bachíniva),地方首脑占据了临近其私人地产的村社土地。大庄园主恩卡纳西翁·科萨达(Encarnación Quesada)非法占据了特莫萨奇科(Temosáchic)的居民所共有的土地。在铁路沿线的特莫萨奇科、马塔奇科(Matachic)、特霍罗卡奇科(Tejolocachic),都发生过很多土地争端。因此,格雷罗区成为不稳定和革命的核心,不是偶然的。①

在奇瓦瓦州的其他地方,土地纠纷也是引起社会不稳的重要根源。1910 年,诺诺阿瓦(Nonoava)的居民抗议自 1906 年以来的 81 起关于该村镇土地的判决。1908 年,关于圣安德烈斯(San Andrés)的一系列土地判决导致了下一年发生的暴动事件。一家测量公司入侵了布拉沃区(Bravos)的另一前军事殖民地瓜达卢佩(Guadalupe)村社的土地,虽然四年后政府做出了有利于村社的裁决,但该地区此后成为革命军的重要来源地。

在奇瓦瓦城以东的阿尔达莫(Aldama),铁路的修建也导致了一系列的土地纠纷,尤其是 1907 年,铁路将延长到奥希纳加的消息宣布之后,更为突出。最严重的纠纷围绕着阿尔达莫森林(Bosque de Aldama)的归属展开。1906 年,在路易斯·特拉萨斯的干预下,这一纠纷看上去已经解决,但三年后复燃。1908 年,在圣洛伦索(San Lorenzo)、威廉姆·本顿(William Benton)的庄园,发生了一起另一类型的纠纷。为了把庄园土地从粮食生产转为牧牛场,威廉姆·本顿将承租人从土地上驱逐。两年后,威廉姆·本顿又占据了本属于圣玛利亚德拉斯格瓦斯(Santa María de las Cuevas)村落的土地。凭借二十人组成的贴身保镖和一支乡警分遣队,威廉姆·本顿对该地的居民肆意践踏。革命爆发后,他被比利亚处决。②

在特拉萨斯家族控制的州政府的支持下,大庄园主大肆侵吞小农场主的土地的同时,自然灾害的频发进一步加剧了小农场主的困境。1907、1908、1909 年连续发生的旱灾和霜冻导致农业减产,大庄园的土地由粮食生产转向面向出口的牲畜,更加剧了食品的短缺,社会不满达到了前所未有的程度。在迪亚斯政府大力发展出口农业的经济繁荣中,大批面临着失地危险的小农场主先是在 1910 年拿起武器追随马德罗,后来又在 1913 年

---

① Mark Wasserman,"The Social Origins of the 1910 Revolution in Chihuahua," p. 32.
② Ibid., p. 33.

后成为比利亚的热情支持者。

　　迪亚斯政府期间,除了失地的小农场主外,依附于大庄园的劳工也深受出口农业发展的影响。在奇瓦瓦州,牲畜成为最基本的出口产品。大庄园主将原来种植玉米的土地原承租人赶走,以便将他们承租的土地转为牧场。这样,在绝大多数大庄园,仅需雇用很少量牛仔或牧羊人常年照看牲畜。一方面,与农业生产不同,牛仔和牧羊人的工作不是季节性的,而是常年的,因此他们的工作安全性和待遇有相对的保障。1902 年,奇瓦瓦州的牛仔工资为每月 7 到 8 比索,另加食物配给。1913 年,在特拉萨斯家族拥有的北部地区最大的庄园中,牛仔的工资上升到每月 15 比索。如果一名牛仔升到牧工头(caporal)的位置(平均每 7 到 8 名牛仔中就有一位牧工头),他的工资会涨到每月 300 比索。除工资外,很多牛仔还获准将部分牛占为己有,并在庄园的牧场上放牧。北部的牛仔之所以境况较为优越,是由于美国的牧场也需要大量牛仔,由于他们善于骑马,并常常拥有武装,因而相对于其他社会集团而言,能够较容易地离开庄园。牧羊人的境况与牛仔基本类似。① 另一方面,牲畜的出口市场也是变化不定的,因而牛仔的工作和待遇也并非没有不安全性。19 世纪 90 年代,墨西哥的牲畜出口达到高峰,此后,1904—1908 年出现了连续四年的萧条,只是在革命的动荡波及奇瓦瓦州时,才再度回升。奇瓦瓦州的很多牛仔,在畜牧业萧条期面临着失业的危险,加入了马德罗和比利亚的起义队伍。②

　　19 世纪晚期,在科阿韦拉州和杜兰戈州交界处的拉古纳(Laguna)地区,商品性农业的发展最为迅速,对庄园雇工的影响也最大。在迪亚斯时代以前,该地区的大庄园主要从事畜牧业,仅沿纳萨斯河(Nazas)和阿瓜纳瓦尔河(Aguanaval)的河畔,少量土地承租人租种大庄园土地,在每年的洪水过后从事种植业。19 世纪中期,一些庄园主或其承租人,引进了棉花,并小范围种植。但是,拉古纳地区农业的发展却受到每年洪水的不稳定和通往遥远市场的高昂运费的限制而起色不大。铁路的修建改变了这一状况。1884 年 3 月,墨西哥中央铁路完工,将拉古纳与埃尔帕索和墨西哥城连接起来。四年后,连接拉古纳与得克萨斯边界的小石城的铁路通车。铁路将拉古纳地区与国内和国际市场连为一体,并大大降低了运费,致使拉古纳

---

① Friedrich Katz, "Labor Conditions on Haciendas in Porfirian Mexico: Some Trends and Tendencies," pp. 34—35.
② John Tutino, *De la insurrección a la revolución en México*, *Las bases socials de la violencia agrarian*, *1750—1940*, pp. 255—256.

的棉花生产迅速发展。庄园主修建灌溉设施,控制和分配一年一度的洪水。他们还引进了新的棉花品种。随着棉花生产的扩大和灌溉设施的修建,有权有势的大庄园主与贫困的小农场主和村民之间围绕着土地,特别是水源的争端不断加剧。19 世纪 70 年代末和 80 年代初,由此引发了一系列的抗议运动和暴力冲突。1884 年后,随着迪亚斯政权的巩固和拉古纳经济的繁荣,这些社会不安定因素被平息下去。但是,1905 年后,抗议运动再次升级。①

然而,拉古纳地区的绝大多数贫困人口不是小农场主和村民,而是依附于大庄园的劳工。在 19 世纪 80 年代棉花种植开始扩展时,绝大多数庄园的人口为土地承租人,主要是贫困的分成农。他们在灌溉用水极不稳定的冲积平原上种植粮食,面临着极大的风险。但随着棉花种植一年年扩大,冲积平原成为庄园的棉花产地,原来的分成农被迫转移到庄园的边缘地带,土地基本上得不到灌溉。他们在这些贫瘠的土地上种植粮食,并在偶尔得到灌溉的地方种植一点棉花。由于产量极不稳定,很多承租人被迫在大庄园的土地上种植和采摘棉花,赚取工资补贴生活,成为大庄园的劳动力来源。在拉古纳地区的拉孔查庄园(La Concha),63% 的常驻劳工为分成农,其余 37% 为雇工。但是,在公司商店的账目中发现,分成农和雇工的很多名字是相同的,这说明,很多劳工是同时依靠承租土地种植和在庄园充当工人来维持生存。②

拉古纳地区的棉花生产受制于市场需求和灌溉用水。1902—1907 年,市场需求量大,河水充足,致使拉古纳的棉花生产扩大,庄园对劳工的需求增加,劳工的待遇和劳动条件也有所改善。但是,1907 年发生的经济危机致使市场萎缩,同时随后几年,拉古纳几条河流水量减少,导致棉花生产急剧下降,就业率严重下跌。与此同时,干旱又导致分成农种植的玉米严重减产。大庄园为了谋利,将出售的玉米价格提高 50%,甚至更高。农村的社会不满达到了顶峰。1910 年秋天,当弗朗西斯科·马德罗发动反对迪亚斯政权的起义时,他在拉古纳地区很快赢得了大量的支持者。支持者中,既有失去土地的小农场主和村民,也有大量的庄园劳工。1913 年 9 月,比利亚率军从奇瓦瓦来到拉古纳,在此得到了广泛的支持。

总之,革命前,在北部地区,由于铁路的修建,促进了商品性的农牧业

---

① John Tutino, *De la insurrección a la revolución en México*, *Las bases socials de la violencia agrarian*, *1750—1940*, p.256.
② Ibid., p.257.

的发展,由原军事殖民地居民演变而来的小农场的土地不断被大庄园侵占,大庄园与小农场主的冲突激化。与此同时,由于商品性农牧业的市场不稳定,大庄园内部雇工的工作稳定性也受到威胁。1910年革命爆发后,小农场主和庄园雇工成为马德罗和比利亚领导的革命的重要力量。

三

通过对墨西哥革命前农村社会经济和阶级关系变化的分析,可以看到,促使农民参与革命的根源在于迪亚斯时期农业商品经济的迅速发展对农民生存方式的剧烈冲击。与历史上许多其他国家的革命一样,在墨西哥,革命的发生不是由于经济的落后,恰恰是由于经济的迅速增长和现代化,这与托克维尔笔下大革命前的法国颇有类似:路易十六统治时期是旧君主制最繁荣的时期,但是"繁荣反而加速了大革命的到来",①也印证了亨廷顿对20世纪第三世界国家的论述:"政治动乱的产生,不是由于缺少现代性,而是由于试图获取现代性。如果贫穷国家不稳定,那并非因为它们穷,而是因为他们力图致富。"②

但是,这种现代化是以以农民为主的社会低层的生活和工作条件的严重恶化为代价的,托克维尔在对法国大革命的研究中,认为"革命并不是在那些中世纪制度保留得最多、人民受其苛政折磨最深的地方爆发;恰恰相反,革命是在那些人民对此感受最轻的地方爆发的"。③ 从墨西哥革命前的历史事实来看,托克维尔的这一结论并不具有普遍性。革命前的莫雷洛斯州和奇瓦瓦州,恰是农民负担最重、遭受压迫最严酷的地方,也是革命要求最强烈的地方。现代化将封闭、落后的农村和农民卷入了市场经济,但是,如果没有政治民主化的保障,市场经济必然是不完善的、扭曲的。在这种情况下,如果统治上层不主动进行政治开放和改革,政治动荡不安、通过革命的方式来推进政治现代化的道路是不可避免的。墨西哥的现代化所经历的就是这样一条道路。正如亨廷顿指出的:"1910年以前的二十年间,墨西哥经历了迅速的经济发展和现代化。1910年以后的三十年内,墨西哥出现了同样迅速的政治发展和政治现代化。"正是在1910年的墨西哥革命中

---

① 托克维尔:《旧制度与大革命》,冯棠译,商务印书馆1992年版,第209页。
② 〔美〕塞缪尔·P.亨廷顿:《变革社会中的政治秩序》,第41页。
③ 托克维尔:《旧制度与大革命》,第64页。

"诞生的政治体系给墨西哥带来了拉丁美洲前所未闻的政治稳定,以及四、五十年代经济迅速增长所必需的政治结构"。①

(本文作者系北京大学历史学系教授、博士生导师)

The Change of the Rural Social Relations and the Origin of the 1910 Revolution in Mexico: Focus on Morelos and Chihuahua
Dong Jingsheng

Abstract: Before the outbreak of the revolution in 1910, in the central Mexico, especially in the state of Morelos, the haciendas, with the support of the government, increased their output by seizing the lands of the ejidos. As a result, the peasants who lost their lands had to work on the haciendas as sharecropping tenants or employees to survive. The opposition of the peasants against the haciendas and the governments led to the revolts after 1910. Under the leadership of Emiliano Zapata, they fought for the land and autonomy. In the northern Mexico, because of the development of the commercial agriculture and stock breeding, the land of the rancho, which had been former military colonies before, were lost to the haciendas. The conflicts between the rancheros and the hacendados became intense increasingly. At the same time, due to the instability of the commercial agricultural and stock economy, the stability of the work of the employees in the hacienda were also threatened. So the rancheros and the employees in the haciendas became the main forces in the military forces of Francisco Madero and Pancho Villa after 1910.

Key words: the Mexican Revolution; Hacienda; Ejido; Rancho

---

① 〔美〕塞缪尔·P. 亨廷顿:《变革社会中的政治秩序》,第309页。

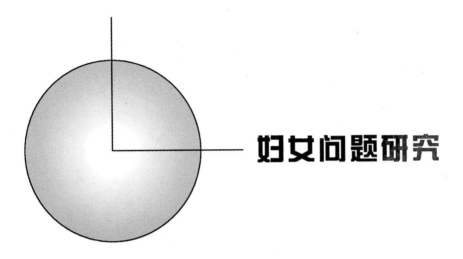
妇女问题研究

由 2015 年联合国第 59 届妇女地位委员会暨非政府组织周边会议看《北京宣言》暨《行动纲领》二十年后的女性行动

叶德兰

【内容提要】 2015 年联合国妇女地位委员会暨非政府组织周边会议适逢《北京宣言》暨《行动纲领》二十周年纪念,近九千人由全球各地前来参加,举行了二百场会议及论坛,各国于其中提出相关办理落实情形及对 2015 年以后未来"永续发展目标"之协力建议。综览这些主题的论坛相关发言,似乎浮现出三条国际性别平等进程主轴线:(1) 跨越界线的成果:打破固有传统领域疆界,让女性权益倡议不再只限于女性参与,为了女性和关于女性,而放入人类整体发展脉络中;(2) 承先启后的努力:多见年轻女孩对目前各项全球议题提出看法,而且不只让她们发声、被看见,更强调年轻女孩彼此帮助,使每个年轻女性皆能成为促发改变的行动者;(3) 彻底改变的追求:不少论坛又重新讨论歧视、暴力的最根本的原因就在于文化中的刻板印象、角色分工,认为要改变这样的社会文化才可能真正推进性别平等。本文将由这些主轴连结本届会议之正式宣言,从而反思女性的性别平等行动及未来进一步改善之契机。

【关键词】 女性权益;跨越界线的成果;承先启后的努力;彻底改变的追求

2015 年为《北京宣言》和《行动纲领》(Beijing Declaration and Platform for Action) 二十周年纪念,国际社会于第 59 届联合国妇女地位委员会暨非政府组织周边会议进行相关审查及研讨,各国提出《北京行动纲领》(Beijing Platform for Action)。而非政府组织则由公民社会观点检讨政府及国际组织进程。本年亦值联合国安全理事会第 1325 号"女性、安全与和平"

决议十五周年纪念,并且为配合即将举行的全球执行情况的高级别审查,办理了各项程序说明工作坊及国家行动计划之执行成果检讨。由于本年具此历史特殊性,超过一千一百个公民社会团体、近九千人由全球各地前来参加,举行了多达二百场会议及论坛。综览这些主题的相关发言,似乎可以发现三条国际性别平等进程主轴线。

国际非政府组织性别平等进程主轴线有

(1) 跨越界线的成果(Transdivisional Achievement)

打破固有传统领域疆界,让女性权益倡议不再只限于女性参与(by women),为了女性(for women),关于女性(about women),而放入人类整体发展脉络中,本就是国际社会近二十年来致力提倡的,今年论坛更是常见男性以及跨国协力共同促进性别平等以求增强发展的成果。前者由男性加入防止对女性暴力行列,如印度、巴基斯坦男性倡导停止童婚,中东、非洲男性倡导停止女性生殖器割除陋习(Female Genital Mutilation),更检视所谓传统文化中多元男性(masculinities)对暴力、武装冲突的不同影响与其中可能产生改变现存父权宰制文化的契机。这些运动多在由男性首领之男性聚会中发想并凝聚运动策略及形式,而这些男性带领人会在聚会前后,与女性协作者商讨内容及方向,力求避免对女性之偏见或负面刻板印象。

后者多在欧洲与非洲、亚洲形成双边或多边国家伙伴关系,除经济发展援助外,更进行新兴国际人权议题之扎根,包括建立及执行"女性、和平与安全"国家行动计划、打击网络或中介商业性交易以减低人口贩运,以及共同对抗地区性对多元性别者之歧视等。凡此皆说明女性地位之提高与其权益之实现,是应男女共同为了全体人类的福祉来努力的,并非仅仅是女性或国内社会政治运动,而各个现有跨界的好做法正是我们可以在外交及社福方面参考的。

(2) 承前启后的努力(Transitory Efforts)

《北京宣言》和《行动纲要》至今已经二十年了,但世界上许多地方的女性仍然受到暴力、歧视而无法充分发展,显见未来的推动要靠年轻世代来接棒。或许因为如此,今年在各个主题上皆加强了世代交替的面向,联合国妇女署(UNWomen)特别举办了为期一天的重点论坛,名为"跨世代对话"(Intergenerational Dialogue),非政府组织论坛亦多见年轻女孩对目前各项全球议题提出看法;而且不仅只让她们发声,被看见,更强调年轻女孩彼此帮助,如在联合国内部举行的周边论坛(Side Event)"女性与媒体:促进《北京宣言》和《行动纲要》关切领域"("Women and the Media:Advancing Critical Area of Concern of the Beijing Declaration and Platform for Action"),即以女童军到发展中偏向进行教育培力训练,使每个年轻女性皆能成为促发改变的行动者,特别是她们熟悉新兴社会媒体,推动改革可以更为无远弗届。

今年另一承前启后的讨论主轴则在如何确保由千禧年目标(MDG's)过渡到2015年下半年即将定案的永续发展目标(SDG's)过程中,性别平等及女性赋权不仅应该是一独立的重点项目,在 Goals、Targets 及 Indicators 所有层次上均要得到应有的重视。事实上,妇女地位委员会(CSW)第59届会议结束后紧接着就举行了对《北京宣言》和《行动纲要》执行监测指标之订定协商,让未来推动相关进程更有依据。联合国妇女署甫于2015年4月发布《2015—2016世界妇女进展:改变经济,实现权利》报告①,即强调经济发展对于女性生命周期各种权益之影响,要求加速改变不利于女性发展潜能的经济形态及环境,制定符合人权标准的新经济策略,以为年轻女性开拓更广大的发展空间,因为"妇女的进步就是整个社会的进步"("Progress for women is progress for all")②,各国政府应该超越旧有经济观念(如增加国内生产总值或保持低通货膨胀等),而以实现人权作为衡量经济发展成功的标准,相信此一重要立场应该会进入永续发展目标之中,以确保女性权利不会在2015后(post-2015)的各级发展中被牺牲。

(3)彻底改变的追求(Transformative Quest)

2015年是联合国成立70周年,女性从其肇始即积极参与,希望促成性别平等,正如今年联合国秘书长对全球执行《北京宣言》和《行动纲要》情况报告③所指出的,目前尚未有任何一国已经实现男女平等(第372段),可见多年努力之成效仍有待加强,而新的努力恐怕要以"面对不平等的根源,彻底加以改变"为目标才有达成的希望,正如前述秘书长报告所言:"《行动纲

---

① *Progress of the World's Women* 2015—2016: *Transforming Economies, Realizing Rights*,全文可见 http://progress.unwomen.org/en/2015/pdf/UNW_progressreport.pdf。
② 联合国妇女署副执行主任普里(Lakshmi Puri)2015年4月27日在纽约总部举行的报告发布会上的致辞结语。
③ Review and appraisal of the implementation of the Beijing Declaration and Platform for Action and the outcomes of the twenty-third special session of the General Assembly. Report of the Secretary-General (UNDocument E/CN.6/2015/3).

要》执行情况审查表明,即使在法律上的平等已实现的情况下,歧视性的社会规范仍然普遍存在,这影响到两性平等、增强妇女权能以及妇女和女孩人权的所有方面"(第 376 段),今年的妇女地位委员会(CSW)正体现了此一方向。

特别是不少非政府组织论坛又重新讨论歧视、暴力的最根本原因就在于文化中的刻板印象、角色分工,这些社会规范和男女角色定型观念也是阻碍实现两性平等和妇女权利的重大障碍,要改变这样的社会文化才可能真正推进性别平等;在积极方面,由各个文化传统,尤其是宗教,自行回归检视经典、法规及习俗,已有相当成果,如马来西亚 MUSAWAH 组织从 2009 年开始,将《可兰经》及 Sharia 文字放入成书当时时空脉络,来重新探讨"男性主导"(Men in Charge)此一伊斯兰教义之正当性,历时 5 年完成。MUSAWAH 发现男性主导并非经文记载,乃由后世解释所致,而根据伊斯兰教规是可以修订后世解释的,并不违伊斯兰真理;而"男性主导"之要求事实上已经与今日在埃及等国女性已至少为 1/3 家庭家长之现实不符,应该解构此一神学概念,重新教育大众,去除对女性穆斯林之歧视,让伊斯兰文化成为女性发展的力量来源①。

对于传统习俗阻碍女性受教育、健康及发展之危害,亦有多场论坛讨论,咸以为教育若只传授男女互补之刻板印象及角色分工,就不可能让每一个人自在发展,特别在女性之培力与公共参与方面,她们必须面对传统习俗压力,自是难以达到与男性实质平等之一日,是以彻底改变所谓传统男女角色,并正视文化对发展的影响,应该会成为各国未来推动性别实质平等的重要工作。联合国多个机构皆于近三年开始将文化层面正式全面纳入其工作框架,并在不同区域实行不同适切措施,如非洲联盟与联合国儿童基金(UNICEF)、联合国发展基金(UNFPA)及联合国欧洲经济委员会(UNECA)合作消除对女孩/女性之有害传统的做法,亦在某种程度上呼应了 2014 年《消除对妇女一切形式歧视公约(CEDAW)》在及《儿童权利公约(CRC)》共同公布之联合一般性意见(CEDAW GR31/CRC GC18)。

非政府组织周边会议的三轴线表明了目前国际社会在性别平等推动

---

① 3月14日(10:30—12:00)于 Church Center 之 Hardin 室举行的"Recognising Common Ground: Islamand Women's Human Rights";3月16日(16:30—18:00)于 Church Center 之二楼会议室举行的"When Women's Rights are Lost in the Game Between Political Representation and Religious Bodies"。

上愈趋涵容(inclusive)的发展方向,且多场次中皆强调了伙伴关系(partnership)相互支持的趋势。同时,这些主题或多或少反映在今年妇女地位委员会(CSW)于3月9日通过的《第四次妇女问题世界会议召开二十周年政治宣言》之中。

《第四次妇女问题世界会议召开二十周年政治宣言》(以下简称《宣言》)公布后,受到多个公民社会团体,特别是妇女组织的批评,认为内容平铺直述,未能响应《北京宣言》和《行动纲要》二十周年各国执行审查结果所呈现之全球各地仍存在的性别不平等差距,不仅无法利用此一关键性时间点提出具前瞻性之全球愿景,甚至不及二十年前《北京宣言》和《行动纲要》的目标层次,并缺乏"消除对女性暴力""妇女及女童之性生殖健康及权利"的明文关注,更未关注近年重要的"人类安全"与"人权为基准"的取径,无怪乎国际妇女非政府组织多以"失败"(e.g. "fail to"、"failshot"①)、"盲点"(e.g. "peace and conflict blind"②)或"退步"("a step backward"③)等负面词汇来评论。虽然《宣言》不尽如人意,但较之于十周年或十五周年宣言,其长度与内容均远优于前二者,究其细项,仍有值得注意之处:

1. 将性别观点纳入联合国主要会议和首脑会议。

自1994年维也纳人权会议开始,女性团体理解到事前投入重大会议准备工作与参与会议执行部门可让女性权益议题不仅进入议程,亦可在结论文件中有所体现,成为各国实践施行之正式依据。在二十年后此次妇女地位委员会各国代表的官方声明《宣言》中有:

> 致力于确保将性别观点纳入筹备和统筹协调地执行和跟进联合国在发展经济、社会、环境、人道主义及有关领域的主要会议和首脑会议,使其有效促进实现性别平等和赋予妇女和女童权能。(E/CN.6/2015/L.1,序言)

这些文字固然增强了女性参与联合国五个不同领域重要会议时之着力点,也的确反映出跨域性别主流化的意义,然较之于历年世界妇女大会

---

① 见EWL网站文章:"CSW59 Political Declaration: Women's Organisations in Europe and North America Call on UN Member States to Commit, Accelerate and Invest in Women's and Girls' Human Rights", http://www.womenlobby.org/spip.php?article7148&lang=en。

② 见Peace Women网站文章:"CSW 59", http://www.peacewomen.org/UN/csw-session/CSW59。

③ 见Womandkind网站文章:Amelia Hopkins and Abigail Hunt,"CSW 59 Political Declaration: A Step Backwards", http://www.womankind.org.uk/2015/03/csw-59-political-declaration-a-step-backwards/。

主轴"平等、发展与和平",未免相形见绌,显得狭隘,缺乏政治、安全等领域之参与,而且将参与目的限缩于性别平等与赋予权能,丝毫未提女性对发展、经济、社会、环境、人道主义领域的既存贡献,使得女性在《宣言》序言中即成为应受协助的对象,实质上架空了性别主流化之全面性与完整性,更未由女性主体之动能、贡献的角度来建构性别平等推动之意义及方式。

2. 承认、关切结构性障碍及新的挑战。

《宣言》第4、5段提到执行《北京宣言》和《行动纲要》的障碍,包括"结构性障碍"(第4段)及"新的挑战"(第5段),并在第6段中以具体行动响应,包括强化法律、问责等机制、体制之执行,改善歧视性规范和性别陈规定性观念等共六项。可惜的是,针对"新的挑战"只提出对信息和通信技术的做法,而未对近十年来挟"传统文化"之名而欲影响普世人权及基本自由进程之势力对女性权益之种种限制企图,已有使其倒退之可能,做出重要处理原则,如东欧地区对女性,特别是性及生殖相关权利之箝制①,又如欧洲议会(European Parliment)2010年通过的二十周全薪孕/产假,并扩及同性伴侣之提案,遭受欧洲理事会(the Concil of Europe)搁置,三年后更思撤回(EWL, 2014)或是国际文献近年以"全人平等"(equality for all)取代"性别平等"之趋势②等。《宣言》其实并未完全采纳秘书长报告所提之优先重要做法,特别是"确保女性充分平等参与各级决策"之建议,被视为"至关重要"(essential)(秘书长报告第397段),却在《宣言》中仅列在12个重大关切领域清单中(《宣言》第4段),丝毫不见对此之重视,让诸多公民社会团体失望。

3. 肯定彻底改变、跨界合作的重要。

针对《2015后发展议程》,《宣言》采纳"全面变革办法"(a transformative and comprehensive approach)(第7段),并于第9、10段叙明非政府组织、妇女组织及小区民间社会、联合国妇女署(UNWOMEN)之参与及贡献。本次《宣言》亦与十周年、十五周年宣言同样地要求男性参与,只是此次独立为一段"让男子和男童充分参与",且承诺了"所有权益攸关方"(all stake holders)均可参与,不仅未强调妇女与女童才应该是充分参与之主体,反而

---

① Magdalena Grabowska. (2015). "Cultural War or Business as Usual? Recent Instances and the Historical Origins of the Backlash Against Womens's Rights and Sexual Rights in Poland". In *Anti-Gender Movements on the Rise?* (pp. 54—64). Berlin: Heinrich Böll Foundation.

② Maria Stratigak. (2008). "La politique du recul. De l'intégration de l'égalité《des sexes》à l'intégration de l'égalité《pour tous》, *Cahiers du genre*, No. 44, 49—72.

可能在顽强的父权体制下,让不同定义的"性别平等"倡议者透过"利益攸关方"位置得以进入政府推动机制,重蹈前几世纪对女性教育、职业及母职期许之覆辙,再现"传统文化"男女互补窠臼,恐怕会更加减缓实质性别平等进程,回到男女有别、男女互补的刻板印象老路。

《宣言》若与论坛相比较,世代传承的意味并不明显,在《宣言》中"承先"的部分仅借"重申"各项先前文书及欢迎相关审查结果为叙述,"启后"部分则以《2015后发展议程》、2015年9月召开高层首长性别平等会议及未来各方努力来带出,对于"女童"之承担与参与,未曾独立提出,而与"妇女"牢牢绑在一起,见不到对年轻人的贡献与网络世代新力量之认可,非常可惜。

若将2015年妇女地位委员会暨平行论坛非政府组织论坛中所浮现的主轴,连结到二十周年纪念《政治宣言》后,至少出现了三个未来亚洲女性行动可以着重的方向,以促进女性权益及性别平等。

(1)培育年轻女性在实务上与理论上的能量。

年轻女性在女性权益进程之实务与理论能量,需要有系统长期的培育,而不应仅限于个别团体或一两期训练,如年轻女性若能参与CEDAW或Beijing+20等定期报告过程,不仅可以逐渐熟悉国际社会共同认可之性别平等框架落实在自己国内、小区的进程,在实务上而言,更可以:

1)透过非政府组织报告撰写过程,与其他非政府组织团体交换信息,开启更多面向的合作;

2)有机会与外来专家对话讨论在性别平等议题,得到国际视野的建议及良好做法之参考;

3)借由报告过程中不断的思维对话,会深化对自己所属非政府组织团体理念之认同,也对自己所起的作用更有信心;

4)参考不同团体及国际做法,激发对自己真正关切议题之未来倡议方式及论述理路。

(2)以实践女性权利为基准的经济发展。

目前亚洲的经济形态及环境并非全然利于女性发展其潜能,特别是在激烈的经济竞争下,女性常被迫从事低收入和低质量的工作,而无法获得基本的健康保障,即使已经可受教育及进入条件较佳的职场,仍未能减轻生育及照护重担,且难以跻身决策层级,在在皆为其经济发展劣势原因之一,而不能充分实践女性权利。如何以跨域合作发展永续经济(sustainable economy)模式,将女性权利和经济政策制定放在一起加以考虑,来增强妇女经济权能,创造女性体面(decent)就业的环境与机会,调动政府及企业资源以资助重要的公共服务,而非陷入"社会福利"的迷思,使妇女获得平等权利成为现实?

另一方面,亚洲各国已经签署多项权利公约及重要国际协议,如能善加利用彼此相关处,与其他团体连结,如由环境议题切入永续经济发展,并在交叉性(intersectionality)的原则下相互发现,如在亚洲不同地域被边缘化妇女群体之权利与其经济发展可能皆有共通处境,可以透过区域网络协力解决。

(3)在宏观之和平、安全考虑下,转变歧视女性的社会常模、刻板印象与习惯做法。

歧视女性的社会常规、男女刻板印象与习惯做法还是普遍存在于正式和非正式的机制之中,而且日趋隐蔽,成为对妇女各种形式暴力的根源,仍旧阻碍了实现女性安全及性别平等之可能。尤其是新传播科技(New Information and Technologies, New ICTs)中更蕴含了对女性的暴力,也影响了现今对女性暴力行为的理解。如联合国妇女署与奥美广告公司(Ogilvy & Mather)于2013年合作推出了一系列平面海报、期望能更进一步铲除性别歧视,利用搜索引擎(Google Search)功能,只要打入词头就会跳出最常搜寻词句,呈现出当代网络世界对女性始终抱有不平等,甚至带有歧视看法的事实,其后Google不断调整了搜寻算法,以免日后搜寻会再出现这样的性别歧视词句而产生不必要的隐性歧视可能。

不过,此一长久对女性不友善的网络氛围正可以说明2012年夏天发生的网络事件并非偶然。Anita Sarkeesian是出生于加拿大的美国媒体人,她在2012年5月17日于其部落格发起为探讨在线/电玩游戏中男女性别形象(gender tropes)的短片基金募款,二十四小时内就募得原订之6000美金目标,三十日内更达158900美元,但对她的各种威胁、辱骂及在线攻击大增[1],还有人建置了名为Beat up Anita Sarkeesian的网上游戏[2],只要轻点鼠标就可以殴打或割裂该女脸部照片,计算机屏幕上的照片并会出现瘀青、

---

[1] 如以色情图片覆盖她的维基页面次数之多迫使维基曾经暂时关闭此网页;又如她在Youtube的网页上也充斥恶意留言。

[2] http://www.huffingtonpost.co.uk/2012/07/06/internet-trolls-online-beat-up-anita-sarkeesian-game_n_1653473.html。

流血等伤痕。一位多伦多女性运动者 Stephanie Guthrie 便主动协助查寻该款游戏设计者的真实身份①,但可叹的是 Guthrie 也开始不断接到各式恐吓威胁及在线跟踪,只好于七月中报警处理②。此一事件印证了在今日数字时代中,暴力侵害妇女行为的新形式及影响已超乎了传统想象与范畴,而数字暴力(cyber-violence)也成为联合国系统防治对女性暴力的下一波重点之一③。

在如今生活不能缺少网络的环境里,女性安全与社会和平自是受到威胁,而面对这些歧视甚至仇视女性的厌女氛围,及其底层之性别文化意识形态,应该是亚洲妇女权益运动者要正视的课题。改变盘根错节的文化结构并不容易,需要广结助援,如具性别平等意识的男性便是女性不可忽略的盟友,如何连结他们共同努力,善用年轻世代的平权思想,跳脱"传统父权"与"女性主义"对立的二分法,让更多男性看见陷入自身的性别刻板印象牢笼之害,以及改变结合霸权男子气质(hegemonic masculinity)之传统安全观念、重视人类安全(human security)会带来对男女的好处,是我们重要的挑战。

行动就是未来

女性在行动,女性也要继续行动。许多前人及我们今天之前为女性权益的努力,造就了我们现在达到的多方面成果,此后的各种形式的作为,我们正是在"写下自己的命运"④,因为我们的行动就是我们的未来。

(本文作者系台湾大学外国语文学系教授)

---

① Stephanie Guthrie 最后发现此人真实姓名为 Bendilin Spur,年仅 25 岁,还宣称自己绝不会对任何人施加肢体暴力,线上游戏也并非"打女人",而是"打自私鬼"而已。但此人称 Anita Sarkeesian 罪有应得,因为"她天生有阴道就以此骗取金钱与同情"。
② http://www.ivillage.ca/living/women-we-love/toronto-feminist-takes-misogynistic-trolls-of-the-internet。
③ 如联合国亚太训练中心(UN Asia and Pacific Training Center)于 2006 年开始已多方探讨数字世界中的暴力侵害女性及贩运妇女等,可参见网站:http://www.apc.org/en。
④ 传为宋美龄所言,原为英文(We write our own destiny; we become what we do.) 中文为作者自译。

Beijing +20 and Beyond: Observations at the 2015 UN CSW

Yeh Theresa Der-lan

Abstract: The 2015 UN Commission on the Status of Women (CSW) commemorated the twentieth anniversary of the Fourth World Conference on Women and the Beijing Declaration and Platform for Action. In addition to government representatives, as many as eight thousand women and men from all corners of the world participated in the parallel events and NGO forums. On the basis of first-hand participatory observation, three lines of themes to promote gender equality and to empower women have emerged: transdivisional achievement, transitory efforts, and transformative quest. This paper will connect the three themes with the Political Declaration adopted during the 59th Session of the CSW; hence reflect upon where we women are and suggest some future directions for women's actions.

Key words: Women rights, Achievements across the boundary, Efforts inheriting the past and ushering in the future, The pursuit of radical change

《北京行动纲领》实施20年来韩国的主要法律进展及课题

〔韩〕李露利

【内容提要】 介绍《北京行动纲领》实施20年来,韩国在法制方面取得较大进步的领域:以提高女性地位的制度性措施、反对对女性的暴力、女性与人权等三个领域取得的成果,及以后的发展问题为中心进行探讨。

【关键词】 提高女性地位;反对对女性的暴力;女性与人权

一、序论

如果说1993年的维也纳人权宣言将现有国际人权法体系的视角转向了女性主义,那么1995年在北京召开的第四届世界妇女大会(Fourth World Conference on Women,以下简称之为"北京世界妇女大会")进一步体现了维也纳人权宣言中规定的内容。① 1995年9月4日至15日,北京妇女大会以"以行动谋求平等、发展与和平"为主题隆重开幕。此次大会作为联合国支持下召开的最大规模的会议,共有来自189个国家的5700名代表,以及3万多名非政府组织论坛参加者出席。此次北京妇女大会在实践性层面对女性权利进行强调的同时,对国际妇女人权条约在各国实施的具体战略进行了构想,认为人种、年龄、族性、文化、宗教、残疾、土著、家庭及社会、经济地位、难民的处境、环境破坏、疾病、暴力受害者等问题的交叉是维护女性

---

① Manisha Desai, "From Vienna to Beijing Women's human rights activism and the human rights community", in Peter Vanness(ed.), *Debating Human Rights* (London: Routledge, 1999), p. 187.

权益最大的障碍。①与会者一致认为,1995 年召开的北京世界妇女大会与 1993 年召开的维也纳人权会议一样,翻开了将女性人权带入到联合国人权议题的划时代的篇章。联合国以 1995 年北京世界妇女大会为起点,采纳了将性别主流化作为女性政策的新型范式这一观点。所谓性别主流化,是指"在政治、社会领域的所有政策及制度的制定、实行、监督及评价过程中,女性和男性统一追求目标,消除不平等,使两者都能得到同等的实惠,最终目的是实现性别平等。"作为促进性别主流化的方法途径,北京行动纲领要求各国评估其政府在制定政策及制度时的性别影响程度。性别主流化主要通过政策制定过程中的调整、改善、发展及评价,使性别平等观念在所有政策中得到贯彻,这需要长期的摸索与实践。②

此次会议通过的《北京行动纲领》,将提高女性的权利,促进内罗毕战略的实施,女性平等参与经济、社会及政治性决策,排除所有阻碍女性能动参与公共生活的障碍作为首要目的。这一原则作为共同的责任,不仅要在男性和女性的家庭和事业上得到确立,而且要在国家和国际社会中进一步得到确立。③北京妇女大会行动纲领由 6 章 361 条构成,包括《北京宣言》的 38 个条文。其中,选定了 12 个主要关注领域,要求各国在今后 5 年里为实现男女平等做出政策性努力(a. 女性与贫困,b. 女性与教育和训练,c. 女性与健康,d. 女性与暴力,e. 女性与武力冲突,f. 女性与经济,g. 权利及意识决定中的女性,h. 提高女性地位的制度性措施,i. 女性与人权,j. 女性与媒体,k. 女性与环境,l. 女性与家族)。这在一定程度上指出了各领域中造成女性歧视的社会性因素,同时为各国政府、市民团体、国家机构等指明了今后努力的方向。在 12 个领域中共同强调的是性别识别方面的观点以及女性对于政策及意识决定过程的参与。④

《北京行动纲领》对韩国政府形成男女平等的政治性意识发挥了重要的作用,同时也对韩国具体计划的制定及实施产生了很大影响。

---

① Dianne Otto, "A Post-Beijing Reflection on the Limitations and Potential of Human Rights Disclosure for Women" in Kelly D. Askin and Dorean M. Koening (eds.), *Introduction to Women's Human Rights Issues*, Transnational Publishers (U.S.A.: 1999), p.130.

② 韩正元:《为性别主流化相关制度的落实开展的研究》(Ⅰ):"容受性及制度适用现状,实行方案",韩国女性政策研究院 2008 研究报告书,第 3—4 页。

③ 北京行动纲领, para. 1。

④ 参见李露利:《女性人权法》,[韩国]启明大学出版社 2015 年版,第 120—121 页。

二、提高女性地位的制度设置

提高女性地位的制度性成果,主要体现在1995年12月30日制定的《女性发展基本法》①、关于女性政策基本计划的出台、女性发展基金的建立、女性部的出现、女性政策协调会议的建立、国会女性委员会的创立等。在《女性发展基本法》制定近20年的时间里,以女性政策为中心的社会环境发生了巨大的变化。女性政策的模式已由"女性发展"转变为"实现实质性的两性平等",但是,其法律却没有适时进行有效修改,依然维持着1995年的基本内容。特别是在世界范围内女性政策向"性别主流化"转变的潮流之下,韩国从1990年开始实施性别主流化政策,促进性别影响评价、性别认识评估、性别识别统计等两性平等方面的制度建设,但是在法律上依然没有得到体现。因此,为体现两性平等政策方面的基本法性质,于2014年5月28日对其进行了全部修订,并且根据其立法目的将名称修订为《两性平等基本法》。②

《两性平等基本法》加强了两性平等方面的权利保障及政府的责任,更加促进两性平等政策的体系化,强化了促进两性平等方面的措施,通过两性平等的性别主流化政策性措施体系化,使女性能够和男性享有同样的待遇,在所有领域享有平等的责任和权利,最终实现实质性两性平等的社会。《两性平等基本法》的主要内容包括:(1)"两性平等"的定义,将仅指"性骚扰"的概念范围予以扩大,追加了"提供利益的意思表示""性的要求"等③。(2)每五年,女性家庭部长官建立"两性平等政策基本规划",这为两性平等现状的调查提供了依据④。(3)为了审议调整两性平等政策的主要事项,在国务总理所属部门建立了两性平等委员会,在两性平等委员会设立两性平等事务委员会及分科委员会,中央行政机关及市、道指定两性平

---

① 1995年12月30日制定、1996年7月1日开始施行的女性发展基本法为了体现宪法中的男女平等理念,促进女性的发展,通过规定国家及地方自治团体的责任,促进了政治、经济、社会文化等所有领域的男女平等。具体体现在:1. 为引入有关女性的措施提供了依据;2. 将女性政策基本规划的设立义务化;3. 建立并运营性歧视改善委员会,纠正对女性的歧视;4. 设立并运营女性发展基金,支持女性发展的事业;5. 为了提高国民对于促进男女平等的关注,设立女性周刊。
② 法制处,两性平等基本法修订理由参照(http://www.law.go.kr)。
③ 《两性平等基本法》第3条。
④ 《两性平等基本法》第7条及第10条。

政策责任官及必要的专门、专业人员等,进一步加强了两性平等政策中政府的责任,促进了两性平等政策的制定与实施①。(4)为了促进两性平等政策,规定国家和地方自治团体在执行公务过程中要采取性别主流化措施,这对性别影响评价、性别认识评估、性别识别统计、性别识别教育、国家性平等指数的制定等提供了依据②。(5)国家和地方团体在特定性别不能从事的特殊领域要采取积极性措施,女性家庭部长官可以劝告国家机关等采取积极措施③。(6)国家和地方团体在决策过程中,在公共、政治、经济等领域,要通过采取各种措施努力实现男女平等参与④。(7)将"母性保护"的概念转变为权利保障,同时将范围扩大到父性保障的领域,真正实现两性平等⑤。(8)设定国家和地方团体应防止性别歧视的义务条款,在基本法的高度上强调"禁止性歧视",同时设立了相关条款以防止性暴力、家庭暴力、性买卖犯罪及性骚扰的发生⑥。(9)将现有的《女性周刊》改为《两性平等周刊》传播两性平等政策及文化。(10)通过对建立女性亲和城市提供法律依据,促进女性亲和城市的建立,活跃女性亲和地域的政治环境,最终实现实质性的两性平等⑦。(11)为实现国际发展合作(ODA)两性平等制定相关措施,即为在国内外文化传播和促进统一过程中实现男女平等的参与付出努力。⑧

  2001年设立政府组织行使女性部职权,2008年由女性家庭部改建为女性部,2010年重新改回女性家庭部使其业务范围扩展到女性、家庭、青少年政策及健康,暴力预防教育,多文化家庭援助等。⑨另一方面,建立机制对政府制定的政策提前进行研讨,以防止影响女性权益的实现及行使社会参与权。为了确保这一机制的运行,同时引入了性别识别政策及评估分析。

---

① 《两性平等基本法》第11条—第13条。
② 《两性平等基本法》第14条—第19条。
③ 《两性平等基本法》第20条。
④ 《两性平等基本法》第21条—第24条及第26条—第28条。
⑤ 《两性平等基本法》第25条。
⑥ 《两性平等基本法》第29条—第32条。
⑦ 《两性平等基本法》第39条。
⑧ 《两性平等基本法》第40条—第41条。
⑨ 《两性平等基本法》第38条。

2006年制定的《国家财政法》中就有关于性别识别决算制度的相关条款①。自2009年政府就已经开始制定性别识别预决算,并提交到国会②。废除国家法律及自治法规中带有性别歧视性质的条款,制定了许多体现性别识别的法律。与此相关的内容将在下文"女性的人权"一段中进行梳理。

三、对女性的暴力③

韩国在对女性的暴力④方面践行的战略性目标主要体现在以下几个方面:制定有关家庭暴力的相关法律和受害人的救助制度化;制定性暴力相关法律并加大对性暴力的处罚;制定性买卖防止法和性买卖救助制度化。⑤

(一) 制定有关家庭暴力的相关法律和受害人救助制度化

韩国于1997年制定《家庭暴力特例法》,由《关于家庭暴力防治及受害人保护的法律》和《关于家庭暴力犯罪处罚的特例法》构成。《关于家庭暴力防治及受害人保护的法律》主要适用于预防家庭暴力,保护和救助家庭暴力受害人。《关于家庭暴力犯罪处罚的特例法》主要制定了有关家庭暴力处罚的刑事特别程序,对于实施家庭暴力的人通过调整生活环境、矫正性行为等处罚,恢复家庭的平和与安定,构建健康的家庭,最终保护受害人与家庭成员的人权。《家庭暴力特例法》中的"家庭暴力"是指"家庭成员之间肉体上、精神上及财产上的损害"。根据《关于家庭暴力犯罪处罚的特例法》,可以采取临时措施、紧急临时措施、保护处分、受害人保护命令等。

依据《关于家庭暴力防治及受害人保护的法律》,国家和地方自治团体为了预防、防止家庭暴力,保护和救助受害人,应当采取以下措施:1. 构建

---

① 性别识别预决算制度的引入(法第16条、第26条、第34条第9号、第57条、第58条第7项第4号、第61条及附则第5条)。将预算对于男性和女性产生的影响进行分析并制定性别识别预算书,将预算对性歧视改善方面产生的效果进行评价并制定性别识别决算书,最后将两者附加到预决算案附件当中向国会提出,自2010会计年度预决算案开始实施。

② 《有关性别识别预算分析的基本研究》,韩国女性政策研究院,2011年,第3页。

③ 李露利:《女性人权法》,第220—233页。

④ "对女性的暴力主要指以性为基础的暴力。这种暴力,在公共及私人领域都将给女性造成性自主以及肉体上、心理上的伤害。包括对性自主权造成威胁行为、在肉体和精神上造成损害和创伤的行为、强制剥夺女性人身自由的行为等。"

⑤ 李宣柱:《北京行动纲领实施15周年总结及后续课题》,韩国女性政策研究院,2010年,第25页。

并实行家庭暴力申诉体系;2. 为了预防家庭暴力,进行相关调查研究、教育和宣传;3. 设置并运行受害人保护设施,赋予受害人对出租房屋的优先居住权;4. 对相关受害人提供救济服务;5. 为了更加切实地救助受害人,构建并实行与相关机关单位合作体系;6. 制定并实施防止家庭暴力、保护救助受害人的政策;7. 制定相关措施保护受害人,设置紧急电话中心、家庭暴力商谈所、保护家庭暴力受害人的设施、商谈员等从业人员。根据本法,政府在保护一般女性的同时对残疾人、结婚移民、家庭暴力商谈所、受害人保护设施、女性紧急电话1366同样给予制度性的支持。另一方面,为了实现家庭暴力受害女性的自立和培养适应社会的能力,可提供受害人家庭居住生活的空间,韩国国土住宅公社将买入的出租住宅廉价出租给家庭暴力受害人居住,并确保总量。为受害人提供免费的法律援助以保护家庭暴力受害人的权益。通过大韩法律救助公社和韩国家庭法律商谈所的无偿民事家事诉讼代理、无偿刑事辩护、法律商谈、法律启蒙事业(日常法律教育和无偿代书)等实现对家庭暴力受害人的救助。

(二) 制定关于性暴力的法律并加大对性暴力的处罚

性暴力相关法律体现在1994年制定的《关于性暴力的处罚及受害人保护的法律》,为了更好地实施对性暴力的处罚及对受害人的保护,在2010年将《有关性暴力处罚及受害人保护的法律》分别制定为《关于家庭暴力防治及受害人保护的法律》及《有关性暴力犯罪处罚的特例法》。除此之外,在2009年6月9日制定了有关针对儿童及青少年性犯罪的处罚及具体程序的特别规定,制定了《关于儿童、青少年性保护的法律》,规范了对儿童及青少年的救助程序和内容。为强化对性犯罪者的处罚,制定了《关于药物治疗性暴力犯罪者性冲动的法律》和《关于特定犯罪者携带定位电子装置的法律》。

《关于性暴力犯罪处罚的特例法》进一步扩大了性暴力犯罪的处罚程度,将来自于有亲属关系人的强奸和强制猥亵等犯罪的有期徒刑下限向上调整,并将处罚的对象扩大到四亲等以内的姻亲及同居的亲属。加重对未满13岁未成年性暴力犯罪的处罚,同时规定,对饮酒、药物造成身心障碍引发的性暴力犯罪,不适用刑法有关减刑的规定。对未成年人性暴力犯罪的追诉时效期应从该性暴力行为的被害未成年人成年之后的第二天开始起算。当DNA等证据能够证明确实存在性暴力犯罪时,追诉时效延长10

年以弥补因证据保存困难引起的追诉困难。根据《关于儿童、青少年性保护的法律》,以前在网上只公开对儿童及青少年性暴力的犯罪人的身份信息;后来根据《关于性暴力犯罪处罚的特例法》,在网上扩大公开了以成人为对象的性暴力犯罪人的身份信息,并将犯罪者的信息告知周围家里有未满19岁子女的居民。根据《关于家庭暴力防治及受害人保护的法律》,2009年全国共有性暴力商谈所199个,每个所平均商谈业绩由2006年的592件上升到了2009年的775件。

(三) 制定"性买卖防止法"和实施性买卖救助制度

韩国制定性买卖防止法禁止性买卖、引诱性买卖、雇用他人进行性买卖、容留他人性买卖、为性买卖进行广告、以性买卖为目的的人口贩卖等。性买卖防止法带来的积极的变化体现在,提高了社会对性买卖犯罪行为的认识,增加了对性买卖被害女性的关心。关于防止性买卖的法律有,2004年9月23日制定的《关于性买卖防止及受害人保护的法律》及《关于对引诱性买卖等行为处罚的法律》。前者的主要目的在于防止性买卖、保护性买卖受害人及卖淫女性、帮助受害人恢复身心健康及帮助其自立生活。后者的主要目的在于,杜绝性买卖、以性买卖为目的的引诱行为及人口贩卖行为,最终实现对受害人人权的保护。

在性买卖防止法中引入"性买卖受害人"及"以性买卖为目的的人口贩卖"等概念,更加完备了相关的侦查及裁判上的保护程序。侦查机关根据性买卖相关债权无效规定确认和处理相关事件。同时,对外国女性进行了特别规定。外国女性根据《关于引诱性买卖等行为处罚的法律》的规定报案,或者立案侦查外国女性的性买卖犯罪案件时,在对案件做出不起诉处理,或者在提起公诉之前,不执行出入境管理法第46条规定的强制出境命令,或者不执行同法第51条规定的保护。

根据《关于防止性买卖及保护受害人的相关法律》,国家及地方团体应制定法律、制度上的相关措施防止性买卖,对性买卖受害人进行必要的保护,帮助其恢复以及自立生活:1. 构建、运营针对性买卖、引诱性买卖以及以性买卖为目的的人口贩卖的举报体系;2. 对性买卖、引诱性买卖以及以性买卖为目的的人口贩卖进行调查、研究、教育和宣传,并制定相关规定及政策;3. 建立、运营保护性买卖受害人及帮助性买卖受害人自立的设施;4. 为性买卖受害人提供居住环境、职业培训、法律培训等;5. 为了更好地援助性买卖受害者,建立与相关机关单位的合作机制;6. 为了切实防止性买卖、引诱性买卖等行为,对相关生活环境进行监视。同时,为了防止人口贩卖的发生,需加强国际合作和刑事司法方面的合作。为切实预防和杜绝性买卖、引诱性买卖以及以性买卖为目的的人口贩卖的发生,国家及地方团体应制定制度性的对策进行教育和宣传,并且筹备必要的财源。

韩国政府自成立之初就表明了禁止性买卖的立场,但是对于公然成为性买卖集结地的现象没能采取切实的措施。此次,以"性买卖防止法"的实施为契机,管制性买卖聚集地,逼迫业主关闭性买卖经营场所。在这个过程中韩国警察和司法当局发挥了巨大的作用。"性买卖防止法"的实施,给性买卖女性的生活带来了很大的变化。一方面,确保了性买卖女性与业主之间的平等地位。同时,因为警察的严厉管制和性买卖债权的无效规定,削弱了业主的支配地位与控制,业主的剥削也有了明显的减轻。通常性买卖女性容易被社会孤立,政府应建立相关保护和帮助机制,帮助其能够自立生活。作为一种保护性买卖女性的政策措施,2005 年 11 月女性人权中央援助中心纸鹤所成立并向女性提供援助,到 2009 年 4 月该机关发展成为财团法人韩国女性人权振兴院。该机关为了防止性买卖、帮助性买卖受害人、保护女性人权,通过教育、研究、调查、建立联系网等手段,防止性买卖的发生,彻底杜绝对女性的暴力。具体来说,包括建立性买卖防止及受害人保护网络,培养教育商谈员及建立相关活动系统,对防止性买卖及预防进行宣传,开发防止性买卖的政策,开放对性买卖女性的援助政策,提供对劳动部各部门的社会招募的就业机会,对脱离性买卖女性的就业进行援助,建立支援设施及商谈所之间的综合联系网等。

四、女性的人权①

1984 年 12 月,韩国加入 1979 年《消除对女性一切形式歧视公约》时,保留了关于国籍的第 9 条和婚姻家庭相关法第 16 条第 1 项中(c)(d)(f)(g)的规定。后来,1991 年 3 月 15 日在调整相关民法条文时撤回了对于(c)(d)(f)条文的保留,仅对于夫妇享有同等的个人权利进行了保留。

---

① 李露利:《女性人权法》,第 153—160。

1986年,韩国根据《消除对女性一切形式歧视公约》第18条的规定第一次提出报告,到2012年12月,向委员会共提交了七次(最近一次为2009年实施报告书)实施公约报告书。2006年至2009年第七次实施期间,韩国批准接受了消除对女性一切形式歧视公约选择议定书(2006年)和残疾人权利条约(2008年),并为废除女性歧视和建立两性平等的法律制度做出积极努力。

宪法第22条规定,"所有国民在法律面前一律平等,任何人不因性别、宗教、社会地位受到政治、经济、社会及文化生活等所有领域的歧视"。根据这一理念,在1987年制定《男女雇佣平等法》以来,在社会的各个领域都为抵制不当的、违法的性别歧视制定了许多特别法。其中包括《关于男女雇佣平等及支持兼顾事业家庭的法律》《关于禁止歧视残疾人及权利救助的法律》《关于外国劳动者雇佣的法律》等等。

政府将男女歧视的内容具体区分为"直接歧视"和"间接歧视",在2001年定义了间接歧视的范围,并明确表示禁止间接歧视的行为。所谓间接歧视是指,因为社会没有性别识别,所以产生性别歧视的现象。为了消除职场上的直接或间接的性别歧视,在退休金制度等方面,废除了女性因产假及育儿产生的不公平待遇条款。如,从2006年至2008年期间,修改《公务员退休金法》《私立大学教员退休金法》《国家公务员法》《地方公务员法》《教育公务员法》《私立学校法》《军人保护法》《军人私法》《军人退休金法》法律,将产假及休假期间也计算在工作年限当中。

根据《消除对妇女一切形式歧视公约》的实施情况,在第七次实施期间新制定和修订的主要法律体现在以下几个方面:①

新制定的法律	相关主要内容
关于家庭关系登记的法律(2007年5月17日公布)	建立废除户籍制后代替户籍的身份登记法。
关于禁止歧视残疾人及权利救济的法律(2007年4月10日制定)	在出生、育儿、家事、性等诸多领域禁止对残疾女性的歧视,并规定了国家及地方团体的义务。

---

① 女性部(现女性家庭部),第7次联合国消除对女性一切形式歧视公约实施报告书(2009年5月)中摘录相关部分内容。

(续表)

新制定的法律	相关主要内容
多文化家庭援助法(2008年3月21日制定)	关于预防对结婚移民,以及其子女构成的多文化家庭的偏见,援助其成员融入到社会当中享受安定的家庭生活的法律。 将在国家和地方自治团体对多文化家庭的教育、商谈、语言援助、以及结婚移民者的妊娠、分娩等方面制定相关政策义务化,可授权提供服务的指定法人或团体为多文化家庭援助中心。
关于管理结婚中介业的法律(2007年12月14日制定)	为了引导结婚中介业的健康发展,保护相关权利人,形成健康的结婚文化,制定本法。同时可以预防国际结婚中介过程中发生人权侵害,也可以弥补因信息不足产生问题。 要想从事结婚中介业务,必须首先在政府进行登记,并在经营过程中必须签订结婚中介协议,禁止虚假或者夸张的标志或宣传,违反相关法律将受到处罚。
关于促进构建和谐家庭环境的法律(2007年12月14日制定)	根据低出生率、高龄化、女性参加经济活动的增加等社会环境的变化,为了构建和谐社会环境,合理协调家庭生活和职场生活制定本法。 国家和地方自治团体为建立家庭和谐的社会环境,应建立并实行相关政策,进行现状调查、开发并普及家庭亲和指数等。
工作经历中断女性的经济活动促进法(2008年6月5日公布)	为了建立体系化、综合性制度,以促进女性参与经济活动,制定本法。 对因妊娠、育儿及照顾家庭成员中断经济活动的女性,或者从来没有参加经济活动的女性进行有关从业愿望的调查,建立相关综合措施,帮助职业能力的提高,促进在企业中建立女性和谐的工作环境,为建立、运营工作经历中断女性综合援助中心等方面提供了法律依据。
国家财政法(2006年10月4日公布)	合并预算会计法和基金管理基本法制定了国家财政运营基本法。确定预算原则,对于男性和女性产生的效果进行预算评价,并将其结果反映在预算编制中。从2010年会计年度开始,政府有义务将性别识别预算书,将决算书作为预决算附加文件提交到国会。

修改的法律	主要内容
民法（2007年12月21日修订，2009年5月8日修订）	为了体现两性平等的原则，将结婚年龄统一限定为满18岁。（2007年12月21日修订） 引入离婚熟虑制度（2007年12月21日修订） 协议离婚中，当事人有义务明确抚养人的确定、抚养费的负担、与子女抚养相关问题和亲权人（监护人）指定等问题。（2007年12月21日修订） 为了加强离婚后子女抚养费的承担义务，规定，离婚当事人应当在家庭法院的监督之下签订抚养费条款。（2009年5月8日修订）
母子保健法（2009年1月7日修订）	将"母性"定义为孕妇和可孕期女性，将母子保健事业的概念扩大，为设置新生儿集中治疗设施、援助母性身心健康管理和妊娠、分娩、养育等，提供了法律依据。 为确保产后调养院预防感染、预防安全事故的实效性，建构感染、疾病、安全事故等发生时移送医疗机构的报告制度。
劳动基本法（2008年3月21日修订）	保障怀孕女性的胎儿检查时间，怀孕的女性申请必要的时间对胎儿进行检查时，用人单位应当允许，并且不能因此减少报酬。 为了防止女性分娩之后回到单位受到不公正的待遇，规定女性分娩之后应当回到休假之前同等待遇的岗位上从事工作。 增加了有关就业规则的制定、申诉、职场与家庭兼顾原则，根据劳动者性别、年龄、身体条件等特性安排工作环境等内容。
关于男女平等和工作、家庭兼顾原则的法律（2007年12月21日修订）	变更《男女雇佣平等法》的名称。 为了促进女性参与经济活动，进一步扩大适用兼顾原则的范围。
公职选举法（2006年10月4日修订）	为了扩大女性的政治参与，按比例代表区、市、郡，在议员的选举中按比例代表市、道，推荐50%的女性候选人。违反序位顺序时，拒绝受理登记申请，即使登记，也按无效处理。
统计法（2007年4月27日修订）	为了扩大政府各机关有关性别分类统计的制作，统计机关负责人进行新的统计时，关于调查事项中的性别分类的具体事项，事先应当得到统计厅长的认可。
两性平等基本法（2014年5月28日全部修订）	将1995年《女性发展基本法》的名称进行修改，并全部修订。《两性平等基本法》强化了两性平等及相关权利保障中政府的责任，丰富了两性平等政策体系的内容，强化了促进两性平等的措施，通过将性主流化措施系统化，促进了实现男女平等参与、受到同等待遇的权利。

五、评价及后续课题

1995年《北京行动纲领》在两性平等观点上提出了政策上应当努力的12个领域,并明确了各领域的战略性目标。这对于韩国制定两性平等的具体法律制度发挥了重要作用。韩国建立了实现各领域战略性目标的综合计划,并在各领域中践行了女性人权保障和两性平等。本文在上述12个领域中选择取得较大成果的三个领域,即提高女性地位的制度措施、关于女性的暴力及女性人权等方面的法制建设和发展进行梳理。作为提高女性地位的制度性措施,为了体现两性平等理念,《两性平等基本法》(女性发展基本法)明确了国家及地方自治团体的责任,提供了中央及地方政府在女性政策、女性主流化措施方面的依据。随着国家财政法中规定性别识别预决算制度,就有了反映性别识别观点的法律的修订。随之,统计法中引入性别分类的规定,统计过程中也反映了女性政策的重要性。这是具有重要意义的法制发展。在政策上,本应在所有领域实现性别主流化,但是现实上性别影响评价和性别识别在公务员中没有得到普遍的认识和理解。为了解决这一问题,需要提高性别平等认识,加强政府的责任。为了改变预算与政策,应当加强教育和培训,以加强性别平等教育,提高主流化政策的专业性。

韩国针对家庭暴力、性暴力及性买卖在设置专门机构的同时,制定综合性预防对策,杜绝对女性的暴力。为了研究针对女性的暴力产生的原因及其预防对策的实际效果,政府每三年义务开展一次暴力现状调查。另一方面,通过立法明确规定杜绝女性人口贩卖,援助性买卖被害女性,援助人口贩卖受害人。特别是,《家庭暴力防治法》制定之后,家庭暴力问题的社会性逐渐得到认识。处罚家庭暴力行为人、保护受害人的法律的制定具有重要的意义。但是,社会上仍然存在着视家庭暴力问题为个人的家庭事务的观点。因此,受害人举报家庭暴力,仍然会受到一定的心理压力。不仅如此,实际上作为法律的执法者,也因社会的和文化的等各种原因不愿积极介入或采取措施。有时候,对家庭暴力行为人的处罚和对受害人的保护措施,反而会成为诱发家庭暴力行为人二次暴力的原因。因此,应当在分析暴力行为的根本原因的基础上进行商谈如何治疗,同时采取必要措施提供恢复家庭关系的机会。

在女性人权领域,韩国为了实施《消除对女性一切形式歧视公约》,制定并修订了国内许多法律,在法律上为保护女性人权取得了较大成果。如《民法》《男女雇佣平等法》等,女性人权保护体系已形成,但是真正认识并实施保障两性平等、消除歧视的法律,实际还存在一定的困难。与过去相比较,社会上女性的地位都得到了一定提高,在个别领域已经认识到了对女性的歧视将承担法律责任。但是,在家庭及社会的一些角落仍然存在对女性的歧视,人们知法守法的意识还不够强。女性的地位在各个领域得到了提高,但是根据国际上的统计,韩国女性地位的提高仍然存在许多阻力。世界经济论坛(World Economic Forum)发布的全球性别差别指数(Gender Gap Index:GGI)①显示,以2013年为基准,韩国在全部136个国家中处于第111位,联合国开发计划署(UNDP)于2014年开始利用新的核算方法发布的性别发展平等指数(Gender Development Index:GDI)②显示,韩国处于非常低的第85位。韩国女性在保健等领域的性别落差得到了较大的缓解,但是在经济活动、安全等对女性生活影响较大的领域仍然处于较低水平。③政府方面人力及预算的限制,女性政策的统筹及调整的限制,政策的意识决策过程中女性代表的不足性,在女性地位及权利不断提高广泛参与社会生活的背景下男性产生的被剥夺感和抵触情绪,人权意识及教育的不足等,是完善女性制度、保护女性人权和实质上实现两性平等过程中需要克服的课题。

(本文作者系韩国启明大学法学科副教授,由中央民族大学法学院教授李玉子从韩文译成中文)

---

① 世界经济论坛根据经济参与、机会、教育、健康和政治权利等方面的相关性别落差,自2006年开始每年发布一次性别落差指数(GGI),《从国际统计观察韩国女性的地位》,韩国女性政策研究院,Gender Review 第34号(2014),第51页。
② 性别发展平等指数(GDI)是体现韩国女性的人力资源发展相对于男性处于何种水平的指数,同上。
③ 同上,第51—52页。

The Major Legal Progress and Challenges in Korea over the Last 20 Years after the Adoption of the Beijing Platform for Action

[Korean S.] Yi Lori

　　The Beijing Platform for Action, which was adopted at the 1995 UN Fourth World Conference on Women, is an agenda for women's empowerment. It aims at accelerating the implementation of the Nairobi Forward-looking Strategies for the Advancement of Women and at removing all the obstacles to women's active participation in all spheres of public and private life through a full and equal share in economic, social, cultural and political decision-making. It made comprehensive commitments under 12 critical areas of concern such as women and the environment, women and decision-making, the girl child, women and the economy, women and poverty, violence against women, human rights of women, education and training of women, institutional mechanisms for the advancement of women, women and health, women and the media, and women and armed conflict. The success of the Platform for Action requires a strong commitment on the part of governments, international organizations and institutions at all levels.

　　Although there is still far to go in realizing the full promise of the Beijing agenda, Korea has implemented it by translating the Platform for Actions' promises into concrete legal changes. The Platform for Action has played an important role in making the Korean government have a strong political will to realize gender equality and women's rights, and to establish national action plan for them including legislation and policy measures. The Korean government has put high priority on the areas of institutional mechanisms for the advancement of women, women and economy, violence against women, human rights of women, women and the media among others. The review on the implementation also has shown a great achievement in those fields.

This presentation introduces the major legal progress which has been made and challenges which have been shown in the course of implementation over last 20 years to provide a better understanding on the achievements of the Beijing Platform for Action in Korea. For this purpose, firstly, it deals with major legislation or legal measures related to the key areas of concerns mentioned above on which the Korean government has mainly focused. Secondly, it highlights the practical impact and achievement of those legal changes in the Korean society suggesting related statistics and case studies in each area. Lastly, it identifies key issues which Korea have faced to realize the Platform for Action in terms of the gap between law and practice.

为妇女发声而设的跨界别全面方案：
以性骚扰为例①

张妙清

【内容提要】 1995 年,在北京举行的第四届世界妇女大会上通过了《北京行动纲领》已 20 年。该《纲领》提出了十二个行动领域,为影响妇女地位的各个领域提供介入的指引。虽然在某些领域,很多国家妇女的待遇已有所提升,但在其他领域却仍旧落后,因此需要跨界别、跨学科的合作行动。中国的性骚扰问题正说明了这一迫切需要。

性骚扰是个广泛的世界性问题,传统上性骚扰被视为对女性暴力的一种。虽然性骚扰不必然涉及明显的暴力行径及意图,但性骚扰会影响受害人的健康、心态、就业和教育,导致她们不能得到平等的权利,不能充分发挥潜能。这源于性别间权力的失衡和把女性贬低成性工具的看法。除了立法或司法的判决,我们还应从机构政策和公众教育介入,以改变大众对性骚扰的态度并预防性骚扰。为此,需要一个跨界别的全面方案。作者在文中提出了自己的意见,以及如何能将这一方案引入中国的教育及就业机构。

【关键词】 妇女;性骚扰;跨界别全面方案

《北京行动纲领》和性骚扰

1995 年,第四届世界妇女大会在北京举行。189 个政府于会上通过了北京宣言,并承诺致力于行使一项为女性充权的事项——《北京行动纲领》

---

① 此文曾经由《新女学周刊》编辑及发表(2015 年 6 月 30 日出版),内容大致相似。

(Beijing Declaration and Platform for Action, 1995)。此《行动纲领》界定了十二个重要领域,从不同方面采取实际行动,消除妇女在争取性别平等及充分发展路途上的障碍。

十二个策略性目标及行动纲领,涵盖了全球女性所共同面对的难题:
- 妇女与贫穷
- 妇女教育与培训
- 妇女与健康
- 对妇女的暴力
- 妇女与武装冲突
- 妇女与经济
- 妇女权力与决策
- 提高妇女地位的体制
- 妇女的人权
- 妇女与媒体
- 妇女与环境
- 女童

在《北京行动纲领》中,性骚扰被归类为一种对妇女的暴力及歧视。对妇女的暴力是指"任何以性别为本的暴力,不论是在公共或私人生活中引致对方身体、性,或心理上的伤害或痛苦,包括威胁、强迫或肆意剥夺自由"。同时,在妇女与经济这一重要领域上,其中一个策略性目标——消除职场歧视,就呼吁各国政府制定和推行有关性骚扰的法规,并敦促雇主制定反性骚扰的政策和预防措施。可是,在推出《北京行动纲领》的5年到15年间,性骚扰却没有在任何重要领域上得到太大关注。

性骚扰的焦点较多放在联合国一般性建议第19号第11章《消除对妇女一切形式歧视公约》。公约阐释性骚扰为"不受欢迎的,以性为动机的行为,比如进行身体接触和进一步行为、提出带有性色彩的言论、展示色情物品或提出语言或行动上的性要求。这种行为可能带有侮辱性,甚至会构成健康或安全问题;若妇女有理由相信,她的反抗会导致工作关系,包括招聘和晋升上的坏影响,或当性骚扰导致带敌意的工作环境,这便是歧视性的了"(Committee on the Elimination of Discrimination Against Women, 11th Session, 1992)。性骚扰是对女性尊严的冒犯,亦阻碍了女性尽展所长,以及全力为社会作出贡献。虽然性骚扰常被联想到涉及雇佣关系,但事实上在许多其他情况下,包括在教育和服务界别里,性骚扰也经常发生。因此,性骚扰不仅是暴力侵害妇女的行为,它亦涉及其他重要领域,包括妇女教育及培训、妇女与经济、妇女权力与决策、妇女的人权及女童。在检讨《北京行动纲领》的过程中,我们认为除了制定与执行法例与政策外,有效地实施亦需要各团体、机构及社会互动去改变价值观、态度、行为,以及规则和程序。联合国妇女署执行董事姆兰博·努卡曾指出,须透过探讨性别不平等的问题,及让妇女充权,来预防对女性的暴力。

性骚扰的普遍性及对其的认知

每一个地方都有性骚扰,而性骚扰的目标通常都是女性。由于妇女为性骚扰感到羞耻,又担心影响与性骚扰者的关系,受害的通报率偏低。在没有为性骚扰问题立法的地区,甚至没有相关记录。即使进行调查,由于各地区,特别是男性和女性间对如何构成性骚扰的定义各异,我们很难就不同地方的性骚扰的普遍性作出准确的比较。据国际研究所得,就性骚扰普遍性,包括性别骚扰及不必要的身体接触,在不同国家进行的调查差异非常大(DeSouza & Solberg, 2003; Gruber, 2003)。若根据加害者与受害者的关系分类,师生间的性骚扰普遍率为10%~60%,同学间的为30%~86%,雇主对雇员或同事间的为20%~40%。性贿赂及性胁迫的通报率较低,其中师生间的只有1%~10%,同侪间的有2%~15%,另外雇主对雇员或同事间的为4%~10%。

性骚扰经验的研究能为我们显示哪种程度的行为会被视为性骚扰。在香港,第一个有关大学环境里,同侪或教职员间性骚扰的普遍性调查于1992年进行(Tang, et al., 1996),接下来进行的是一个访问全港全日制大学生的大型调查 students (Tang, 2009)。两个调查中有关性骚扰普遍性的结果相似。大约13%的女学生表示她们曾经被教职员性骚扰。其中,11%表示她们受到非自愿的亲密接触,9%表示受到性别骚扰,2.5%表示被强迫进行性行为。同侪间性骚扰的普遍性更高,35%的受访女学生表示曾被同侪性骚扰。其中,26%曾被同侪性别骚扰,22%受到非自愿的亲密接触,5%曾被强迫进行性行为。

一般情况下,性行为或身体接触被认为是性骚扰行为。但是,性骚扰也有很多形式。据香港《性别歧视条例》的法律界定,"性骚扰是任何人对另一人提出不受欢迎的性要求,或提出不受欢迎的获取性方面的好处的要求;就另一人作出其他不受欢迎并涉及性的行径;而在有关情况下,一个正常人在顾及所有情况后,应会预期另一人受冒犯、侮辱或威吓"。另外,当"任何人如自行或连同其他人作出涉及性的行径,而该行径对另一人造成有敌意或具威吓性的环境"这也应被视作性骚扰。任何会产生性敌意环境的行为,包括口头言论和非言语性暗示、发送具有性色彩的文本或电子信息、在工作或教育场所中展示淫秽或具性暗示的相片或海报,这种歧视性的环境被认为会影响妇女对工作或教育的全力投入。

"具性威吓性的环境"对很多人,尤其是那些认为性骚扰只等于非自愿的身体或性接触的人来说,是一种崭新的概念。很多人会以为性骚扰等于性侵犯,但当不涉及身体接触,他们就通常会低估了事件的严重性,并以为这只是社会常态。可是,事实已证明不论任何形式的性骚扰,都会导致受害人恐惧、焦虑和抑郁的情绪,致使他们逃避,并最终退出学业或工作。

平等机会委员会(2013;2014)对教育及工作环境的性骚扰状况进行了一系列的调查。调查结果显示,不同形式的性骚扰都很常见。虽然香港在1996年订立《性别歧视条例》,但大部分受访者却表示他们的学校并未清楚制定对性骚扰的政策,也未为教师提供反性骚扰的培训。即使是声称已订立有关政策的雇主,他们大部分都未能提供政策的详细资料,令人对这些政策是否得到落实抱有疑问。由于很多机构并未显示出其对解决性骚扰问题的清晰立场,大部分的受害者只会把事件透露给朋友。另一方面,许多机构的管理层并未视性骚扰为迫切或应优先考虑的问题,也不知性骚扰能对他们的机构造成潜在伤害。其实,当机构士气低落、员工表现欠佳、旷工频繁、流失率高企,就会对机构造成损害。

香港的政策与行动

在香港各大学进行的性骚扰调查,有助于各大学管理层提高对性骚扰的关注,进而制定反性骚扰政策。但是,最高管理层的坚定承诺及全面的执行计划,对于认真处理性骚扰问题是不可或缺的。以下,我将会用香港中文大学的例子说明如何才能有效制定和落实反性骚扰的政策。

1995年，性别研究中心向时任中文大学校长汇报了其对中大性骚扰普遍性的调查。时任校长同意成立一个委员会，以制定反性骚扰政策，并随后实行政策。这一决定甚至比香港订立《性别歧视条例》，以界定性骚扰为非法行为更早。当时的条例包括在工作环境中遭到的性骚扰，在教育界别中的性骚扰在后来条例修订时才被纳入。中大的政策(中大防止性骚扰委员会)内含有关大学的承诺、对性骚扰的定义及例子、宣传及教育活动、投诉处理程序，及检讨政策的机制。大学明确提出其对性骚扰的立场，设立适当的程序，并阐明大学希望以培养"公正、公平和公开的大学环境，以达到性别平等和互相尊重"为更大的目标。有关办公室已经成立，以处理投诉、推广相关教育及培训。根据在实施经验中发现的问题，该政策已更新了数次，最近一次更新是在2013年。我们注意到持续的宣传和教育，有助于增强高学生和员工的意识，并能鼓励他们挺身举报。在处理投诉的过程中，我们需要有性别触觉的调解员协助处理不太严重，或可能存在误解的个案。要确保公平和有效的调查，我们必须要有详细的程序和对调查人员的培训。

作为落实《性别歧视条例》的法定机构，平等机会委员会自1996年以来就开始推动有关防范性骚扰的公众教育。它制作了作业守则、教育单元、电视和电台节目，与培训教员用的培训课程。这些资源都有助于机构建立和实行它们内部的性骚扰对策。但是，据平等机会委员会早前的调查发现，许多人依然未能完全遵守有关政策，也没有充足的反性骚扰意识。问题的部分起因是性骚扰源于性别歧视，及男性主导的文化规范。

我们需要一个全面的方案

性骚扰显示了性别间权力的失衡，而女性不时被贬低成性工具(sex objects)。我们需要的介入不仅是立法或司法判决。要改变公众态度及防止性骚扰发生，机构的坚定政策及公共教育也是必须的。因此，我们需要有一个跨界别的全面方案，以改变固有文化。

台湾地区的"性别平等教育法"(2004)就是其中一个例子。台湾当局采取了一个自上而下的方案，以从性别平等这一更大的议题中，着手解决性骚扰问题。除了采用各种政策和措施，以防止和调查性骚扰外，台湾当局也有举办特别培训和教育课程。学校和监督机构亦必须建立性别平等教育委员会,以向教育行政部门及地方当局,汇报有关措施的执行状况(陈金燕,2014)。这种基于性别的角度的做法,能综合处理性别歧视、教育机会平等、性别平衡的代表比例,及性别友好工作环境等更广泛的议题。在执行十年后的检讨中,人们意识到有必要加强更广泛人士的参与,以带来文化及习惯上的实质转变。

在中国内地,有关性骚扰的国家立法最早见于2005年《妇女权益保障法》的修订版本。虽然该法律指明性骚扰是对民权及人身权利的侵犯,并赋予妇女举报的权利,但法律本身并没有清楚界定何谓性骚扰,反而是让省级或当地法律判定(Song, 2014; Svrivastava, D. K., & Gu, M., 2009)。教育部于2014年就大学教师道德建设的机制作出了《教育部关于建立健全高校师德建设长效机制的意见》(中华人民共和国教育部教师[2014]10号)。其中,性骚扰和与学生有不正当关系被列入应受到纪律处分的行为,但何谓性骚扰亦没有清楚界定。

目前,内地的大学仍未制定全面的惩治性骚扰的政策,不同大学对性骚扰定义的理解,及对其基本概念的界定亦有所不同。至今,只有数个关于性骚扰普遍性的小型调查在大学中进行。无疑,大学有必要设立防止性骚扰及违反相关规定的机制(张永英,2014)。就此,我们需要有一个全面的方案,把性骚扰纳入到妇女权益和性别平等的概念框架,建立实施的政策及机制,推广公众教育,协调行政程序和资源,为宣传与进行调查而培训人才。在大专院校建立稳定的基础后,我们可以把类似的方案推广到各级教育机构,以及其他组织。虽然路途漫长,但有如《北京行动纲要》,我们需要一个全面解决性骚扰的方案,以实际行动来消除争取性别平等,以及妇女全面发展过程中遇到的障碍。妇女研究中心可作为先驱提供理论基础和实证经验,以支持这一框架,并为培训和公众宣传提供教材。适值北京第四届世界妇女大会举行二十周年纪念,我特别呼吁性别学者、各高等教育学府与相关部门的领导为这些行动作出努力,从而使妇女在安全和受尊重的环境下工作和学习。

参 考 数 据

《北京行动纲要》(1995) http://www.un.org/womenwatch/daw/beijing/pdf/BDPfA%20C.pdf。

香港中文大学防止性骚扰委员会:《防止性骚扰政策》http://policy-harass.cuhk.

edu. hk/zh-TW/policy/executive-summary。

《消除对妇女一切形式歧视公约》(1981) http://www. un. org/womenwatch/daw/cedaw/text/0360794c. pdf.

DeSouza, E., & Solberg, J. (2003). Incident and dimensions of sexual harassment. In M. Paludi & C. Paludi (Eds.), *Academic and workplace sexual harassment*: *A handbook of cultural, social science, management, and legal perspectives*, pp. 3—30. London: Praeger.

平等机会委员会(2013):《性骚扰—商界问卷调查》, http://www. eoc. org. hk/EOC/Upload/ResearchReport/SH_BS_cSummary. pdf。

平等机会委员会(2014):《性骚扰—学界问卷调查》, http://www. eoc. org. hk/eoc/upload/ResearchReport/201512218252536326. pdf。

Gruber, J. (2003). Sexual harassment in the public sector. In M. Paludi & C. Paludi (Eds.), *Academic and workplace sexual harassment*: *A handbook of cultural, social science, management, and legal perspectives*, pp. 3—30. London: Praeger.

Mlambo-Ngcuka, P. (October, 30, 2014). *It's time to fulfill the promise to end violence against women*. http://beijing20. unwomen. org/en/news-and-events/stories/2014/10/oped-evaw-phumzile-mlambo-ngcuka-un-women.

《性别歧视条例》(第 480 章) (2013), http://www. legislation. gov. hk/blis_pdf. nsf/6799165D2FEE3FA94825755E0033E532/F2A4958CF115CC16482575EF000D602A/$FILE/CAP_480_c_b5. pdf。

Song, S. P. (2014). What is sexual harassment? Conceptual confusion and paradigmatic debates: The controversy between "sexual autonomy educators" and "feminists" around the Teachers' Day in 2014. *Collection of Women's Studies*, No. 6, Ser. No. 126, 56—65.

Svrivastava, D. K., & Gu, M. (2009). Law and policy issues on sexual harassment in China: Comparative perspectives. *Oregon Review on International Law*, 11, 43—70. http://law. uoregon. edu/org/oril/docs/11-1/Srivastava. pdf.

Tang, C. S. K. (2009). Gender-based violence in Hong Kong. In F. M. Cheung & E. Holroyd (Eds.). *Mainstreaming gender in Hong Kong society* (pp. 227—256). Hong Kong: The Chinese University Press.

Tang, C. S. K., Yik, M. S. M., Cheung, F. M., Choi, P. K., & Au, K. C. (1996). Sexual harassment of Chinese college students. *Archives of Sexual Behavior*, 25, 201—215.

联合国妇女署(2014):《北京宣言和行动纲要;北京 +5 政治宣言和成果文件》, http://www. unwomen. org/ ~/media/headquarters/attachments/sections/csw/chinese_pfa_web. pdf。

联合国消除对妇女歧视委员会第十一届会议(1992) http://www. health. gov. tw/Portals/0/%E6%96%87%E5%AE%A3%E5%87%BA%E7%89%88%E5%93%81/CEDAW%E5%A7%94%E5%93%A1%E4%B8%80%E8%88%AC%E6%80%A7%E5%BB%BA%E8%AD%B0(102. 01. 28). pdf。

张永英:《关于高校建立预防和制止性骚扰机制的探讨》,《妇女研究论丛》2014 年第 6 期。

中华人民共和国教育部:《教育部关于建立健全高校师德建设长效机制的意见》,http://www.moe.gov.cn/publicfiles/business/htmlfiles/moe/s7002/201410/175746.html。

陈金燕:《〈性别平等教育法〉十年:立法后的前十年》,《妇研纵横》2014 年第 101,第 6—17 页。

台湾:"性别平等教育法"(2004), http://law.moj.gov.tw/LawClass/LawContent.aspx? PCODE = H0080067。

中华人民共和国:《妇女权益保障法》(2005), http://www.china.com.cn/chinese/PI-c/953097.htm。

(本文作者系香港中文大学副校长、香港亚太研究所联席所长、卓敏心理学讲座教授)

A Comprehensive Cross-Domain Approach for Women in Action: The Case of Sexual Harassment

Fanny M. Cheung

It has been 20 years since the Beijing Platform for Action was adopted at the Fourth World Congress of Women in Beijing in 1995. The 12 Areas for Action provided guidance on interventions needed in areas of concerns affecting the status of women. Women's status in some of these areas has improved in many countries. However, there are glaring gaps in other areas that require actions striding across different domains involving cross-disciplinary collaboration. The problem of sexual harassment in China can illustrate this urgent need.

Sexual harassment is prevalent worldwide, but is still unrecognized and underreported in many societies. Even though both men and women could be victims of sexual harassment, it is traditionally viewed in the domain of violence against women as most of the victims are women. The different forms it takes may not be considered as an act of violence by the law enforcement agencies as well as by the general public as the act may not be overtly violent in form or intent. Research shows that sexual harassment affects the victims' health, well-being, employment and education, resulting in violations of their rights to equal opportunities and full development of their potentials. It underlies the imbalance of power between the sexes and the undermining of women as a sexual object. Intervention requires more than just legislation or judicial judgment, but also organizational policies and public education to change attitudes and prevent its occurrence. A comprehensive cross-domain approach to action is called for. I will illustrate how such an approach may be adopted in educational institutions and employment settings in China.

自主与唯我论的客体化:女性主义关于色情观的多元辨析

[美] 范莉均

【内容提要】 本文分三个部分来检验两类对立的关于色情的观点和与之相关的其他论点,即自由主义和女性主义、女性主义之间的两种对峙,以及超越这些思索进一步拓展开的对自主、唯我论的哲学观念在性别平等和市场化的实践上的道德思考。本文的检验分析有以下三个方面:一是自由主义的平等关心和平等尊重原则对色情政策的思索以及女性主义的批评;二是女性主义之间关于已解放的妇女和性工作者的权利的论证和困惑;三是关于个体的自主和如何克服唯我论对妇女的客体化的进一步思索。提出女性主义关怀伦理学方法论对女性主义色情纠结中平等和正义的单一解释可能具有的更合理的解决建议。女性主义应当扩大对色情暴力的分析,多吸收各阶层妇女的有分歧的色情观点,建立在妇女经验基础上又超越个体的、以关怀关系为导向的道德观有助于促进对色情批评的健全辨论。

【关键词】 平等关心和尊重;自主;唯我论;妇女的客体化

导言

自由主义与女性主义关于色情的争议往往纠结于个人的自由选择与群体的受压抑沉默和主体缺失的论证。女性主义反色情论者强烈遣责所有色情,认为色情表现、传达、隐含和永恒化了社会上流行的男性支配和女性屈从的不平等性别观念,指出色情中的性本身即暴力;性暴力表现了性压迫和男权专制的等级差异,以此固化女性在社会各方面中的卑下地位,从而巩固男权社会的性别不平等和非正义。为了彻底击破性别压制的社会制度,女性主义必须争取政治、法律和意识观念的保护:首先从法律上定罪色情暴力,解放那些受迫害的从事色情业的弱女子,控诉色情工业对她们的非人性压迫。以麦金农(McKinnon)为首的反色情女性主义于80年代初作出上述提案并成功地在市政一级通过备案,但最终被最高法院驳回,被拒绝的理由是:此案违反《美国宪法第一修正案》对言论自由的保护。

值得注意的是,最高法院驳斥的理由并不在于对性别不平等现象的否定。即使承认了色情业很可能压制女性和造成将女子视为性工具的一般性的不良影响,法律上也无理由作出色情必须由官方审查或由法律限定的任何规定,因为美国《宪法第一修正案》要全面保护个人的言论自由,而色情活动完全属于言论自由领地。当然,对这一点女性主义提出更多强有力的分析和论证,阐明《第一修正案》和《第十四修正案》的综合思考并不排除由法律规定来保护少数民族族裔和妇女不受强权压制的权利。另一方面,女性主义支持色情工作权利的学者则谴责反色情观,认为任何官方审查都会剥夺那些受压迫更深的女子的切身利益和自由选择权。有的论证指出,应由女性来界定和制作非暴力的色情表现而不是让位给暴力色情。

本文详细检验上述两类三种对立的色情观和与之相关的其他论点:其一是以德沃金为首的自由主义的允许色情观以及以兰顿为代表的承接麦金农的对自由主义的批评,指出自由主义对女性作为群体的受伤害的忽视和理论困境;其二是女性主义中支持性工作权利的呼声和对反色情观的批评;其三是继续解析兰顿分析的唯我论的自由主义困境和如何避免此难点。最终本文将提出女性主义关怀伦理学方法论对女性主义色情纠结中平等和正义的单一解释,以及如何走出唯我论可能具有的更合理的阐明。女性主义应当扩大对色情暴力的分析,多吸收各阶层妇女的有分歧的色情观点,建立在妇女经验基础上又超越个体的、以关怀关系为导向的道德观有助于促进对色情批评的健全辨论。

一、平等关心和平等尊敬的原则

从20世纪70年代开始,女性主义与自由主义的色情观点多次交锋、论证色情在道德和法律方面的争议。具有代表性的女性主义者朗基诺声明

"色情,特别是暴力色情,暗含了针对妇女的暴力犯罪的承诺。"①以麦金农为首的很多论证指出了色情与暴力的结合、由此引起的对妇女的压迫和社会体系中的不平等。与此同时,自由主义论点则坚持中立、强调色情制作人和消费者的个人权利及性的自主欣赏,并且驳斥对这些人所挑选的色情类别的规章限定。作为自由主义的权利论的代表,德沃金(Dworkin)提出他的自由与平等的新论证,由此来发挥罗尔斯的最基本的平等关心和平等尊敬的原则。根据德沃金的解释,这一原则可称为"自由的平等概念。"②

德沃金指出了罗尔斯的两个平等观念:平等与物质分配相联结和平等应用于尊重(不与人的社会地位有关的,而人人都具有的尊重)。德沃金认为第二个观念是最基本的:它来自设计理念的假设而不是以契约为依据;公平的正义观所依赖的就是这一男女关于平等关心和尊敬的自然权利的假设;根据此设计,人们的这一权利不在于人的出身、功绩或最佳荣誉,而仅仅在于人的存在、有能力对生命作计划并且承认正义的人的存在。③

德沃金似乎提供了可能最好的对自由主义平等关心和尊敬的概念的辩护。但是,他的平等概念的分析至少有两个难题:其一是与个人的权利相关的考虑;德沃金强调说他的原则论证支持的是抽象的平等关心和平等尊敬的权利,所以他不太关心谁的权利、谁在现存的社会不平等中受难最深重以及受难的原因。其二是权利的性质和德沃金的"道德独立性"的思考:共同生活在社会之中的个人的外在和内在选择的两难。

(一) 色情与妇女的权利

兰顿对德沃金的自由主义平等概念的第一个难题提出批评。④ 她指出,当德沃金试图回答"我们具有色情的权利吗?"这一问题时,他不问谁的权利,也不关心谁的权利;他在文章中要辩护的是"政治和道德的独立

---

① Longino, Helen E. 1995 in Jennifer Mather Saul, *Feminism: Issues & Arguments* (New York: Oxford University Press 2003) p. 75.
② Dworkin, Ronald, Ed., *Taking Rights Seriously* (Cambridge, Mass.: Harvard University Press, 1977) p. 273.
③ Dworkin, Ronald, Ed. *Taking Rights Seriously* (Cambridge, Mass.: Harvard University Press, 1977) Chapter 6: pp. 186—223.
④ Langton, Rae, "Whose Right? Ronald Dworkin, Women, and Pornographers", *Journal of Philosophy and Public Affairs* 19 (1990) 311—59; *Sexual Solipsism: Philosophical Essays on Pornography and Objectification* (New York: Oxford University Press 2009) pp. 117—71.

性"①。德沃金以此为起点,附加对别人无伤害原则,他会赞同允许色情政策。兰顿提出两种论证来反驳德沃金的允许政策态度。她提出"以伤害原则为依据即可证明对色情采取禁止的策略",又论证"德沃金关于色情的平等关心和尊敬原则与一般的自由主义对此题目的观点相冲突"。② 在我看来,兰顿第一个基于伤害原则的对德沃金的允许政策的驳斥很有力量但不足以击败此政策;兰顿的第二个反驳试图揭穿德沃金关于外在选择的两难虽然更有力,但也不足以彻底击败德沃金的很强劲的平等概念。

1. 德沃金仅仅从探究因果论的方式提到色情对人的伤害。他偶尔提及了色情"确实浅显地代表了对人的特别伤害。"③在37页长的文章中仅有这一句触及色情对人们的伤害,而文章的整体是为色情的权利和道德的独立作辩护。难怪兰顿对此评论说,德沃金"不能认真地对待色情的妇女受害问题"④。而女性主义对色情的反应完全不同,她们关注的是妇女的公民权利地位而不是色情者的道德独立。凯瑟琳·麦金农很强劲地论述了色情违反妇女的平等人权地位的公民权利:

> 我们定义色情为表现妇女的从属地位的性逼真图像,通过图像或文字,使妇女成为非人的性对象、事物或商品;歪曲妇女享受痛苦、侮辱或强奸……用肮脏或低劣呈现妇女,用流血、受伤或伤害的背景烘托性的环境。⑤

这一定义试图说明色情对妇女群体的价值贬低和压迫。兰顿指出,色情资料中单纯体现性逼真的部分本身没有错,其错误在于,如同麦金农的定义所表明的,它对于性平等的隐含"色情的实践有助于妇女的屈从地位,正像种族隔离实践有助于黑人的屈从地位。"⑥按照兰顿的观点,这些隐含有两层意义,首先,妇女同男人相比并不具有平等的地位;其次,色情实际上极大地加强了妇女继续屈从的地位。

---

① Ronald Dworkin, *A Matter of Principle* (Cambridge, Mass.: Harvard University Press, 1985) pp. 335—72; 367.
② Langton, Rae, "Whose Right? Ronald Dworkin, Women, and Pornographers", Journal of *Philosophy and Public Affairs* 19 (1990) pp. 313; 312.
③ Dworkin, *A Matter of Principle* (1985) p. 340.
④ Langton, "Whose Right? Ronald Dworkin, Women, and Pornographers", (1990) p. 327.
⑤ MacKinnon, Catharine, *Feminism Unmodified* (Cambridge, Mass.: Harvard University Press, 1987) p. 176。
⑥ Langton, "Whose Right? Ronald Dworkin, Women, and Pornographers," (1990) p. 333.

色情对妇女的影响如麦金农所言,它"对强奸、殴打、性骚扰、卖淫,以及对儿童的性虐待采取性的浪漫化;由此而庆祝、提升、赋予权力,并使它本身合理化。"①某些类色情与妇女的从属状况的相互作用和多方面的互相依赖在调查中得到切实的揭露,所有这些调查在兰顿看来足够说明妇女在公共的和私人的色情双重场合下受害极深。这些调查足以否决德沃金的"没有证据说服这一因果影响"的结论。鉴于因果推理的逻辑严格的性质,这些经验调查或许尚未达到百分之百的因果对应;即便如此,简单地否定经验的证据也是不合理的,因为非因果的、处处流溢的对妇女的伤害更是不可否认。如果承认这些针对妇女的实际伤害,一个好的社会就应当支持对暴力色情采取禁止的政策,虽然色情与妇女的社会从属状况还有待进一步讨论。

2. 其次,兰顿反对德沃金的宽容,论证的是基于对德沃金的偏好分析。她试图证明,德沃金对色情宽容的结论是站不住脚的,因为德沃金持有外在偏好的看法。按照兰顿的分析,在德沃金的假定下,禁止色情政策将满足大多数人的偏好选择,但取消了色情消费者的娱乐机会。人们想要禁止色情的理由是认为色情不高尚、犯错误、其生活观是低俗的。但德沃金认为这一"道德"偏好必须被相对应的"道德的独立权利"所击败。所以,色情消费者有打败禁止色情政策的权利,从而回到色情宽容和许可的政策。这里的关键是偏好的特质;如果偏好是外在的,是对他人的看法,它们便违反了"道德的独立"和平等尊重的权利。

倘若遵守以上规则,兰顿认为,很有可能是大多数人会偏好色情而非禁止它。假定多数人选择允许色情政策,难道这些允许色情政策的偏好不能算是外在的和非个人的吗?选择允许色情政策的人们会持有关于妇女价值的看法,而按照德沃金的标准,这类看法正是外在的偏好,但外在的偏好违反了平等尊重的权利。因此,兰顿指出,"允许色情政策"和"禁止色情政策"都是易碎的,在平等原则下不能持续的。在"允许色情政策"假定中德沃金保护色情消费者的权利,而在"禁止色情政策"假定中兰顿保护妇女的权利。两种假定中平等的权利必须和实际的持有权利的人们相联系;这些人持有权利和享受权利,或者不持有权利和对他人权利进行侵犯。无论平等权利是什么,这些权利必须返回到人们对权利的拥有。平等关注和尊

---

① MacKinnon, Catharine, *Feminism Unmodified* (Cambridge, Mass.: Harvard University Press, 1987) pp. 171—172.

重的权利的抽象性在应用到每日生活背景中的人们时就变成非常特定的。在我看来,平等关注和尊重的权利作为人的背景权利必定不是一个孤立的观念,而是某种在自我和他者之间的互相联系的权利。

兰顿试图使用德沃金的外在的偏好策略来击败德沃金的允许色情政策的推荐,我认为,这个策略并不能使人完全信服。在我看来,色情问题的关键争议不在于各自结论为允许或者禁止,而在于各自论证的前提:德沃金假设的前提是"道德的独立"。他在论文《我们具有对色情的权利吗?》①里明确地说道,他宁愿采纳两方面的考虑,但根据是道德的独立权利。兰顿的反对并没有完全击败这个要点。

我们可以看清楚德沃金的中立的道德独立论并不提供关于色情中妇女为何不断经受伤害、保持沉默、被剥夺自我价值和平等自主的分析,而这些都是平等原则中的假定论证。德沃金的允许政策究竟会违反谁的权利、为谁的利益服务?这些问题应当受到检验:因为我们生活的世界不是理想化的,也不是中立的,如同贾格尔所论说的不一样的人们生活在不同的境况里。②

二、女性主义关于解放的妇女和性工作的权利

虽然上述女性主义反对色情,但其他的女性主义则为色情作辩护。例如文迪·迈克埃尔罗(Wendy McElroy)声明,"从个人的和政治的意义看,妇女在色情业是受益的。"③有不少女性主义者对麦金农的色情定义提出挑战:"谁知道屈从、性服从或贬低这些究竟意指的是什么?"④由于麦金农的定义中许多这类词汇有待于进一步解释,而我们不能预测出如此这般的伤害怎么来证实,那么唯一确定的方法就可能是为避免起诉而采取法律上的限定,限制出售任何有性内容的物品,这样做的后果将会加倍压制言论,比

---

① Dworkin *A Matter of Principle* (1985) p. 338.
② Alison M. Jaggar and Theresa W. Tobin, "Situating Moral Justification: Rethinking the Mission of Moral Epistemology", in Wiley online library, *Metaphilosophy*, John Wiley & Sons ltd Vol. 44, No. 4 (July 2013) pp. 383—391.
③ From Saul, Jennifer Mather, *Feminism: Issues & Arguments* (New York: Oxford University Press 2003) p. 74. [Original: McElroy 1995, vii.]
④ From Saul, Jennifer Mather, *Feminism: Issues & Arguments* (2003) p. 93. [Original: Califia 1994, p. 124.]

直接禁令更过分。① 盖尔·茹彬(Gayle Rubin)论证说明了对色情的限定仅仅使得对色情工业的工作条件的改善更加困难。② 也有其他的提议反对将妇女视为性服务的牺牲品或娼妓。

由都泽玛(Doezema)撰写的《性奴与对话主人》一书提供了公众如何来理解贩卖人口的两个中心概念的复杂分析,它们是神秘和同意。她追述了历史的和当前的关于同意的意义,注意到19世纪初"白奴"运动及口述与当代贩卖人口之间的相同点:为此而论证说,这两个概念很关键地也是歪曲地侧重于由"无知的妇女"引出的恐慌。都泽玛评议说,"由于相信了没有人会选择去做娼妓,取消派的女性主义对自我定义的'性工作者'感到困惑并提出"同意去做娼妓是不可能的,从认识论方面就将娼妓定为奴隶了,而这些奴隶需要女性主义的干涉来拯救。"都泽玛质询取消派女性主义的循环推理:娼妓对妇女是非人性的,所以说无伤害的妓女的经验在本体论方面是没有可能性的:"最终的权力行使在于:否定性工作者的经验,并坚持认为绝对没有这种经验。"贩卖人口就成为强迫去做娼妓,也就不会有自我定义的性工作者了,她就在口述中成了"消失的主体"。③

如果都泽玛的论证正确,以下考虑就很重要和值得努力:为那些选择去做性服务的妇女创造了空间。自由和被迫的分界就会分晓,即在很有限的条件下的选择仍旧是个选择。当然,是否应泛泛地承认这种选择还要听取来自女性性工作者的意见。

郑天天(Tiantian Zheng 2009)观察了新中国的性工作者的生活;她在两年之内亲身观察了卡拉OK伴唱女郎的经历;她写道,"我对这些女子具有极高的敬意,因为她们是我在中国遇到的最勇敢的妇女:她们身体力行地拒斥父权制度对女子贞节的态度,并且解放了自己不受一般性地强加给妇女的限制,"④她们展现了自己是主体代言人,争取经济上的生存,但在一种意义上她们的文化身份被边缘化了。

爱丽丝·杨认为,边缘化是受压迫的五个方面里的最危险的一类压迫

---

① Saul, Jennifer Mather, *Feminism: Issues & Arguments* (2003) p. 95.
② From Saul, Jennifer Mather, *Feminism: Issues & Arguments* (2003) 97. [Original: Gayle Rubin 1993: p. 33]
③ Doezema, Jo, *Sex Slaves and Discourse Masters* (London: Zed Books, 2010) pp. 134—137.
④ Zheng, Tiantian, *Red Lights: The Lives of Sex Workers in Post-socialist China* (Minneapolis MN.: University of Minnesota Press 2009) p. 247.

形式:"边缘化阻止了能以社会来定义并认可的方式中实施人的能力。"①如果这一看法真实地描写了被贩卖的女子、贫困中的妇女以及被拐卖的女孩儿的境况,我们就很难否定她们都缺乏关于所做工作的自主的代言主体身份。都泽玛对此作出反响,她认同性工作者也是一种职业,并且解释论证说,由于娼妓中的性是非人性的,娼妓就永远是损害人的,然而,即然性是发生在娼妓里的,性也就是非人性的了,因而"在这个整洁、封闭的构造中,没有任何空间可以容纳性工作者的经验,使她们能发言表述她们的工作是无害的,或者不是异化的。"都泽玛称此为"形而上学的性工作者的消失",取消派女性主义由此而将她认定为需要让女性主义来拯救的奴隶②。这看起来是明显的荒唐之论,因为在做探究之前已做出固执的假定,即对娼妓的同意判定为是不可能的。

　　关于同意和同意之后会发生什么要依靠个人的见证,比如林达·劳维拉斯(Linda Lovelace);她在《深嗓子》影片中是色情名星:她描述了如何被关闭、折磨、被迫出演了此片。③ 坎蒂达·罗亚勒(Candida Royalle)则写道:通常人们认为妇女进入色情是因为作了牺牲品或者自我摧毁。我们的文化很难接受妇女选择这个职业;而我是选择者。④ 在暴力的色情之中的选择是个迷惘的论题。

　　兰顿对这一论题作了探究并且撰写《性的唯我论》来深入挖掘。兰顿论证性的客体化是对自主的否定:"色情造成论证的不可能性质;而可能的片刻中言论无价值。色情使妇女变成客体对象,客体是不说话的;即使说话时也被认为是客体而非主体的人。"兰顿评论林达·劳维拉斯,"她成了有用的客体,在很怪的意义上她的自主只是个商品。"深嗓子影片欢庆"解放的妇女以最极端的方式由她自己来表现生命和性";但她的证词揭露了要通过暴力、强奸、死亡威胁才使她完成角色。她讲到,"我就像个机器人,别人告诉我说什么我就说什么,因为不说就会遭毒打。"兰顿由此而总结说,林达的性自主的性质是对她的压迫条件下的结构特点,它使折磨变得容易、可藏匿和逃脱,"将性自主归于偶像式的解放了的妇女,继而也属于

---

① Young, Iris, "Five Faces of Oppression", in *Theorizing Feminisms*, Elizabeth Hackett and Sally Haslanger, Eds. (New York: Oxford University Press, 2006) p. 9.
② Doezema, Jo, *Sex Slaves and Discourse Masters* (2010) p. 144.
③ Lovelace, Linda (with Mike McGrady), *Ordeal* (Secaucus, N.J.: Citadel Press, 1980).
④ Royalle, Candida, "Porn in the USA", in Drucilla Cornell, Ed., *Feminism and Pornography* (New York: Oxford University Press 2000) pp. 541, 545.

其他的妇女,这样一来就有利于违背其他某些妇女的自主。"①我认为,兰顿所分析的虽然正确,但她却忽略了一点:妇女受压迫的结构性特点并不能推论出一个群体的合音来反对所有的色情。尽管兰顿否认性工作者在被压迫的结构特点中扮演性的服从角色会具有自主的决定,罗亚勒则声明色情可以扩展我们的幻想世界,可以提供安全和浪漫的方式来开放视野和境界。这种观点真实可信吗?

三、性的自主与唯我论中妇女的客体化

安株·阿特曼撰文《性勃起的权利:色情、自主和平等》②论证观看色情的人是在行使他们的性的自主权:性自主的唯一限制是不能与儿童和不同意的成人有性关系。他称这就是自由主义规则,即让成年人不受道德约束地从事所选择的性活动,"只要他们的活动不涉及直接的不情愿者"。他进一步推论说,即使暴力色情与性暴力之间清楚地具有因果关系,"还是不足以下结论说生产、销售和观看暴力色情会超越成人的性自主的权利。"所以说,不会有任何证明来支持对暴力色情的挑选,并将它和媒体暴力的其他形式相区分。阿特曼最后承认在我们这个社会中广泛存在着性暴力,自由主义的道德论要求对此做出回应,"但是有各种方法可以降低性暴力的发生而不必对暴力色情的生产和观看进行干涉。"这一观点在他的对手苏珊·本勒森看来是很荒唐的:她指出阿特曼所倡导的是,不管色情有哪些伤害,它们都只是我们具有性自主权利的代价。但她将色情定义为憎恨言论。

本勒森的分析指出了色情对不参与色情活动的人们所导致的伤害有以下几类:(1) 对那些被强迫参与的人们的伤害,(2) 增强和巩固了对女孩和妇女的歧视和性折磨,(3) 对受色情影响而具有对妇女歧视态度和性欲望的男孩和男人的伤害,(4) 在性暴力中已经是牺牲者的人的再度伤害。以上几点澄清了色情观赏者和不愿受色情传播贬损的妇女的两种权利之

---

① Langton, Rae, *Sexual Solipsism: Philosophical Essays on Pornography and Objectification* (New York: Oxford University Press, 200) pp. 229—240.

② Aluman, Andrew, "The Right to Get Turned On: Pornography, Autonomy, Equality", in Andrew Cohen and Christopher Heath Wellman, Eds., *Contemporary Debates in Applied Ethics*, 2th edition (Boston MA.: Wiley Blackwell, 2014) pp. 307—313.

间的冲突。本勒森认为,虽然第一修正案保护色情,但色情可能违反妇女的第一修正案中的平等受保护权(使她们因为强奸的迷惑而缄口不言)。她的结论是,"如同我们不再对婚内或约会强奸、家庭暴力和性搔扰一概加以否定一样,我们也应该不接受作为性自主之代价的色情的伤害。"①

以上两种对立的色情观启发我们更深入地挖掘色情中性自主的含义,为此需要检验兰顿的《性的唯我论》。兰顿在引领女性主义评价性工作者的妇女沉默方面,很关键地提出了客观上色情否定了这些妇女的自主性。兰顿特别强调了这些妇女的三个特征,即将她们归于形体、归于相貌、归于沉默缄口。依照兰顿的观点,康德关于将人视为性对象的讨论肯定有助于我们来理清色情是否违背自主。她引证了康德的话:人类之爱在于良好意愿、情感和提高他人的幸福。很明显的是,当一个人单纯从性欲来爱另一人时,这些元素都不进入性爱。性爱使得被爱者成为性欲的对象:一旦欲望平静,被爱者被抛开,就像一个被榨干的柠檬。②

然而康德也说过,"男人,当然了,使用另一个人的时候,是要得到那人的同意的。"我们看到了女性主义反色情观和康德的看法有一致性:色情的客体化很可能否定人的自主。与此相对照,康德还解释了亲密的友谊和爱,"我们的爱是相互的;存在着完整的回报。我,慷慨地眷顾他的幸福,他同样地眷顾我的幸福。"③

我们如何来理解康德的关于唯我论的和避开唯我论的观点呢?依照兰顿的观点,既然康德看出性爱可以如同友谊,其力量在于冲出自我的牢笼,滋养认知和道德的美德,那么性爱就能"帮助逃离唯我论的地狱。"④但是,兰顿尚未解释为什么有些妇女确实选择了性的工作并相信有权利做此自主选择。如何来评价她们的声音和选择呢:她们似乎有能力识别"非异化的尊严"和"禁止将人视为物",她们需要由女性主义来拯救吗?

---

① Susan Brison, "The Price We Pay? Pornography and Harm", in Andrew Cohen and Christopher Heath Wellman, Eds., *Contemporary Debates in Applied Ethics*, 2th edition (Boston MA.: Wiley Blackwell, 2014) pp. 323—330.

② Kant, Immanuel, *Lectures on Ethics*, trans. Peter Heath, eds., J. B. Schneewind and Heath (Cambridge: Cambridge University Press, 1997) p. 163; from Rae Langton, *Sexual Solipsism: Philosophical Essays on Pornography and Objectification* (New York: Oxford University Press, 2009) p. 325.

③ Kant, Immanuel, *Lectures on Ethics*, trans. Peter Heath, eds., J. B. Schneewind and Heath (Cambridge: Cambridge University Press, 1997) pp. 202—3; from Rae Langton, *Sexual Solipsism: Philosophical Essays on Pornography and Objectification* (New York: Oxford University Press, 2009) p. 319.

④ Langton, Rae, *Sexual Solipsism* (2009) p. 327.

杜萨拉·康奈尔(Drucilla Cornell)不同意将性工作者视为需要拯救的牺牲品的看法。她认为"那当然不是大多数色情服务者的意见。"①罗亚勒也否认色情会产生暴力,她想要通过改变电影制作来改变色情,"让人们对性和人作为性的存在感觉良好。"②她对色情工作者的看法很有意义:首先,既然女性主义是要赋权妇女而不是让妇女自我摧毁,反色情者就不是女性主义;她认为对妇女的确实关怀在于建立性工作者工会并鼓励妇女经营行业,使妇女们掌控工作安全。其次,她发觉了在色情工作里人们必须学习感受性是什么:彼此之间要有感情互动,"与你所爱和信任的人一起来游戏幻想的世界,难道这儿不是更好的地方吗?"这一信息很恰当地解释了为什么愈来愈多的妇女参与了观看色情的行列。罗亚勒想从一个妇女的视点来制作电影,这是从哲学和政治方向来改变的事件。她的"美国色情"一章③提供了完美的健康色情图画,促使我们进一步深思色情问题:她是极少数敢于与男性影片制作人竞争的女子。

罗亚勒的色情片与其他暴力和强制的色情片相比代表了另一种形象,是和兰顿的如何避免唯我论的思考相一致的。可是这种色情片还是在市场中的商品,也不能逃避它的市场的工具性的使用作用。K.努茅(K Numao)在讨论兰顿的《性唯我论》时说明了唯我论通过色情的直接使用来客体化妇女;消费人群逐渐视妇女为性满足的工具,而妇女的客体化就进入了消费者的思维背景:"一旦消费者达到这一步,在消费者和妇女之间就不存在真正的交流,后者只是客体物了。"努茅的要点是,客体化不止在于男人客体化妇女,男人和其他男人之间也有客体化,妇女与妇女也有客体化,妇女也可能客体化男人。因此,唯我论"确实是关系每个人的问题,不只是男人。"④

努茅正确地指出了兰顿的贡献:通过康德的友谊观来触及色情的根本问题,即我们对待她人的那种最关乎人性的**方式**。由于对这一根本问题没有意识,自由主义的色情观走向极端的没有限制的允许政策。这种极端自

---

① Cornell, Drucilla, "Pornography's Temptation", in Cornell, Drucilla, Ed., *Feminism & Pornography* (New York: Oxford University Press, 2000) p. 552.
② Royalle, Candida, "Porn in the USA", in Cornell, Drucilla, Ed., *Feminism & Pornography* (New York: Oxford University Press, 2000) pp. 540—41.
③ Royalle, Candida, "Porn in the USA", in Cornell, Drucilla, Ed., *Feminism & Pornography* (New York: Oxford University Press, 2000) pp. 540—49.
④ Numao, K., "Pornography and Civil Society: The Goods of Moral Arguments in Public Deliberation", Journal of *Political Science & Sociology* No. 12, 2013, pp. 49—64.

由让成年人不受道德约束地从事所选择的性活动,只要他们的活动不涉及不情愿的牺牲者。但是,即便是情愿的牺牲者,她也是完全被客体化了;无论是情愿还是不情愿,客体化一个完整的人都是违背人性的不道德。

"情愿的牺牲者"并不能释放掉为了满足消费者性欲的作为客体、对象或工具的内涵。这里不存在平等关心和尊重的感受性,仅有金钱的交易。应当注意的是,照自由主义看来,卷入性暴力的人没有错误,只要另一个客体情愿同意扮演屈从的角色。但是,平等尊重的原则不全是关于同意不同意的问题:作为一个人的背景权利才是深层意义的如何以尊重对待对方的关键所在。康德与女性主义的反色情观都认为将他人仅视为工具而非目的在道德上是错误的,但是,为什么性工作者选择去做"情愿的牺牲者"呢?这对反色情的女性主义来说很是迷惑。我们要扩展对性唯我论的分析。

吴蓝(M. Ullen)发现色情唯我论的根子不仅仅是性别争议,还是总体系的资本主义。她批评色情中无限制的个人情欲的过度代表性质;赞赏女性主义反色情立场的关于这种过度泛滥的观察,但她又指出:"这个过度的根子不仅存在于性别的权利不平衡,更存在于目前的经济制度。"吴蓝建议我们奋力改变,比如"色情的生产和消费中的物质条件。对色情进行规范化管理但不要审查它们。"她指出,规范化会允许施行某些清楚的规定以便保证受雇者的工作条件和工资,而提高为妇女服务的色情产品有可能成为第一步来达到目标,"以同样想象娱乐的手段为妇女提供长期以来仅仅为男人服务的项目。"①

有没有其他方式或方法能够帮助我们避免性的唯我论?我们要开阔视野超越自由权利论的视野,寻找关怀的关系理论。赫尔德概括了康德和功利主义的伦理学,将他们与关怀伦理学作比较。她在《关怀伦理学:个人的、政治的、世界的》(2006)一书里说明,"占主流的正义伦理道德理论重视的是平等、公正、公平分配和不干涉,这些价值具有优先性。与之相反,关怀伦理学重视信任、团结、互相关心和有共鸣的反应,这些价值具有优先性。"②她认为,关怀伦理学能够将关怀的正义扩展到思考如何建立社会结构和应当如何限制市场。虽然此书没有直接论及色情,但关怀的正义或正

---

① Ulle'n, Magnus, "The Solipsism of Pornography: Speech Act Theory and the Anti-Porn Position", Journal of *Sexuality & Culture* (2013) pp. 17:321—347.

② Virginia Held, *The Ethics of Care: Personal, Political, and Global* (New York: Oxford University Press, 2006) p. 15..

义的关怀以它混合的方式来提供见识,进一步探究健康和平等的性活动,反对社会中弥漫的性暴力。

为了避免自由个体的唯我论,我们要做的是培育关怀价值中的关怀关系,通过对所有妇女和男人尤其是青少年的公共和私密范围的教育来培植。这些教育项目将会反向平衡儿童们有可能接触到的网络色情资料。社会要有责任号召共同来反对性暴力,面对青少年一代和妇女群体的性暴力。这将是改造色情文化的任务的第一步。保尔(Paul)[①]指出了色情工业和色情文化的彼此强化从而获取市场暴利。它们当然要反对由国家制定的所有规定。

结论

性的暴力和性的和谐具有很大差别,我们反对的是暴力而不是性。一旦有暴力就必须有干涉,阻止暴力;制定规则应当是合理的期待。阿特曼回答说其他方法可以制止暴力犯罪但不必筛除暴力色情。但是,依据平等关心和尊重的原则,暴力色情中表现的妇女作为女性群体而被客体化的活动是严重的犯罪,原因在于它把妇女的女性仅仅视为性工具的广泛影响,违反她人的权利和对平等关心与尊重的原则的感受性。

兰顿正确地揭示出德沃金对道德独立的辩解是失败的;外在选择的两难说明了他不能完全划清内在与外在的分界线,原因在于性行为是自我与他人的合并,不只是个体事件。

以上各项关于如何避免唯我论的论证澄清了一个要点,即唯我论中的对妇女群体的客体化违背了平等关心和尊重的原则;而这一原则可追溯到康德和罗尔斯的道德的感受性作为他们理论的基石。遵照契约或同意的方法并不支持无任何规则的允许色情政策。色情文化和环境中的唯我论的难题关乎市场的扩充和现实中弥漫的性别不平等,有必要进一步挖掘:这些探索要求多方视角下的多种声音和论证,要使用多元的方法论而不要固守一种单一的自由主义的平等概念。关怀伦理学提议的关怀与正义相结合的方法论很有启发地帮助我们继续探究。

---

① Pamela Paul, "Pornified" in James P Sterba/Peter Bornschein, *Morality in Practice*, 8th ed. (Boston, MA: Wadsworth 2013) p.430.

(本文作者系美国德克萨斯州立大学哲学系教授)

The Objectification of Autonomy and Solipsism: Analysis on the Diversity of the Feminist Critiques of Pornography

[USA] Yuan Lijun

Abstract: This article has three parts to explore feminist critiques of pornography and multi-perspectives around issues of sexual autonomy and solipsism and concerns beyond but related. It starts with liberal conception of equality and the principle of equal concern and respect confronting with feminist Langton's critique; then, it moves to the debates of sex work between feminist multi-perspectives raising issues of solipsism and how to avoid its objectification of women from feminist points of view. The third part of it expands variety of arguments on the objectification of women as the violation of the principle of equal concern and respect, which is the fundamental consideration of sexual equality. It concludes that a single perspective of justice of contract with consent will not clarify why pornography is harming women as a group and multi-perspective method of ethics of care demanded for a further productive debate in the above concerns. Feminists need to expand their analysis of violent porn including different viewpoints of women in different contexts; only can a moral concern with caring relationship combined in the principle of equality based on diversified experiences of women be helpful for a sound critique of pornography.

Key words: Equal concern and respect; Autonomy; Solipsism; The objectification of women

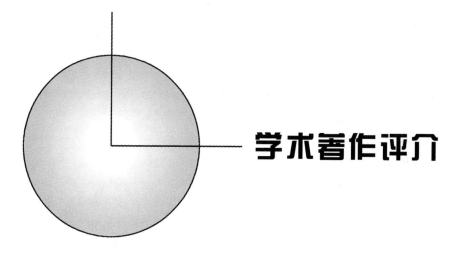

学术著作评介

《中国特色社会主义妇女理论研究》评介

金 梦

【内容提要】 本文追述了《中国特色社会主义妇女理论研究》一书的缘起,并分析了该书的特色:鲜明的立场;回顾了这一理论形成发展的历程;提出具体建议,一是转变家庭观念实现性别平等,二是循序渐进实现家庭性别平等,三是加强家庭性别关系动态平衡体系建设;呼唤理论创新;从多元学科的视角探讨这一理论的构建。

【关键词】 性别平等;中国特色;妇女理论研究

受全国妇联委托,北京大学中外妇女问题研究中心于2010年底参与了由时任全国妇联名誉主席、九届全国人大副委员长彭珮云同志牵头,中国社科院、中央党校、北京大学、中华女子学院和全国妇联妇女研究所等五个单位有关同志共同开展的国家社科基金重点项目"中国特色社会主义妇女理论与实践"的课题研究。2013年6月,北京大学中外妇女问题研究中心联合厦门大学、中华女子学院等校的妇女研究机构,共同举办了"当代中国妇女理论研讨会",以期对"中国特色社会主义妇女理论与实践"课题取得的相关阶段研究成果进行深入研讨。来自北京大学、厦门大学、中华女子学院及中国社会科学院、全国妇联妇女研究所、中国农业大学、广东省委党校、广西大学、西南大学、西安培华女子学院、美国德儒大学和北慈大学等单位的50多名学者参与了研讨。会后,此次研讨会和课题阶段研究成果的荟萃之作——由岳素兰、魏国英主编的《中国特色社会主义妇女理论研究》一书,于2014年4月由北京大学出版社出版发行。[①]

马克思主义妇女理论自20世纪初在中国传播起,就开始了与中国妇

---

① 岳素兰、魏国英主编:《中国特色社会主义妇女理论研究》,北京大学出版社2014年版,第294页。

女运动实践相结合的历史进程。中国共产党成立以来,争取妇女的解放和发展是中国共产党革命、建设和改革事业的重要组成部分。改革开放后,在中国共产党领导下,我国妇女解放事业取得了新发展,有关妇女理论研究的工作也进入了一个新的阶段。与此同时,随着社会问题复杂化,以及西方女性主义思潮的广泛传播,我国马克思主义妇女理论研究遇到了不小的挑战。如何坚持和发展马克思主义妇女理论,建构中国特色社会主义妇女理论体系,并为推进我国妇女的解放和发展提供现实指导,成为当下我国妇女理论研究的迫切任务。《中国特色社会主义妇女理论研究》一书正是在这一背景下出版的。该书集结了国内外多位专家学者的研究成果,直面现实挑战与突出问题,试图对当前妇女理论研究热点与前沿问题进行深入探讨,以助益于新时期我国妇女理论新发展。

该书从不同角度深入探讨了马克思主义性别研究的立场与方法,回顾了中国特色社会主义妇女理论形成和发展的历程,对中国特色社会主义妇女理论的建构以及妇女发展的实践提出了颇具建设性的意见。该书辑纳的学术论文视角多元,论述深刻,见地也不乏独到,是中国特色社会主义妇女理论研究领域的前沿之作。

《中国特色社会主义妇女理论研究》一书以全国妇联名誉主席、九届全国人大常委会副委员长彭珮云同志在"当代中国妇女理论研讨会"上的重要讲话为开篇。在此,彭珮云同志高度评价了"当代中国妇女理论研讨会"召开的重要意义,并强调要加强妇女理论研究。她指出,当前妇女理论研究"既要坚持马克思主义的指导,研究妇女运动的基本规律,又要关注重大的现实问题,重视实证分析和对策研究,还要开展多学科和跨学科的研究,逐步建立一个全面、完整的学科体系,提升妇女理论研究在学术领域的地位和作用。"[①]

该书共分为三个部分。在第一部分中,七位学者深入阐释了马克思主义性别研究的立场与方法。例如,梁柱论述了马克思主义指导的妇女解放理论及其运动的特点,强调在妇女理论研究中,要旗帜鲜明地坚持社会主义的共同理想、共同道路的发展方向,同时,妇女理论研究要关注与妇女利益密切相关的社会现实问题。陈志尚强调,马克思主义人学与中国特色社会主义妇女理论之间有着内在的紧密关系,彼此应当互相学习,互相促进,

---

① 《中国特色社会主义妇女理论研究》,第 2 页。

《中国特色社会主义妇女理论研究》评介

共同发展。丁娟则重点探讨了马克思、恩格斯性别研究的妇女立场和人民情怀,并指出了马克思主义性别研究的基本方法。在探讨马克思主义性别研究立场和方法基础上,在该书第二部分,学者们就中国特色社会主义妇女理论形成和发展的时代背景与历程,其指导思想、理论依据、目标和任务以及中国特色社会主义妇女运动实践等相关问题进行了深入探讨。如张李玺、宿茹萍阐释了中国特色社会主义妇女理论构建中的六个关系。王宜秋指出中国特色社会主义妇女理论是以中国特色社会主义理论体系为指导的当代中国妇女解放与发展的理论,并重点阐述了中国特色社会主义理论体系的指导作用的具体体现。魏国英从妇女解放和发展有赖于社会的进步和发展、社会发展最终体现为包括妇女在内的人的发展的视角,论证了社会主义初级阶段妇女解放和发展的目标和任务。还有学者从历史与现实层面探讨了中国特色社会主义妇女理论的形成和发展问题。如王涛从历史角度论证了妇女解放与社会主义运动的密不可分性,强调中国特色社会主义妇女理论的形成和发展有赖于社会主义制度的不断改革和完善。苏红军、柏棣则从美国第二波女权主义运动的局限性来反观现当代中国妇女解放理论和实践问题。而徐雅芬则重点论述了马克思主义妇女观与男女平等基本国策的相互关系,等等。在第三部分中,学者们主要从实证角度对当下中国妇女解放运动的发展提出了建议。如金沙曼对党领导的妇女工作的基本方式进行了探析,作者认为,坚持一脉相承、与时俱进、改革和完善党对妇女工作的领导方式,对全面提高党的建设科学化水平、用科学方法推进妇女工作具有重要意义。孙蚌珠和郑雅洁则通过对中国居民收入调查微观数据的实证研究分析发现,妇女总体比男性总体工资水平低,因而应重点增强妇女的自我发展能力,大力促进妇女经济发展。

从总体看,该书三部分内容逻辑上紧密相连,论述层层递进,理论性与现实性兼具,反映了学者对当下妇女解放的理论与现实问题的深刻思考。综观全书,该书有以下几个鲜明的特点:

第一,旗帜鲜明,立场坚定。该书学者敢于直面挑战,以马克思主义历史观和方法论为指导,深入探讨了中国特色社会主义妇女理论研究的相关问题,有力回应了国内外学界质疑。其一,针对学界对马克思主义的阶级立场与实践立场的质疑,该书有力回击道,无产阶级的阶级立场恰恰印证了马克思主义的人民立场。马克思一生都坚定地站在无产阶级立场上,这一立场也是实现中国人民和中国妇女站立起来的制胜法宝,"如果被那些所谓的公允和科学性卫道士的话语所蛊惑,那么,我们背离的就不仅是马克思主义的基本原理和中国共产党的根本宗旨,更重要的是背离了广大劳动人民包括广大劳动妇女的立场。"①其二,面对历史虚无主义的指责,学者指出,中国妇女的解放从来就不是"被解放",中国的妇女解放不但有男性提倡,也有很多女性参加和领导。中国共产党是代表广大劳动人民根本利益的政党,中共领导下的妇女解放运动使得曾受三座大山、四条绳索压迫的广大劳动妇女翻身做了主人。历史证明,社会主义制度是妇女解放的根本制度保障,社会主义运动与妇女解放密不可分,因而妇女解放必须坚持和发展中国特色社会主义,在包括广大妇女在内的人民群众中倡导和树立爱国主义和社会主义相统一的理想信念。其三,针对"重新社会性别化"构成的对马克思主义妇女解放运动以及妇女研究的挑战,学者指出,20 世纪80 年代兴起的作为解构中国革命的社会性别政治以"去妇女解放"为纲领,从经济上、政治上、文化上和组织上全方位地推行"重新社会性别化",强调男女的社会差异,重建所谓女性意识。② 这意味着父权制的回归,是对马克思主义所倡导的妇女解放的挑战。该书学者强调妇女研究必须深刻反思"重新社会性别化"。总之,针对新时代条件下种种针对马克思主义妇女观的质疑与挑战,该书学者旗帜鲜明地指出,必须坚持马克思主义妇女理论的指导地位,这是当今中国女性权利实现的理论基础,"无论中外历史,女性问题解决得好的时期或国家,恰恰是正确地坚持和发展了马克思主义妇女理论……一百多年的历史实践证明,马克思主义对妇女问题的认识和评说是正确的,它将妇女解放纳入到社会主义革命的轨道,大大加速了妇女解放的进程。"③

第二,回望历史,追根溯源。中国特色社会主义妇女理论是在对历史经验总结的基础上形成与发展的,该书学者回顾了中国特色社会主义妇女解放的理论与实践,从历史事实出发探索了中国特色社会主义妇女理论的建构之路。如,王涛从世界社会主义运动的角度出发,从共产国际与中国共产主义妇女运动的发端、"苏联模式"社会主义与中国"男女平等"的实现,以及改革开放与中国特色妇女理论的形成三个方面,回顾了中国妇女解放道路的形成过程。作者指出"中国特色妇女理论"这一概念的界定不

---

① 《中国特色社会主义妇女理论研究》,第 37 页。
② 同上书,第 160 页。
③ 同上书,第 178 页。

仅要体现中国特色,也需要体现时代特征。① 苏红军回顾了 20 世纪 50—70 年代中国妇女解放理论和实践发展过程,总结出这段历史进程的三个前瞻性内涵:其一,改造、废除私有制,建立社会主义全民所有制和代表广大人民利益的国家,从铲除男女不平等的根源和经济、政治基础来解放广大妇女;其二,以改革家庭和婚姻制度,改变生产关系和建构新型的社区模式来整合性地建立男女平等的社会关系;其三,从改造上层建筑来建构妇女的主人翁精神,和为全人类求解放的社会主义新人。② 作者强调,在建构新世纪中国特色妇女理论时,我们必须珍视 20 世纪 50—70 年代妇女解放理论和实践的这些前瞻性内涵,坚持马克思主义。王冬梅则通过对 1978 年以后历次全国妇女代表大会报告主要内容的考察,探究了改革开放新时期中共妇女运动方针的演变。她指出,妇女运动方针的转变对妇联的工作指导方针、工作方式、工作机制及工作格局都产生了重要影响,建立社会化、开放式的工作格局,建立妇女运动的长效发展机制成为未来一个长时期妇女运动的必然趋势。③ 仝华在研读《〈春天的信息〉——黄启璪谈妇女儿童工作》文集的基础上,梳理了文集中关于《全党全社会都要树立马克思主义妇女观》讲话的动议、发表和学习宣传情况,以及原全国妇联党组书记黄启璪关于维护妇女儿童权益和妇女运动的相关论述,试图从中深入体悟中国特色社会主义妇女理论。仝华指出,这部文集虽记录和反映的主要是 20 世纪 80—90 年代的中国妇女工作和妇女事业,但这段历史承前启后。这部文集是在全面建设小康社会的征程上,不断推进中国特色社会主义妇女事业和妇女理论的发展,所不能不关注的重要历史文献。④ 此外,史春风还回顾了百年来中国妇女解放运动从"独立人格""男女平等"到"性别平等"的艰辛探索,阐述了对中国特色社会主义妇女理论与实践的思考。⑤ 张浩通过叙述新中国成立初期的废娼运动的历史,探索了这一历史过程对于中国特色社会主义妇女理论铺垫的实践基础。总之,该书学者论从史出,继往开来,通过回望历史,总结历史经验,汲取前人有益成果,以期对中国特色社会主义妇女理论建构有所助益。

第三,关注现实,注重对策研究。在中国特色社会主义道路的实践过

---

① 《中国特色社会主义妇女理论研究》,第 112 页。
② 同上书,第 141 页。
③ 同上书,第 164 页。
④ 同上书,第 138 页。
⑤ 同上书,第 198 页。

程中,妇女自身的解放与发展取得了许多瞩目的成就,但同时,制约妇女发展的各种因素也凸显出来,实践迫切需要理论对现实问题给予解答。对此,魏国英指出,要清楚认识到当前社会主义初级阶段的基本现实,在马克思主义实现妇女解放和发展的总目标下,提出我国社会主义初级阶段的目标,即是在新的"世情""国情"和"妇情"的现实条件下,促进两性和谐发展,促进妇女与经济社会同步发展,并积极改善环境,创造条件,加快妇女向自由而全面发展迈进的步伐。为实现这一目标,男女平等是现阶段妇女解放和发展的核心任务。① 徐春在正视社会主义初级阶段中国女性发展现实的基础上,指出现阶段促进女性的全面发展的现实途径是发展教育,提高女性素质,推动社会发展,在制度建设上给女性提供良好的发展条件。② 该书还深刻分析了当前重大的现实问题,重视实证分析与对策研究。例如,针对社会和家庭中的性别歧视、性别不平等在某些方面有所加剧的情况,王成英提倡要重温马克思主义科学平等观,使其与我国改革开放的具体实际相结合,这对推进我国家庭性别关系平等、促进家庭内民主协商机制,更深入贯彻男女平等基本国策有重要的理论和实践意义。她提出三点建议,一是实现性别平等要转变家庭观念,二是实现家庭性别平等必须遵循客观规律,循序渐进,三是要加强家庭性别关系动态平衡体系建设。③ 孙蚌珠等在实证研究基础上指出,促进妇女经济发展是一个系统工程,就制度和社会层面,主要应提高妇女占比较大的低工资劳动者的工资水平,创造有利于消除性别歧视的制度和社会环境,提高妇女的人力资本,推进生育成本和家务劳动社会化。④

第四,立足前沿,呼唤创新理论。实践呼唤理论创新,如何构建中国特色社会主义妇女理论成为当前学界研究的前沿问题。对此,学者重点探讨了在构建中国特色社会主义妇女理论过程中首先需要关注和厘清的六个关系,即中国特色社会主义妇女理论与马克思主义妇女理论、中国特色社会主义妇女理论和中国特色社会主义理论体系、中国特色妇女解放和发展道路与中国特色社会主义发展道路、中国特色妇女解放和发展的制度保障与中国特色社会主义制度、中国特色社会主义妇女理论与妇女解放和发展

---

① 《中国特色社会主义妇女理论研究》,第 120 页。
② 同上书,第 78 页。
③ 同上书,第 63 页。
④ 同上书,第 250 页。

的实践、中国特色社会主义妇女理论与西方女性主义理论等。① 还有学者指出,中国特色社会主义妇女理论以中国特色社会主义理论体系为指导,这就要求构建中国特色社会主义妇女理论,要立足于社会主义初级阶段基本国情,充分认识妇女解放与发展的长期性和艰巨性;要坚持走中国特色社会主义道路,坚持党的基本路线;要贯彻落实科学发展观,促进经济社会全面协调可持续发展与妇女协调发展;要构建社会主义和谐社会,坚持维护公平正义,坚持共同富裕,促进两性和谐发展;要坚持中国共产党的领导,密切党与妇女群众的血肉联系,使党的主张成为广大妇女的自觉行动。②

第五,视角多元,注重交叉研究。该书学者从不同的学科背景出发,从多元的视角探讨了中国特色社会主义妇女理论的构建问题。如陈志尚考察了马克思主义人学和中国特色社会主义妇女理论两个新兴学科的内在紧密关系,指出二者应该相互吸收,加强研讨和合作,并在面临意识形态复杂多变的新形势时,加强理论的自觉和自信。③ 石红梅探索了女性主义与马克思主义再度联姻的可能性与现实性。④ 宋建丽在揭示当代西方性别哲学内在困境的基础上,用阶级和性别辩证统一的历史唯物主义视角分析了全球化背景下的性别公正和女性解放,对未来中国性别哲学研究的发展走向进行尝试性探索。⑤ 还有学者从近来对美国第二波女权主义的反思来认识20世纪50—70年代社会主义妇女解放理论和实践问题。⑥ 该书学者多元视角的研究启示我们,理论系统不是内在封闭的,只有在保有理论本身基本内核的基础上,吸收系统外部新元素才能使理论系统得到长久维持和发展。因而在中国特色社会主义妇女理论构建过程中,同样应该开阔视野,吸收和借鉴诸如西方女性主义理论等学说的有益成分,以丰富和发展中国特色社会主义妇女理论。

马克思说,"任何真正的哲学都是自己时代精神的精华"⑦。当前,中国妇女解放问题面临许多新情况、新问题,现实需要理论给予解答,中国特色

---

① 《中国特色社会主义妇女理论研究》,第84页。
② 同上书,第94页。
③ 同上书,第18页。
④ 同上书,第232页。
⑤ 同上书,第51页。
⑥ 同上书,第139页。
⑦ 中共中央马克思恩格斯列宁斯大林著作编译局编译:《马克思恩格斯全集》第1卷,人民出版社1956年版,第121页。

社会主义道路的实践迫切需要与之相适应的中国特色社会主义妇女理论的构建。这要求我们必须在坚持马克思主义妇女解放理论的基础上不断丰富和发展中国特色社会主义妇女理论，以适应实践的需要。同时，"批判的武器当然不能代替武器的批判，物质力量只能用物质力量来摧毁；但是理论一经掌握群众，也会变成物质力量。"①理论只有和现实结合起来才能彻底，才能让人民群众信服。中国特色社会主义妇女理论的建构正是需要紧密结合当前实践，不断创新理论，只有如此，才能为人民群众所掌握，成为中国特色社会主义妇女解放实践的指南针，有力推动实践向前发展。因此，实践呼唤理论的创新，理论需要实践的结合，实践和理论的双重诉求使中国特色社会主义妇女理论的建构刻不容缓，而《中国特色社会主义妇女理论研究》一书正是这一探索的有益尝试，它为推进中国特色社会主义妇女理论研究做出了一定的贡献。

（本文作者系北京大学马克思主义学院博士研究生）

Review of The Socialist System of Feminist Theory with Chinese Characteristics

Jin Meng

Abstract: This essay gives a review of the genesis of the book "The Socialist System of Feminist Theory with Chinese Characteristics" and it also analyzes its features, including a distinctive standpoint, retrospects on the history of the development of this theory, offering specific recommendations like achieving gender equality by changing the concept of family, achieving gender equality gradually and enhancing the construction of dynamic system of gender equality. In addition, this essay calls for an innovation of the theory. Lastly, it also discusses the building of this theory from a multidisciplinary perspective.

Key words: Gender Equality; Chinese Characteristic; Research on Feminist Theory

---

① 《马克思恩格斯全集》第1卷，人民出版社1956年版，第11页。

求真求实续新篇
——评三卷本新版《中韩关系史》

吴 康

【内容提要】 20世纪90年代下半叶北京大学韩国学研究中心王小甫、徐万民、宋成有诸位先生所著《中韩关系史》古、近、现代三卷本出版。2014年1月,经过补充修改的新版《中韩关系史》三卷本问世。该书用研究中国与周边国家关系史的传统史观,以历史唯物主义和历史主义的视角,记述中韩关系3000年的发展过程。新版《中韩关系史》三卷本比90年代版增加了不少篇幅,补充新史料,吸收新成果,使全书的学术水平又有了新的提高,为维护中韩两国关系和促进相互交流增加了正能量。

【关键词】《中韩关系史》;古代、近代、现代三卷本

1995年在北京大学韩国学研究中心的支持下,由6位北京大学历史系的教师和多位研究生开始撰写《中韩关系史》。1996年,徐万民先生所著《中韩关系史》近代卷出版;1997年由宋成有、王蕾诸先生合著的现代卷,1998年由王小甫、蒋非非诸先生合著的古代卷先后付梓,90年代初版的古代、近代、现代三卷本《中韩关系史》出齐。全书共80余万字,作为北京大学韩国学研究中心编辑的韩国学丛书之一,由韩国大宇财团提供出版资助,社会科学文献出版社出版。初版的三卷本《中韩关系史》主要有两个特点:一是在中国的学术著作中首次使用了韩国国号,书名称"中韩关系史"而非"中朝关系史",在当时似乎独此一著;二是采用了北京大学历史系研究中国与周边国家关系史的传统史观,以历史唯物主义和历史主义的视角,记述中韩关系3000年的发展过程。这部《中韩关系史》受到欢迎,在不少大学作为研究生的教材使用。

2012年正值中韩建交20周年,社会科学文献出版社的项目统筹冯立

君先生提议再版古近现三卷本的《中韩关系史》。这一建议得到各卷著者的积极回应,毕竟是十几年前的成果,能通过修订来补充这些年来学术研究的新成果,是一件好事。其中,古代卷的作者,特别是王小甫教授对魏晋南北朝至隋唐时期的中韩关系进行了多角度研究,取得不少新成果。近代卷的徐万民教授对近代中韩关系的思考,也在深化并拓宽,包括对安重根义士的研究。由宋成有教授主笔的现代卷增添的内容最多,几近重写。因为初版的现代卷只记述到1995年,至2012年,已过去了17年。在新增加的1995—2012年的内容中,展现了现代中韩关系的多面性和复杂性。总之,新版《中韩关系史》的作者们坚持实事求是、求真求实的治学态度,在中韩关系史的诸多重大问题上,补充新史料,吸收新成果,精心修改,使全书的学术水平上了一个新台阶,体现了再版的意义。

经过将近一年半的努力,2014年1月,新版《中韩关系史》三卷本推出。大气的开本,庄重时尚而富有学术气息的装帧,独具匠心的版式设计,已非初版本所能比拟。更重要的是全书的总字数增加不少,内容充实丰富了许多,信息量大为扩充。

新版《中韩关系史》(古代卷)在以下几个方面取得了研究的新进展,包括:

有关新罗早期与日本列岛关系的研究。通常认为,公元三世纪初起,由于朝鲜半岛上新罗势力的崛起、发展,日本列岛的邪马台国采取了远交近攻政策,积极沟通与中国的关系,借以抵制新罗的威胁。近年日本有学者对此不以为然,认为当时并无新罗存在,更无力量形成所谓威胁。本书作者深入研究认为,金富轼《三国史记》卷1《新罗本纪》是从汉宣帝五凤元年(前57)四月赫居世即位开始记载的;直到公元503年厘定国号前,新罗国名见于史料的有"徐那伐""辰韩六部""鸡林""新罗"(《三国史记》卷一《新罗本纪》第一、第二)、"辰韩"(《三国志》卷30《东夷韩传》)等。那种以为三世纪初"当时的新罗大概只不过是身为三韩诸国之中一国的斯卢国"的说法,其实是拘泥于音读之误。

《三国志·韩传》载:"景初(237—239)中,(魏)明帝密遣带方太守刘昕、乐浪太守鲜于嗣越海定二郡,诸韩国臣智加赐邑君印绶,其次与邑长。……部从事吴林以乐浪本统韩国"云云。我们看到,在曹魏派兵消灭公孙氏平定乐浪、带方二郡时,采取了一个安抚措施,即对"诸韩国臣智加赐邑君印绶,其次与邑长"。这表明,在公孙氏主政辽东时期,辰韩辰王即新罗所控制的韩国与之关系密切,所以曹魏方面才有必要对韩国诸部(史料所谓"诸韩国")拉拢怀柔,以免引起连锁反应。可见此前新罗之所以能对倭人邪马台国造成威胁,还倚托着辽东公孙氏的势力。

关于唐、罗共灭高句丽后发生冲突的研究。据研究,668年高句丽灭亡,唐朝将安东都护府设在平壤,显然有意继承高句丽的全部遗产,包括其当年迁都平壤前后进行领土扩张所占领的百济故土,即大同江以南的所谓"高句丽南境"。唐朝的这种做法与新罗的统一目标直接抵触,因而激发了新罗的对抗。然而,676年,唐朝的安东都护府从平壤撤退到辽东,双方大致以大同江为界,新罗的统一目标完全实现,边界也就稳定安静了下来。

据本书作者研究,古朝鲜得名于"来朝之韩(鲜)",汉武帝灭其卫氏政权而建乐浪、真番、临屯、玄菟四郡(高句丽为玄菟属县之一);其南即半岛三韩(辰韩、弁韩、马韩),为新罗、百济先民。以古代的鲜、韩分野作为大唐帝国与统一新罗的疆域分界,这既尊重了历史沿革,也满足了新罗的要求,所以大同江界线能长期稳定下来。总而言之,新罗完成了自己的统一事业,并合了半岛三韩地域,没有也无意于北上占据本非三韩的高句丽故地。有唐一代,辽东即鸭绿江南北的高句丽故地其主体部分仍然属于中原王朝,渤海国仅据有一部分高句丽旧地。所谓"统一新罗与渤海国的相互敌对很像一个被分割国家的南北两部分",即"南北国"的说法,显然是对历史的误解。

关于八、九世纪东亚国际关系格局中的唐、罗轴心研究。据作者研究,统一新罗与唐朝关系之密切,统一新罗在唐朝廷所受到的尊重,都远非当时的日本所能比。另一方面,就与唐朝的关系而言,统一新罗和渤海也是不能等同的。人们注意到,《续日本纪》卷三十五《光仁天皇纪》宝龟十年(779)夏四月辛卯条曾记载:"往时遣唐使粟田朝臣真人等发从楚苾到长乐驿,五品舍人宣旨劳问,此时未见拜谢之礼;又,新罗朝贡使王子泰廉入京之日,官使宣命,赐以迎马,客徒敛辔,马上答谢;但渤海国使,皆悉下马,再拜舞蹈。"研究者认为,同样面对出访国家的礼仪官,日本使臣未作拜谢,新罗使臣马上答谢,渤海使臣下马礼拜再三,表现出相互之间不同的外交礼仪规格和地位。渤海是受唐朝羁縻的东北地方族群政权,其国际地位当然无法与统一新罗同日而语。这种状况不仅为日本人所认识,为统一新罗所坚持,而且为唐朝所维护并贯彻于唐、罗关系始终。

综观有唐一代与新罗的关系,可以看出,自8世纪恢复传统的友好关系以后，双方联系日益密切。随着唐、罗经济文化交流的大规模全面展开，半岛社会发展突飞猛进，民族文化建设成就尤其突出，以至盛唐玄宗称之为"君子之国"。同时，新罗侨民也为唐朝中国的发展做出了应有的贡献。由于自身的和平发展以及与唐朝亲密的盟好关系，统一新罗的国际地位得到了空前的加强和提高。八、九世纪，以唐、罗战略伙伴为轴心，东亚政治格局实现了有效的制衡，从而使国际秩序维持了近两百年的稳定局面。这些，即使在今天看来也是有积极历史意义的。

以上成果，大都直接吸收或反映在2014年出版的新版《中韩关系史》（古代卷）中。除此而外，新的《中韩关系史》（第2版·古代卷）还修订改正了个别行文错误，并接受建议，在书后增加了主要参考书目。

新版《中韩关系史》（近代卷）的作者认为，只要是和中国人民共同抗日的，不论他是民族主义者还是共产主义者，也不论他是民族主义或共产主义内部的哪一派，对他们的历史功绩，都应予以充分肯定。在新版《中韩关系史》（近代卷）中，这一观念得到进一步论述。对尚处于民族分裂状态的中韩两国，坚持这样的历史观，是很有意义的。

在初版《中韩关系史》（近代卷）中，为强调中韩两国抗日的共同利益，对涉及两国民族利益的冲突的问题，着笔较少。然而，民族利益的冲突是客观存在的，处理不好，便会影响中韩两国关系的大局。在新版《中韩关系史》（近代卷）中，作者新增加的三万多字篇幅，主要对一些争议较大的问题，如甲午战前中日两国对朝政策的区别、中朝图们江勘界、所谓"间岛问题"的由来等，增补大量史料，以利读者了解历史的真相。从学术界的视角来看，则是求真求实地展现了近代中韩关系发展的多面性和复杂性。

新版《中韩关系史》（现代卷）将1945—2012年的中韩关系史分为七个阶段，较之初版的现代卷，阶段的划分更加清晰。其中，第一阶段（1945—1949）的"走向对立"、第二阶段（1950—1978）的"彼此敌视"、第三阶段（1978—1992）的"化敌为友"、第四阶段（1992—1997）的第一"蜜月"时期所涉及的内容，在初版中已有记述，重点补充了1995—1997年的新内容。作者认为在经贸关系快速发展的基础上，两国国民对新建交的邻国充满好奇和好感，乃至把对方理想化。这种情况在邦交正常化不久的国家之间屡见不鲜，反映了双方关系走向成熟尚需一段不可超越的发展时期。

第五阶段(1998—2002)的第二"蜜月"时期、第六阶段(2003—2000)的"合作与摩擦并存"、第七阶段(2008—2012)的"走向成熟"等内容,均为新版《中韩关系史》(现代卷)增添的新内容。值得肯定的是,作者继续坚持实事求是地记述现代中韩关系的发展历程。充分肯定两国关系全面发展,国家关系不断升级。从1998年金大中总统访华,双方宣布建立"面向21世纪的中韩合作伙伴关系"开始,每隔五年换届的韩国总统访华,双方宣布提升两国关系成为惯例。2003年卢武铉总统访华,双方宣布建立"中韩全面合作伙伴关系";2008年李明博总统访华,与胡锦涛主席宣布建立"中韩战略合作伙伴关系";2013年朴槿惠总统访华,双方宣布建立"致力于全面充实和深化中韩战略合作伙伴关系"。在经贸关系方面,从中韩建交的1992年的50.3亿美元起步,快速发展。至十年之后的2002年,两国贸易总额增加至440.7亿美元,增加了7.7倍。到了第二个十年,即2012年,两国贸易总额达到2151亿美元,是1992年的42.7倍,中韩双边贸易如此迅猛增长,为国际社会所仅见。与此同时,人员往来快速增长,文化与学术交流活跃。

另一方面,也不讳言两国在合作大局下存在的各种论争和摩擦问题。例如,"东北工程"引发的"高句丽论争"、端午节申遗、长春亚冬会标语事件、汉字原创地论争、中国对韩长时期处于逆差状态、《劳动法》实施后在华韩资逃逸问题、"韩流"与"汉风"不对称交流、若干历史文化资源的原创地论争、"厌韩"或"嫌中"风潮滋长等问题,均有力求客观真实的记述和评论。至于2008年汶川大地震韩国的慷慨援助和某些韩国网民不负责任的网上言论,以及首尔奥运火炬传递风波、2010年"天安号"沉没和延坪岛炮击事件的冲击、2011中韩海上渔事冲突等伤害了两国民众的感情的问题,同样据实记述,进行分析。总之,从两点论的立场出发,客观冷静地把握中韩关系,既符合中韩关系的现状,也表现了作者求真求实的研究态度,应予肯定。

作者对当代中韩关系发展的基本特点和某些带规律性的要素的探讨,强调因势利导、在新世纪不断开创两国关系的新局面的看法,颇具启发意义。作者对制约当代中韩关系的几个要点分析,表现了多年来研究中韩关系的治学力度,并为事实所证明。这些要点包括:(1)中韩关系历来离不开国际因素的制约。作者认为,中韩关系是东亚多边关系结构中的一组双边关系,其走向不仅取决于两国的抉择,还要受到其他国际因素的制约。与此同时,随着中国和韩国国际地位的提升,中韩关系也要对其他多组三边关系或双边关系,包括对东北亚和世界局势产生更强烈的影响。(2)经贸联系是中韩关系持久发展的基石。在打破冷战后两国关系坚冰的漫长过程中,经贸联系发挥了开路先锋的积极作用,先于邦交正常化而迅速建立并稳定发展。展望21世纪,中国经济持续发展的广阔前景,包括"一带一路"战略的实施,将在加深加宽中韩经贸联系、密切两国关系的同时,对东亚和平发展作出积极贡献。(3)传统文化是稳固与发展中韩关系的坚韧纽带。作者认为,与日本、越南等周边国家相比,中国与韩国的传统文化联系最为久远和紧密。两国古代文化同属东亚文化圈的文化类型,均具有汉字、儒学和大乘佛教文化圈中类型的共同特征。在古代,作为"异质文化"的中国文化传播到朝鲜半岛后,入乡随俗,被改造和重新组合,文化内涵"同"中有"异","异"中有"同",产生文化的巨大亲和力,发挥超越意识形态、政治制度差异的积极作用。本着"君子和而不同"的古训,求同存异,促进两国的交往。(4)两国关系中的深层精神要素和国民感情问题值得关注。作者认为,中韩关系可分为官方关系与民间关系两大类,官方文件与民间外交相辅相成。无论何种层次交往中的个人,总要或多或少地受到各自民族性格的影响。因此,把握中韩关系有必要关注深层的精神因素,即民族性格问题。随着时代的变化,国民感情在国家政治、社会生活中的作用越来越大。国民感情并非孤立的存在,直接受到媒体舆论的操纵,具有多变、起伏性、从众性、情绪化等特点。建交后,中韩关系中的某些问题经常成为报刊杂志、网络媒体做文章的抢眼题目,被大肆炒作,产生消极影响而不利于两国关系的健康发展。这些问题值得关注,并加以认真研究,需要找出解决问题的办法。

作为解决问题的一个路径,作者强调国际文化、民族文化和跨文化交际学(Intercultural Communication)的视角考察,尽量客观、真实、严谨、理性地把握问题,阐释学理,有所建树,开展学术性研究。同时,呼吁超越"自我优越"意识,以"平常心"看待"自我"和"他者",以求相互尊重、求同存异,接近事物的真相。应该说,这是一个有积极意义的观念,值得推广。在某种意义上可以说,上述看法体现了作者在理论思维上的求真求实,为这部著作添色不少。总之,感谢北京大学的学者与社会科学文献出版社及时推出新版《中韩关系史》,为维护中韩两国关系和促进相互交流增加了正能量。

(本文作者系北京大学东北亚研究所客座研究员)

In Seek of Truth: A Review of the Revised Edition of "A History of Sino-Korean Relations"
Wu Kang

Abstract: The series of book "A History of Sino-Korean Relations" (Ancient, Modern, Contemporary), written by Mr. Wang Xiaofu, Mr. Xu Wanmin and Mr. Song Chengyou from Korean Studies Center of Peking University, were published in the second half of the 1990's. In January 2014, the fore-mentioned series were revised and published in a new edition. This series of book records the history of 3000 years of Sino-Korean relation with a traditional view of history studying relations between China and its neighboring countries, and a perspective of historical materialism and historism. The revised edition increases in length and absorbed new achievement by adding new historical materials, which heightens the academic level. This series also enhances the positive energy to maintain China-Korea relation and to promote mutual communication.

Key words: "A History of Sino-Korean Relations"; Series of Three Volumes of the Ancient, Modern, Contemporary

首届姚楠翻译奖与获奖的七部东南亚译著

陈静怡　宋研若然　马学敏

【内容提要】　本文介绍了姚楠翻译奖的由来,并对北京大学外国语学院东南亚系获奖的七部东南亚译著《琉璃宫史》《马来古典文学史》与同属于《东南亚古典文学翻译与研究》系列丛书的《〈帕罗赋〉翻译与研究》《〈金云翘传〉翻译与研究》《〈马来纪年〉翻译与研究》《菲律宾史诗翻译与研究》和《缅甸古典小说翻译与研究》等七部译著逐一做出评述。

【关键词】　姚楠翻译奖;东南亚;译著

一、姚楠翻译奖

为了发掘、培养更多优秀的翻译人才,并逐步提高学术界对翻译重要性的认识,加大中国对海外东南亚研究精品的引进力度,最终促进中国的东南亚研究的可持续发展,中国东南亚研究会与"海外东南亚研究译丛"编委会合作设立了"姚楠翻译奖"。

姚楠翻译奖第一届为总结性评选(包括1949年10月1日至2014年12月31日期间中国公开出版的作品),于2015年进行;从2017年开始每两年评选一次,并在中国东南亚研究会举行年会和其他重要会议之前评审。

姚楠翻译奖的评奖范围为中国大陆出版的有关海外东南亚历史、文化、语言、国际关系、政治、经济、文学(含小说)著作的优秀中文译著(不含论文)。

评审委员会是姚楠翻译奖的最高评审机构,由"海外东南亚研究译丛"编委、国际和国内顾问团中精通中外文且富有翻译经验的5—7名资深学者组成。评审委员会实行回避制,评审委员会委员本人及其直系亲属如果申报翻译奖,原则上不能担任本届评审委员会委员。

因首届评奖的时限较长,有半个多世纪之久,故所设奖项名额略多,设14个奖励名额,其中一等奖2名、二等奖4名、三等奖8名。奖金1万至3万元不等。自第二届开始,每届评选出一等奖1名、二等奖2名、三等奖4名,奖金将有所增加。奖金由美国康德基金会(Candor Foundation)全额提供。

评奖结果由评审委员会在充分讨论的基础上采用无记名投票方式产生,并按分数高低排列出一、二、三等奖。评审委员会的决定为最终结果,获奖名单将在中国东南亚研究会网站以及云南东南亚研究网上予以公布。

姚楠翻译奖的评审坚持学术至上、质量第一、宁缺勿滥和公平、公正的原则,对有严重学术争议的成果,评审委员会可拒绝接受申报。

2015年5月17日在郑州中国东南亚研究会第9届年会闭幕式上公布了分获首届姚楠翻译奖一、二、三等奖的十四部译著的名单。

二、北京大学外国语学院东南亚系多部译著获奖

因北京大学外国语学院东南亚系历来重视对对象国相关文献的翻译工作,许多教员都有不少译著发表。所以在这次姚楠翻译奖评奖过程中得到评奖委员会的特别青睐,有七部入围,取得一等奖和二等奖各一名,三等奖五名。它们是:一等奖:〔缅〕《琉璃宫史》;二等奖:《马来古典文学史》;三等奖:同属于《东南亚古典文学翻译与研究》丛书的《〈帕罗赋〉翻译与研究》(泰国),《〈金云翘传〉翻译与研究》(越南),《〈马来纪年〉翻译与研究》,《菲律宾史诗翻译与研究》和《缅甸古典小说翻译与研究》等五本书。下面我们将逐一对这七本书做一简单评述。

三、《琉璃宫史》

19世纪初编成的《琉璃宫史》(全名《琉璃宫人王统史》)是缅甸古代集大成的一部编年史,内容涉及从上古至1754年缅甸良渊王朝灭亡。由缅甸13位僧俗作者组成一个"缅甸历史编写组",于1829年奉巴基道王之命,在

参照此前各种史书、典籍、碑铭、档案文献、佛学经典和诗篇的基础上，用缅甸文编撰而成。因为是在金碧辉煌的琉璃宫偏殿中所写，故命名为《琉璃宫史》①，是史学界公认的一部名著。

汉译本《琉璃宫史》（三卷本）是 20 年前由今东南亚系已退休的陈炎、李谋、姚秉彦、汪大年、计莲芳等多位老教师联袂完成译注，于 2007 年商务印书馆出版的一本学术名著。该书还曾于 2006 年获北京大学第十届人文社会科学研究优秀成果一等奖。

《琉璃宫史》共分三卷。上卷包括前七编，讲了缅甸从上古创世神话、佛教史到早期的太公、室利差呾罗王系，再到蒲甘王朝、掸族三兄弟建立彬牙、实皆、阿瓦王朝及孟王朝，缅甸境内各族争霸的战国时期的前期直到 1407 年的历史。中卷包括了第八编至第十四编，讲述了 1408 至 1571 年间的缅甸历史，包括阿瓦、东吁王朝、东吁王朝建国的德彬瑞梯王与勃印囊王征讨四邻开疆拓土创立基业的过程。下卷包括了第十五编至第二十一编，描述了 1572 至 1754 年间缅甸的发展历史，包括东吁王朝勃印囊王与其子南达勃因在位期间的战功业绩，以及后期良渊王朝的情况。

全书的叙述以缅族王朝兴衰为主线，也适当穿插了对缅甸境内其他主要民族如骠、孟、若开、掸族王朝或政权发展的描述。书中还多处涉及与缅甸相邻的各国，如与中国（宋、元、明、清）、泰国（堕罗钵底、哈里奔猜、清迈、素可泰、阿瑜陀耶）、老挝（万象）、斯里兰卡（锡兰）、印度（曼尼普尔、阿萨姆）等之间发生的某些交往或战事。

在缅甸，人们对这部编年史推崇备至，凡是人们著述中谈到相关问题时，无不引用其中的相关片段作为依据，这部史籍也成了缅甸大、中、小学在校学生们必读的书籍之一。缅甸政府和人民珍视《琉璃宫史》，认为"这是一部凡缅甸家家户户都应该珍藏的充满民族精神的史籍，也是一部可以赠送给想了解缅甸历史源流的、与缅甸友好的外国人士的、值得我们自豪的史籍"。②

中国的学者早就已经认识到《琉璃宫史》的价值所在。在史学界前辈侯方岳的倡议和东方学家季羡林的鼓励下，北京大学从事缅甸语言文学或历史教学研究工作的学者们于 1964 年签署了翻译出版中汉译本《琉璃宫

---

① 《琉璃宫史》的命名由来，请参见汪大年：《刍议〈琉璃宫史〉书名的翻译》，载缅甸史籍《琉璃宫史》学术研讨会手册，北京大学，2007 年 6 月。

② 李谋等译注：《琉璃宫史》，商务印书馆 2009 年版。

史》的协议,后因"文化大革命"搁置,在80年代初从头开始,又因为种种原因和意想不到的困难,时译时辍,前后达30余年。此书的译者们从意气风发的年华开始译注《琉璃宫史》,直到2007年正式出版,已经两鬓斑白,还有的学者已经辞世,此般付出和坚持,不禁让人感慨万千。

1997年季羡林在汉译本《琉璃宫史》序中写到:"一谈到缅甸文化,我曾多次从缅甸大学教授以及作家等人那里听到《琉璃宫史》这一部古典名著的名字。可惜我自己没有能力来介绍,徒作临渊之叹,无退而结网之力,常常引以为憾。……今终于有了完全可以信赖的汉文译本。我个人心中的愉快,用语言实在难以言表。一旦出版,定能受到广大读者的欢迎,定能促进中缅两国人民的友谊和理解,这是丝毫也无可怀疑的。"①

汉译本《琉璃宫史》的出版,终于使我国有了一部可以了解缅甸历史源流的足以信赖的缅甸历史巨著,丰富了我国历史学宝库,必将促进我国学者对缅甸历史的深入研究,也必将促进中缅两国人民的相互了解。

《琉璃宫史》有其独到的特点,它不按历史朝代来划定篇章,其内容也基本上不涉及皇室机构、军队、社会不同阶层的区分、文学艺术、诗歌、法典判例,也不分析朝代更迭的原因等等②。我们可以从史书的结构和内容中,了解独特的缅甸文化和缅甸人的史学观。

因为《琉璃宫史》是一部缅甸的古代著作,又考虑到读者是现代人士,汉译本《琉璃宫史》是用半文半白的语言翻译出来的,对古译名做了更接近于原音的改动,一些机构、官职名遵循意译并注意保留缅甸特色的原则译出,而一些缅甸人的常用形容词,是用既照顾到缅甸的特色又采用意译的办法来处理的,将缅甸人的思路和逻辑展现在了读者的面前。

从整体看来,汉译本完整地保留了《琉璃宫史》的篇章结构和详细内容,翻译者将缅甸的语言文化习惯和汉语的习惯结合了起来,既可以充分照顾到中文读者的理解能力,又保留了缅甸特色。

在汉译本之前,有一些外国学者曾对《琉璃宫史》进行过译介。1837年在缅甸宫廷中担任英国常驻官员的亨利·伯尼少校曾将《琉璃宫史》中早期国王们的情况和有关缅甸和中国交战情况的章节翻译成英文出版;1883

---

① 李谋等译注:《琉璃宫史》,商务印书馆2009年版,第12—13页。
② 许清章:《〈琉璃宫史〉的题材特征及其史学价值》,载《南通大学学学报》2008年24期第3页。

年出版的由英属缅甸最高专员费尔①撰写的《缅甸史》，主要引用了《琉璃宫史》的内容；1922年英国学者G.E.卢斯和缅甸学者佩貌丁合作将该书中从太公王朝到蒲甘王朝灭亡这一段译成英文，1923年在牛津大学以《玻璃宫缅甸国王编年史》②为名正式出版；用英文写作缅甸史的哈威、考斯特、德赛、霍尔等多名著名历史学者都将《琉璃宫史》作为所著缅甸史的引证依据；日本鹿儿岛大学教授荻原弘明从公元20世纪50年代末到70年代末，先后将《琉璃宫史》第一卷的第五编到第七编，第二卷的第八编到第十三编译成日文，在《鹿儿岛大学学报》上用音译的办法以《曼南亚扎温》为名发表；1987年法国学者P.H.萨耶和F.托马斯将《琉璃宫史》中关于蒲甘王朝的部分译成法文正式出版，名之为《水晶宫蒲甘王朝编年史》③。

殖民时期英国官员对《琉璃宫史》的研究主要是出于外交目的，后来的学者在译介《琉璃宫史》的时候也是以节译为主，并没有完整地体现出《琉璃宫史》的学术价值，而汉译本《琉璃宫史》的出版弥补了这些遗憾。

《琉璃宫史》是著名的缅甸大编年史，它的内容丰富，包括政治、经济、军事、外交、宗教、文化和民族关系等，详尽叙述了缅甸境内的先民以及以缅族为首的各个王朝历代君王治国安邦、各个方面变迁发展的重要史实，也用一定篇幅叙述了缅族王朝与孟族王朝、若开族王朝、掸族土司们以及缅甸与周边各国之间所发生的战争与交往。《琉璃宫史》对缅甸在1044年以前的古代史作了概述性的描述，这是目前世界上所能找到的唯一材料；而对公元1044年以后的历史叙述详尽，准确性较高。这些都能为缅甸古代史的研究提供有利的依据和有价值的史料。

过去中国史学界在需要的时候只能通过西方的史学著作来转引该书的内容，由于汉译本的问世，熟谙缅甸语的学者，或不懂缅甸语的学者们都能在需要时，比较方便地引用和查找。比如：被纳入2012年国家哲学社会科学成果文库的梁志明等主编的《东南亚古代史》④中就多处引用了《琉璃宫史》中文版的内容。汉译本《琉璃宫史》对于缅甸语的研究者、东南亚语言的研究者、亚非语言文学的研究者而言是一本很好的参考书籍，为研究与缅甸有关的各国历史、各国与缅甸交流史的学者提供了有利的借鉴

---

① Arthus Purves Phayer, 1812—1885.
② Pe Maung Tin and G. E. Luce, *The Glass Palace of the King of Burma*, London: Oxford University Press, 1923; reprint, New York: AMS Press, 1976.
③ P. H. Cerre & F. Thomas, *Pagan Chronique du Palaris de Crisral*, Paris, Findakly, 1987.
④ 梁志明等：《东南亚古代史——上古至16世纪初》，北京大学出版社2013年版。

材料。

从佛学的角度看,《琉璃宫史》前两编集中讲述了佛教的宇宙观和价值观,以及佛教产生、兴起的史实。其后各编也非常注意上座部佛教在缅甸的传播发展情况的描述,博采数十部佛教经典,广引众多佛本生故事、尘俗传说的内容。诸如《法句经》《大涅槃经》《弥兰陀王问经》《佛种姓经》《清净道论》《经集》以及相关史籍《岛史》《大史》《小史》《香史》《佛教史》《佛牙史》等都成为编写《琉璃宫史》的依据。书中详尽描述了佛教创世说,大千世界的轮回,摩诃三末多的命名和立国,释迦后裔悉达多王子出家成佛,四次佛经结集,阿奴律陀王派人索取三藏经、弘扬佛法等,还表明缅甸历代君王的始祖源自释迦族,缅甸民众自古就是佛陀忠诚的子民和信徒。南传佛教史的资料比较分散,所以有人认为这样一部多处论及南传佛教发展传播史实的典籍,是学习南传佛教发展史的一部非常有价值的参考书,也是一部比较集中论述佛教交流史的论著。

从史书翻译的角度来看,北京大学的学者们遵循了信、达、雅的译介原则,结合自身的才华,灵活运用翻译技巧,将汉译本的《琉璃宫史》译成了中文,这不仅仅是一部史籍,还可以看成是一部优秀的文学翻译作品,是缅甸语学界的一次突破,为缅甸语言文化学科做出了重大贡献。

仔细分析《琉璃宫史》的内容,其中一些史实属于独家提出的史料内容,弥足珍贵;有的所记时间和事实不见得准确,还须进一步考证真伪;有的甚至荒诞不经,过分夸张令人难以置信。因为此书是以缅甸本民族为立场而写的,难免存在有失偏颇、夸大其词甚至于荒诞的地方,但这些又都是体现缅甸人的文化和史学观的方面,可以拓宽我们的视野。总之,它不仅仅是一部著名的缅甸编年史,还是一部缅甸佛教的发展史、缅甸文化发展史,以及缅甸对外文化交流史。①

《琉璃宫史》是缅甸一部拥有很高史料价值的编年史书,其内容有丰富的学术价值,中译本的《琉璃宫史》是目前唯一能完整地体现出原本所有价值的译本。如今的学界逐步向多元化学科发展,这部史籍定能为中国的缅甸历史研究、东南亚历史研究甚至全球史的研究做出巨大贡献。

---

① 姜永仁:《横看成岭侧成峰:从文化视角看〈琉璃宫史〉》,《东南亚南亚研究》2009 年第 1 期。

四、《马来古典文学史》

张玉安、唐慧等译《马来古典文学史》(上、下卷)翻译自新加坡国立大学著名学者廖裕芳(Liaw Yock Fang)博士用印尼—马来语写就的著作 *Sejarah Kesusastraan Melayu Klasik*。这部著作是印度尼西亚和马来西亚国内外第一次用印尼—马来语撰写的全面、完整的马来古典文学史作品。在此之前,关于马来古典文学史较为系统的著作仅见英国学者温斯特德(R. O. Winstedt)发表于1940年的《马来古代文学史》(*A History of Classical Malay Literature*)。这部用英文撰写的文学史虽然影响深远,但也存在着明显的不足,例如:作品的语言深奥难懂且编排混乱,这对于母语为非英语的读者来说存在一定的阅读障碍;其次,作品内容过分强调外国文学对于马来文学的影响,倾向于将马来文学作品与印度文学或伊斯兰文学进行比较,对于本土文化的影响往往忽略不提,这很可能会使初涉马来古典文学领域的读者,尤其是我们这些非印尼马来本土的读者陷入迷思和误解中。

为了弥补这些遗憾,廖裕芳博士站在巨人的肩膀上潜心研究,历经十余年终于在1975出版了这部能够比肩温斯特德作品的《马来古典文学史》。与一般的文学史不同,这部著作最大的特点是它并非按照一般的编年体进行编排,而是分别列举印尼马来地区古代文学中出现的几大类别和主要时期,并对其中的主要作品及其产生、发展的过程进行阐释。这样的编写方式对于系统而清晰地展示马来古典文学无疑是最为行之有效的形式。一则由于古代马来地区见诸文字的文学作品出现时间较晚,文学的传播与发展长期以来以口头传统为主,其产生的确切年代难以考证;二则由于古代马来地区岛国林立,历史脉络零散,学界对于国家年代的考证也仍存疑尚多。因此,若单纯以时间为主线梳理文学史恐怕不切实际。但不可否认的是,古代马来文学发展史上出现过两个特征鲜明且影响深远的时期,即印度文化影响时期和伊斯兰文化影响时期,若忽略这两个时期,则不能称之为完整的马来古典文学史。廖裕芳先生兼顾了以上两点——全书的编排以文学类别为主要标准,并穿插介绍了文学史中两个重要时期的文学作品,既规避了单纯以时间顺序编排的混乱,又能够将古典马来文学的全貌清晰地展现在读者面前。作品分为上下两卷,上卷按马来文学的类别和重要时期分成五章进行详述,分别为"民间文学""马来文学中的印度史诗和史诗哇扬戏""爪哇班基故事""印度文化与伊斯兰文化过渡时期的文学"以及"伊斯兰时期的文学";下卷则主要以文学体裁为分类标准,对各种体裁的主要文学作品进行详细介绍,章节包括:"连环串插体故事""宗教经典文学""历史传记文学""古马来法典"以及"班顿和沙依尔"。全书结构脉络清晰,让人一目了然。

"博大精深"是《马来古典文学史》的另一大特点,具体可以归纳为"地域广""资料丰""观点博""领域多"这四个特征。首先是"地域广"。《马来古典文学史》所研究的文学作品并不局限于马来半岛地区,还涵盖了包括苏门答腊岛、爪哇岛、苏拉威西岛等在内的多数主体民族,系统全面地展示出印尼马来地区古典文学和文化的总体面貌和特征。其次是"资料丰"。著作所收集的文本与此前的文学史相比丰富性大大增加。廖裕芳博士从1960年便开始游历各国搜集资料,他的足迹踏遍雅加达、吉隆坡、伦敦、阿姆斯特丹、莱顿、新加坡等地的图书馆、博物馆、书店、旧书摊,竭尽全力获取一切相关资料,用丰富而详实的资料构筑了马来古典文学资料宝库。第三个特征是"观点博"。对文学作品进行评论时,作者不仅在深入研究的基础上阐释了自己的见解,还广泛援引了中西方众多著名学者的观点,让读者能够对文学作品的价值进行多方面、多角度的理解,弥补了此前文学史片面采纳西方学者观点的不足。第四个特征是"领域多"。作者所评介的马来古典文学是一个较大的文学概念,不仅包括传统的文学领域,还囊括了民间戏剧、宗教经典、习惯法等文化领域,这对于全面展示印尼和马来民族的传统文化、思维习惯和思想方法等都大有裨益。

《马来古典文学史》以清晰的结构和详实的资料为读者展示了古代马来世界的文学宝库。正如印尼著名文学家雅辛(H. B. Yassin)所说,"文学史实际上是描述文学发展轨迹的纲领性的入门书,对于那些想结识文学的人起着'地貌学'的作用。使他们在初读文学史之后产生继续深入钻研的兴趣和愿望。"① 《马来古典文学史》就是这样一本优秀的"文学地图",它不但对于文学爱好者具有指导作用,对研究者来说也颇具启发性,以极高的学术价值推动了印尼马来文学乃至整个东南亚领域的研究。正是由于廖裕芳先生对马来文学史的巨大贡献,这部著作曾三次再版,并逐渐取代了

---

① 〔新加坡〕廖裕芳:《马来古典文学史》(上卷),张玉安、唐慧等译,昆仑出版社2011年版,第15—16页。

温斯特德的作品,成为印度尼西亚和马来西亚高等院校的文学教科书,也成为国内外古典马来文学研究领域不可或缺的参考资料。

如果说马来古典文学是一座巨大的宝藏,廖裕芳先生的《马来古典文学史》是指引人们进入这座宝藏的藏宝图,那么张玉安、唐慧等学者对这部著作进行的翻译工作则为广大中国读者破译了藏宝图的密码。虽然这部著作早已享誉东南亚研究领域,但遗憾的是能够直接阅读马来文原著的中国读者数量极少。中文版《马来古典文学史》的问世让不谙印尼马来语的读者也有机会走进这座宝藏,一睹灿烂辉煌的马来古典文学之风采。

《马来古典文学史》的中文译本以极高的质量达到了"信、达、雅"的标准。首先说"信"。作为学术著作,"信"乃是翻译时必须严格遵循的首要标准。对于马来古典文学史的翻译,达到"信"的标准远不止符合原文意思那么简单。马来古典文学深受印度文化和伊斯兰文化的影响,因此文学作品中涉及的表达往往与这两大文化有着密切的联系,这就要求译者不仅对马来语熟练掌握,还要对阿拉伯语、梵语等语言的相关术语进行准确的中文翻译。除此之外,马来古典文学还涉及大量宗教神话和宗教经典,这些经典中的相关术语在中国业已形成一套权威的翻译体系。这就要求译著要与学术界已有的规范术语体系一脉相承,否则会给读者造成极大的困惑。《马来古典文学史》的译文忠实于原文的表达,尤其是在名称和专业术语方面的翻译严格遵照业已形成的中文术语体系,符合规范化和标准化的要求,达到学术翻译"信"的标准。例如,在第二章"马来文学中的印度史诗和史诗哇扬戏"中,对于其中的人名、地名、著作名的翻译,译者均沿用了季羡林先生翻译的《罗摩衍那》和黄宝生先生等翻译的《摩诃婆罗多》等国内权威译本的译文;第五章"伊斯兰时期的文学"和第七章"宗教经典的文学"中的宗教术语译名则与《中国伊斯兰百科全书》和任继愈先生主编的《宗教词典》中的表达一脉相承。除了译名的规范性和权威性,译著中对所有的人名、地名、书名等专有名词都保留了原文,在遵循音译的同时还以注释的形式对有实际意义的词汇进行解释,例如提到起源故事中的地名来源时,对于地名 Padang Gelang-gelang 的翻译首先遵照音译的原则,译为"巴当格朗格朗",又在其后加上注释"译为蚯蚓坪"[1],便于读者理解。

再说"达"。对于一部译作的评价,最有发言权的莫过于原作者。同样

---

[1] 详见〔新加坡〕廖裕芳:《马来古典文学史》(上卷),张玉安、唐慧等译,昆仑出版社 2011 年版,第 9 页。

通晓中文的廖裕芳先生在译本的序言中这样评价道:"他们的译文通顺流畅,一点都不像是翻译作品。说句实话,假如我自己用中文撰写,也写不出这么流利的文字。"①这样的评论虽然是作者的自谦,但足以见得译文的质量之高。的确,译文语言通达流畅,表达完全符合中文的行文习惯,阅读起来毫无"翻译腔"的生涩之感。尤为可贵的是,译著虽然由五位译者共同翻译完成,但全文的语言风格及行文表达具有高度的一致性,仿佛一气呵成,高质量地满足了"达"的标准,足见译者在翻译和统稿工作中所下的功夫。

译著在"雅"这一标准上也完成得十分出色。翻译语言的雅致与传神在作品的"班顿与沙依尔"一章里尤为集中地体现。译者对于班顿和沙依尔这两种马来古典诗歌的翻译不仅严格遵照了原文的韵律,还精炼地选取了古雅的中文词汇和表达,将马来诗歌的神韵通过美妙的文字展现在中国读者眼前。例如以下这首沙依尔的翻译:

> 一见心怦然
> 手忙脚又乱
> 魂飞爱火燃
> 如病难驱散②

这首诗歌描述了王子拉登·门德里(Raden Menteri)对美丽的金花公主(Raden Puspa Kencana)一见钟情时的心理状态。译文不仅延续了原诗朗朗上口的韵律,还选取了"怦然""爱火"等精炼而雅致的中文词汇,将男女青年相互爱慕的情愫传达得淋漓尽致,生动地还原了原诗的神韵,达到了"雅"的境界。译著中类似于这样高水平的翻译数不胜数,在传递知识的同时也给予读者艺术之美的享受。

对于印尼马来乃至东南亚领域的研究者和学习者来说,这部优秀的译著具有极其重要的学术价值。正如廖裕芳先生本人在第一版前言中所说,这部作品与其称之为"历史(sejarah)",不如在"历史"后加上"资料"一词可能会更加准确③。的确,无比丰富的"马来古典文学史料"是著作为我们

---

① 〔新加坡〕廖裕芳:《马来古典文学史》(上卷),张玉安、唐慧等译,昆仑出版社2011年版,第4页。
② 摘自〔新加坡〕廖裕芳:《马来古典文学史》(下卷),张玉安、唐慧等译,昆仑出版社2011年版,第328页。
③ 详见〔新加坡〕廖裕芳:《马来古典文学史》(上卷),张玉安、唐慧等译,昆仑出版社2011年版,第14页。

奉献的最为宝贵的财富之一。可以说，凡是要研究或学习印尼马来地区的古典文学，都必不可少地要从这部作品中汲取养分。此外，著作在学术创新方面也具有重要的贡献。作者在重新审视先前学者研究成果的基础上，对那些未曾被研究或研究不够深入的作品也进行了整理和探究，大大拓宽了读者和研究者的视野。值得一提的是，著作对文学史上较为重要的文本都进行了详细的情节介绍，并附上文献出处的图书馆收藏编号，这对于无法看到原本的研究者和读者来说具有极为重要的意义。另外，中文版译著的末尾还增加了"重要作品中外译名对照"和"部分马来古典文学学者中外文译名对照"这两部分内容，不仅增加了翻译的严谨性，也大大方便了读者对于文献的检索。

由于作者的潜心研究和译者的高水平翻译，中文版《马来古典文学史》在中国的东南亚研究领域备受好评，已由以东方文学泰斗季羡林教授为总主编的《东方文化集成》予以正式出版，这对于研究印度尼西亚群岛语言文学文化的中国学者及关注东南亚文学和文化、东方文学和文化的中国学者和读者都大有裨益。《马来古典文学史》现已成为中国各大高校印尼马来语专业的必读书目，也是东南亚研究领域重要的参考资料。

五、《东南亚古典文学翻译与研究》丛书

《东南亚古典文学翻译与研究》丛书是教育部人文社会科学重点研究基地重大研究项目的成果，2013年由北京大学出版社出版。该丛书包括裴晓睿、熊燃：《〈帕罗赋〉翻译与研究》；赵玉兰：《〈金云翘传〉翻译与研究》；罗杰、傅聪聪等：《〈马来纪年〉翻译与研究》；吴杰伟、史阳：《菲律宾史诗翻译与研究》和李谋、林琼：《缅甸古典小说翻译与研究》等五本。本丛书，除了对相关古典作品的翻译之外，在各册中还收录了共19篇研究论文。全套丛书共包括10部东南亚各国古典文学作品，选材体现了古代东南亚文学的多样性特征，展现了东南亚多姿多彩的古典文学面貌。翻译与研究的古典文学作品在类型上又各具特色，其中《帕罗赋》《金云翘传》是长篇叙事诗，《马来纪年》是史话，《呼德呼德》等是史诗，而《天堂之路》和《宝镜》是小说。丛书中涉及历史、文化、宗教、社会等多方面的双语或多语知识以及翻译技巧。这10部翻译作品中的9部开启了东南亚四国古典文学中文翻

译的先河;一部重译作品在译文的标准上也达到了超越前人的效果。

《〈帕罗赋〉翻译与研究》中包括:《帕罗赋》研究综论;《帕罗赋》译文;《帕罗赋》翻译与研究;兼议文学翻译中的变异问题;《帕罗赋》中的"情味";《帕罗赋》中得象征意义;立律体与译文形式初探以及泰国诗歌《帕罗赋》——罗王的故事。

《〈金云翘传〉翻译与研究》中包括:阮攸和他的《金云翘传》;金云翘传八卷;阮攸故里行漫记;重译《金云翘传》的动因及对一些问题的思考;《金云翘传》中文翻译刍议;对《金云翘传》和《征妇吟曲》的文化诗学解析;《金云翘传》原文。

《〈马来纪年〉翻译与研究》中包括:《马来纪年》译文;《马来纪年》:版本、作者、创作理念及其他;《马来纪年》研究现状综述;试析《马来纪年》的语言风格;浅析《马来纪年》中的神话与传说。

《菲律宾史诗翻译与研究》中包括:菲律宾史诗搜集和整理过程;《呼德呼德》《拉姆昂传奇》《拉保东公》《达冉根》《阿戈尤》等5部史诗的译文;菲律宾史诗与中国南方少数民族史诗的比较。

《缅甸古典小说翻译与研究》中包括:《天堂之路》与《宝镜》两部古典小说的译文;评缅甸第一部小说《天堂之路》;从《宝镜》看缅甸古典小说的传统;封建时代的缅甸小说;《天堂之路》等古代小说评述;信摩诃蒂拉温达与他的小说《天堂之路》;析小说《天堂之路》;关于《宝镜》;第一部缅甸神话小说等评论文章。

在内容上,丛书中的五本作品选择的都是各国古典文学的典范。例如,泰国的《帕罗赋》是"立律诗古典文学作品之冠";越南的《金云翘传》被誉为"大越千秋绝妙词";马来西亚的《马来纪年》是马来古典文学最重要的作品,是马来语言发展史上的一个里程碑;菲律宾所选译的史诗是菲律宾最具民族文化特色的口头文化传统,其中《阿丽古荣呼德呼德》和《达冉根》作为菲律宾原住民文化成就的两项代表,被列入了联合国教科文组织的"人类口头和非物质文化遗产名录";而缅甸的《天堂之路》和《宝镜》是缅甸古典小说的重要作品,是奠定缅甸小说发展的基石。

在翻译形式上,丛书中的五本作品都遵循逐句翻译的原则,并且均是全文翻译,最大程度地再现了原著风貌。倘若原著是诗歌的形式,那么译文也按照诗歌的形式翻译,如《帕罗赋》《金云翘传》和菲律宾史诗的翻译;倘若原文是历史题材、佛经故事、小说,那么译文也按照相应的形式翻译,如《马来纪年》《天堂之路》和《宝镜》的翻译。

五本译著在译文后都附有研究性论文,有一部分是译者的论文,有一部分是翻译了国外学者的论文,都是与原著内容有关的研究,读者在阅读原著后,可以以一种批判性的思维来审视原著和译文,提升了读者的思辨能力和想象空间。

从总体上来看,该丛书具有四个鲜明特点:对原著作品进行了全文翻译;译文保持原著的写作风格,并在内容和形式上力求一致;译文中附有详细的学术性注释;书后编有译者撰写的文章和外国学者相关研究成果的译文。

东南亚文学作品中的作者、成书年代以及流传版本等向来是文学研究中的一个困难而又无法回避的问题。丛书中的全部翻译作品在上述问题中均阐明了自己的观点。《〈帕罗赋〉翻译与研究》一书中,作者根据自己所搜集的大量的详实材料、梳理前人在这些问题中的观点以及对原著全文的研究,同意"立律体的《帕罗赋》的作者应该是宫廷诗人,作品的初创年代应该是1448—1553年"的看法。而后,提出我们现在看到的这部《帕罗赋》,"很可能是经过了后世诗人不断加工、完善,最后形成了今天这部作品的面貌"。①

古典文学作品的再创作和再翻译如同一座难以攀登的高巅之峰,在这样巨大的挑战面前,《〈金云翘传〉翻译与研究》面世了。阮攸的六八体长诗《金云翘传》是以中国青心才人的小说《金云翘传》为蓝本、用越南的民族文字喃字创作的一部文学杰作。在《〈金云翘传〉翻译与研究》一书出版之前,已有1959年"黄译本"和2006年"罗译本"两个汉译本,而《〈金云翘传〉翻译与研究》一书在翻译的"信、达、雅"方面达到了更高的标准,"在'赵译本'中有多处译文不但与原文十分贴切,而且文辞流畅,诗意盎然。"②重译《金云翘传》,不仅使海内外华人读者可以阅读和欣赏这部越南古典文学名著,更可为东方文学和比较文学研究提供可信的译本,同时也有助于中越两国之间的文化交流。

东南亚古典文学作品的内容总是与特定时期的社会历史、政治、宗教等因素紧密结合在一起,文学是反映历史发展、民族变迁、王朝更替以及封建社会和文化的集成体。《〈马来纪年〉翻译与研究》真实再现了原著的这

---

① 裴晓睿、熊燃译/著:《〈帕罗赋〉翻译与研究》,北京大学出版社2013年版,第8—15页。
② 赵玉兰译/著:《〈金云翘传〉翻译与研究》,北京大学出版社2013年版,序4。

一特色。原著中所使用的语言,也成为《〈马来纪年〉翻译与研究》的一大鲜明特色。因为,原著中的词汇是揭示作品年代最有力的证据。"从文中发现了一些现今已经不使用的原始马来语词汇的古老形式以及一些没有被马来语语音同化的梵语词汇。另外,研究发现马来语中的精神和宗教方面词汇,一部分是梵语借词,一部分是阿拉伯语借词,通过这些词汇也能反映出马来地区的宗教背景。"①

民间文学是东南亚文学作品的基石,有相当一部分的宫廷文学或正统文学都是由民间文学发展而来,它们的共同特征都是在民间以口传的方式,经过反复吟唱和不断地修改,最后成为宫廷文学。《菲律宾史诗翻译与研究》一书正是民间文学巅峰形式的典范。"它极大地反映出菲律宾民族的风俗、信仰和价值观,突显了菲律宾口头作品更为发达的文学特点,印证了史诗是菲律宾传统文化的深层次根源,是菲律宾文化的渊源和代表形式之一。"②

佛经故事以及王子与公主的爱情故事是整个东南亚古典文学内容的重要和主要组成部分。《缅甸古典小说翻译与研究》一书中选译的两部作品就体现了上述特征。"从《天堂之路》这部作品可以看出佛教宣传在当时的盛行,说明佛教思想深入人心,统治阶层需要用佛教价值观来维系整个社会的发展,佛教的高层人士、一些名僧长老也想借助统治者的力量进一步宣扬佛教。《宝镜》则体现了宫廷剧的特点,突破了以往以佛经故事为主的古典文学,然而作品中仍保留有浓厚的佛教思想。其创作的目的是供宫廷娱乐消遣,同时作为皇室子弟的行为指南。"③

《东南亚古典文学翻译与研究》丛书是向中国学术界介绍东南亚各国古典文学的一个重大举措,是在一定程度上打消了大多数人对东南亚古典文学怀有望而止步的念头的一次重大尝试,并向读者展示了东南亚古典文学形式的多样性、内容的多元性以及语言的优美性,同时也体现了译者的批判性思维。

《东南亚古典文学翻译与研究》丛书一经面世,即引起了国内外学术界对该丛书的极大赞誉。越南世界出版社、《中国东南亚研究会通讯》《比较文学与世界文学》期刊、中国国际广播电台等都从不同的角度对该丛书

---

① 罗杰、傅聪聪等译/著:《〈马来纪年〉翻译与研究》,北京大学出版社2013年版,第228—253页。
② 吴杰伟、史阳译/著:《菲律宾史诗翻译与研究》,北京大学出版社2013年版,第1—8页。
③ 李谋、林琼译/著:《缅甸古典小说翻译与研究》,北京大学出版社2013年版,第187—200页。

进行了评介。

越南世界出版社将于2015年印刷出版各种版本的双语《翘传》,其中的一个版本将使用喃字、国语和汉字三种文字。北京大学赵玉兰教授的《〈金云翘传〉翻译与研究》一书,得到了中、越学界的高度评价,被认为是至今最好的中文译本。越南权威文学杂志《文学研究》2014年第10期刊载了越南文学院著名学者范秀珠教授撰写的《〈金云翘传〉中文重译的译者——赵玉兰》,介绍了翻译的缘起、经过和社会影响。

"《东南亚古典文学翻译与研究丛书》是近年来东南亚古典文学翻译与研究成果的集中展现,是原典翻译以及基于原典的研究的前沿成果,展示了北京大学乃至国内相关研究界的学术水准,对东南亚古典文学、东方文学、比较文学乃至比较文化、文化交流史等多个学科领域都具有相当重要的不容忽视的学术价值和意义。本丛书体现了以下三个方面的特点与学术意义:其一,选择和提供了东南亚文学经典作品的译本,进一步强化了原典的翻译与研究的重要性。其二,训练与培养了学术人才。其三,注重吸取优秀的研究精华,强调国际的学术合作,在当前强化中国与周边国家乃至东南亚的合作交流大潮中,不仅有必要,而且很重要。"[①]

总的说来,该丛书是研究东南亚古典文学的范本。译者对原著作品的作者、成书年代以及版本问题都有细致的研究和自己的观点,这对将要研究这方面问题的后辈们来说是一个很好的学习榜样。对原著作品的再翻译是一项艰巨的任务,但更是一种巨大的挑战,说明译者有实事求是的研究精神以及精湛的语言技能和扎实的文学功底,这种研究精神也同样是后辈们需要继承和发扬光大的。佛教乃是东南亚古典文学的灵魂,贯穿东南亚古典文学发展的始终,佛教元素体现了东南亚民族的自身特点,是东南亚民族创造辉煌文化的精神支柱。文学作品内容包罗万象,能够反映当时的社会文化和历史发展等方面的情况,是后辈们学习前人文化精华的珍贵素材。口头文学能够形象生动地再现历史人物和剧情发展,有利于丰富文学形式的多样化发展。

(本文作者:陈静怡系北京大学外国语学院博士研究生、云南民族大学东南亚南亚语言文化学院讲师,宋研若然、马学敏系北京大学外国语学院硕士生)

[①] 陈明:《东方古典文学研究的新成果——〈东南亚古典文学翻译与研究丛书〉简评》,《比较文学与世界文学》2014年第5期。

The First Yao Nan Translation Prize and Seven Prize-winning Translated Southeast Asian Books
Chen Jingyi, Song Yanruoran, Ma Xuemin

Abstract: This essay gives an introduction to the origin of Yao Nan Translation Prize and comments to "*Glass Palace Chronicle*" and "*The Malay Classical Literature*", which are two prize-winning books from School of Foreign Languages, Peking University. Those 2 books belong to the series of "Translation and Research on Southeast Asian Classical Literature". This essay also gives comments to the other 5 books in this book series: "*Translation and Research of 'Lilit Phra Lo'*", "*Translation and Research of 'Kim Van Kiêu Truyên'*", "*Translation and Research of 'Sejarah Melayu'*", "*Translation and Research of the Philippine Epics*" and "*Translation and Research of Burmese Classical Fictions*".

Key words: The Yao Nan Translation Prize, Southeast Asia, Translation Works

北京大学亚太研究院 2014 年活动简报

北京大学亚太研究院是北京大学跨院系(所、中心)、跨学科的综合性研究机构。其宗旨是：加强和促进北京大学的亚太研究；推进中国亚太研究发展以及各国学者及研究机构的交流；增强相互间的理解与友谊；促进人类社会的繁荣与进步。

◆ 与各亚洲研究中心开展交流和合作

◎ 第十届国内亚洲研究中心主任联席会议

第十届中国国内亚洲研究中心主任联席会议于 2014 年 11 月 16 日在丹东举行,由韩国高等教育财团与辽宁大学亚洲研究中心共同主办。会议以"亚洲研究的新起点"为主题,旨在进一步加强各亚洲研究中心相互之间的联系,为各中心的交流与合作搭建良好平台。北京大学常务副校长、亚太研究院院长吴志攀教授出席了会议,并在会上作了汇报。

◆ 亚太研究院各中心主任会议

2014 年 11 月 18 日,北京大学亚太研究院各中心主任会议在北京大学国际关系学院会议室举行。各中心主任出席了会议,研究院负责人就 2014 年的工作做了总结,并布置了 2015 年的工作。

◆ 学术会议

(一) 国际学术会议

亚太国际圆桌论坛:性别、移民与国家

2014 年 6 月 4 日,由北京大学华侨华人研究中心主办。

第五次"东亚集体安全与大国关系"国际学术讨论会

2014 年 8 月 3—4 日,由北京大学东北亚研究所与辽宁社科院东亚研究中心共同主办。

第八届国际东亚学学术论坛:东亚地区的秩序重构——迈向成熟的伙伴关系

2014 年 9 月 12—14 日,由北京大学东亚学研究中心、辽宁大学国际关系学院、日本大阪经济法科大学亚洲研究所共同主办。

"中蒙人文交流的新机遇与新挑战"国际学术会议

2014年10月10日,由北京大学蒙古学研究中心主办。

国际学术会议:中国在拉丁美洲——谁是主角?

2014年10月24—25日,由北京大学拉丁美洲研究中心主办。

"中日交流:环境与人类生活"国际学术研讨会

2014年12月6日,由北京大学亚太研究院与日本樱美林大学共同主办。

(二)国内学术会议

"21世纪海上丝绸之路与南海主权争议"学术研讨会

2014年4月26日,由北京大学东南亚学研究中心与北京外国问题研究会共同主办。

"中日经济关系"学术研讨会(2014)

2014年4月26日,由北京大学日本研究中心、中国商业部研究院亚非研究所、中国日本经济学会共同主办。

"美国亚太战略与朝鲜半岛"学术研讨会

2014年5月31日,由北京大学韩国学研究中心与北京大学美国研究中心共同主办。

"一国两制"在香港的实践:香港白皮书座谈会

2014年6月25日,由北京大学港澳研究中心主办。

北京大学·吉林大学东北亚论坛(2014):东北亚地区安全与合作

2014年7月19日,由北京大学亚太研究院与吉林大学东北亚研究院共同主办。

北京大学·复旦大学亚洲论坛(博士生):中国的发展与亚洲的发展

2014年10月24日,由北京大学亚太研究院与复旦大学亚洲研究中心共同主办。

"日本的战略文化、安保政策与中日安全关系"研讨会

2014年11月22日,由北京大学日本研究中心、北京大学国际安全与和平研究中心共同主办。

"中国东盟经济交流与环保合作"学术研讨会

2014年12月21日,由北京大学东南亚学研究中心主办。

◆ **名家讲座**

第十七讲

2014年6月6日,主讲人:郭慧娟 Kwee Hui-Kian(加拿大多伦多大学教授)

讲演题目:时势、地域与族群经济文化:东南亚华人文化策略与贸易扩张

第十八讲

2014年9月26日,主讲人:陈佐洱(全国港澳研究会会长、原国务院港澳办常务副主任),讲演题目:香港百年沧桑和"一国两制"的实践

◆ **编辑、出版《亚太研究论丛》(年报)**

《亚太研究论丛》(第十一辑),北京大学亚太研究院编,执行主编李谋、吴杰伟,收入论文16篇,计293千字,北京大学出版社2015年1月版

◆ **学术著作出版**

《未名亚太论丛》(第七辑),北京大学亚太研究院编,执行主编吴杰伟,社会科学文献出版社2014年5月版

《中韩关系史》(古代卷),王小甫著,社会科学文献出版社2014年1月版

《中韩关系史》(近代卷),徐万民著,社会科学文献出版社2014年1月版

《中韩关系史》(现代卷),宋成有著,社会科学文献出版社2014年1月版

《中国特色社会主义妇女理论研究》,岳素兰、魏国英主编,北京大学出版社2014年4月版

编　后　语

在亚太研究院的领导及各个中心的大力支持下,大家齐心努力,尤其是各位作者准时提供稿件,本辑的编辑工作得以正常运作,圆满完成了。

本辑共收录了 21 篇文章,分别列入专论、东北亚研究、东南亚研究、南亚研究、拉丁美洲研究、妇女问题研究、学术著作评介等七个栏目中刊出。其中有 11 篇是我校校内人士所撰。有 10 篇文章是校外学者所撰,其中有 3 篇是国外学者,他们分别来自美国、韩国和日本。

专论一栏中有 2 篇文章,一是环境保护部中国东盟环境保护合作中心副主任周国梅与中国社会科学院亚太研究所谢来辉副研究员以及李霞等三人合作撰写的题为《亚太经济合作组织框架下的绿色供应链发展:政策含义与发展前景》的文章。该文解释了绿色供应链的概念和政策含义,分析了绿色供应链建设与亚太经济合作组织的关系,并就中国进行绿色供应链建设提出了政策建议。作者利用自己比较熟悉国际环境合作的工作背景,对这个国际经贸领域的前沿课题进行了有针对性的分析,提出了切实可行的建议;这对培育国内绿色供应链以及参与国际贸易竞争有引领功效,对中国实现绿色转型具有重要参考价值。另一篇是亚太研究院副院长程郁缀教授题为《中国古代诗歌中的自然观浅探》的文章。作者分析了中国古代诗歌中的自然观是:将自然作为崇拜和敬畏对象的自然观;将自然作为审美和欣赏对象的自然观;将自然作为亲近和启迪对象的自然观。作者认为在今天,这种自然观给我们的启示是:要回归人和自然友好相处的美好情景,重新回归到大自然的怀抱!

东北亚研究一栏中共有 6 篇文章,其中涉及日本的有三篇,关于韩国的有两篇,而有关蒙古的只有一篇。第一篇是北京大学国际关系学院梁云祥教授为庆祝抗战胜利 70 周年而撰的文章,题目是《中国在第二次世界大战中的地位和作用评析》。作者认为:2015 年是第二次世界大战结束 70 周年,中国作为这场战争的主要参战国和战胜国,最早遭受和抵抗了日本法西斯的侵略,通过这场战争也改变了中国的国际地位,即从近代以来一直遭受列强欺侮的国家成为一个重新得到国际社会尊重的大国。在战争中，中国不仅牵制和消耗了大部分日本陆军的力量，对最终打败日本法西斯做出了巨大的牺牲和贡献，且在战后国际秩序重建方面也发挥了一定的作用。纪念第二次世界大战胜利的现实意义就在于，不仅仅是为了昭示历史接受教训和维护国际正义，更在于实现战胜国与战败国之间的和解，超越历史，放眼未来，避免战争，维护持久和平。第二篇是北京大学亚太研究院副院长李玉教授的文章，题目是《中日相互认识的演变及思考》。文章对日本近代以前（古代，即日本明治维新前）、近代（1868—1945年）、战后（1945年至今）三个时期的中日相互认识及其变化、发展问题，进行了较为全面、系统的阐述和探讨，以翔实的资料为依据，理性、客观地进行了分析、判断和思考。作者概述了中国对日本的认识以及日本对中国的认识的几次重大变化，并揭示了发生变化的原因；中日相互认识中的正面认识和负面认识及其对中日关系的积极作用和消极作用；较为深入地分析了中国民众对日的"历史印记"和日本民众对华的"历史印象"，并就此提出了一些颇具新意的看法。第三篇是日本樱美林大学客座教授、东京都议会议员小矶明题为《日本高校与东京都携手环保事业合作培养环保人才》的图文并茂的文章。作者介绍了东京都守护自然的"保全区域"制度、保护东京的生物多样性的情况以及培养环保人才的重要性，同时阐述了樱美林大学与东京都政府通过"东京绿色校园行动""自然环保人材培养项目"培养环保人才的概况以及所取得的效果。他指出，为遏制全球变暖、节省资源、节约能源、保护自然环境，努力建设可持续发展的城市，不断培养可以担负未来重任的人才是十分必要的。为此，帮助将来要走向社会的大学生掌握必要的知识与经验，使他们今后无论在工作单位、社区还是家庭都能保持强烈的环境意识是大学尤为重要的一个使命。这是本文的主旨，也是该文的学术与现实意义之所在。第四篇是北京大学历史学系王小甫教授的题为《从半岛三韩到三国时代——古代韩半岛的国家认同历程》的文章。作者主要依据汉文正史史料对这一认同历程进行研究分析。作者指出，在中国大陆上的秦统一和朝鲜半岛北部的朝鲜侯称王的年代，半岛南部以新罗为核心的辰韩六部利用流入移民扩大为十二部，随即发展为包括弁韩在内的二十四部联盟，以此为基础建立起包括整个韩地的政治共同体，共同体以辰韩为首，所以国名辰国，王名辰王；秦汉之际的移民浪潮引发了辰国政权的更迭，依托大陆中原王朝的乐浪郡一直是半岛政局的重要因素，至西晋末，313—314

年高句丽取乐浪、带方,朝鲜半岛三国格局正式形成。第五篇是南京大学法学院副教授张春海题为"试论高丽'变异'唐律的原因、方法与效果"的文章。高丽制度与唐代制度的关系问题,是中韩文化关系中的一个重要方面。既有研究多从各个层面探讨唐宋制度对高丽产生的各种影响,重点在于"同";对于"变异"的研究则甚为少见。而作者从"变异"的角度立论,从政治、社会、文化等诸层面探讨高丽"变异"唐律的原因,指出朝鲜半岛当时特点的社会结构、权力格局与文化样态对法律移植所产生的重大影响。还通过细致的分析,揭示了"变异"的方法及隐藏于其后的重大问题,并进一步探讨了"变异"的效果问题,指出高丽的贵族阶层由于没有正向地吸取历史教训,赋予了法律移植活动以过度的重要性,结果博弈的双方在立法过程中投入了过多的精力,立法进程与法条内容受到了多种影响,致使法律移植的效果不佳,《高丽律》成为了一部比较直观的、技术含量相对较低的律典。第六篇是北京大学蒙古学研究中心副教授王浩的题为《建设中蒙俄经济走廊的有利条件与不利因素》的文章。作者认为:中蒙俄经济走廊是丝绸之路经济带的陆地骨架之一,依托于中俄蒙合作机制的中蒙俄经济走廊建议由于搭建在现有小多边机制之上,从三国的经济、社会发展的现实需要和互补优势出发,与本地未来发展相对接,无论是在协调推进,还是在具体落实方面,难度系数相对要小,操作相对容易,可以先行先试,为"一带一路"倡议的具体实施提供借鉴。建设这一经济走廊的有利条件是:首先传统友谊为中蒙俄经济走廊建设提供了合作基础;"丝路精神"为中蒙俄经济走廊建设提供精神动力和理念支撑;当前经济形势为中蒙俄经济走廊提供良好契机;且发展战略共性为中蒙俄经济走廊建设提供坚强动力。但也有一些不利因素,主要是:蒙古国对外经贸合作中平衡策略和俄罗斯从战略上重新重视蒙古所带来的消极影响;还有些非本地区因素也对中蒙俄经济走廊建设掣肘。

东南亚研究一栏中有2篇文章。一篇是商务部研究院研究员袁波女士的题为《2014年中国—东盟经贸合作回顾与展望》的文章。该文制表并用言简意赅的文字总结了2014年中国—东盟经贸合作的成果,分析了双方经贸合作面临的挑战和机遇,预测了2015年的发展趋势。作者使用详实数据,用严谨的逻辑分析了中国—东盟经贸合作的现状和未来,具有一定的前瞻性。另一篇是我国前驻文莱大使刘新生撰写的题为《中国企业投资东南亚的机遇与挑战》的文章。作者认为:中国与东盟关系总体平稳有序;政治互信持续增进，南海形势总体稳定；贸易规模不断扩大，经济合作更加务实。然而，中国与东盟的经贸合作还有着不少困难。如：中国东盟国家之间贸易不平衡、合作与竞争、领海主权与经济合作等仍需妥善处理；日本加大投入致使对中国与东盟投资合作形成了激烈竞争等。由于近年来我国领导人对东盟提出了许多新的合作战略与举措，另一方面2015年是东盟共同体建成的目标年，这些都将有利于东盟贸易投资环境的改善，促进与包括中国在内的对外经济合作，从而使中国—东盟经贸合作面临着难得的发展机遇。

南亚研究一栏中也有2篇文章。一篇是北京大学国际关系学院尚会鹏教授的题为《走进21世纪的亚洲两巨人》的文章。作者认为，进入21世纪中国与印度这两个亚洲巨人在发展的道路上面临许多共同或相似的问题，如发展经济、消除贫困等。两个社会在解决这些问题上都存在制度上的优势和劣势。两国传统精神文化和社会文化对于社会发展都有阻碍因素，但也具有某种塑造人类未来一种新文明的资源。另一篇是北京大学外国语学院助理研究员张元题为《中巴经济走廊：当前争论与前景思考》的文章。中巴经济走廊是一个超越地理路线的综合性概念，它代表着中巴两国在资本、技术、信息、劳动力等经济要素的跨国流动中将进行的良性互动的国内制度安排和宏观经济协调。它所承载的是十分艰巨的经济整合任务，即中巴区域经济合作。中巴经济走廊将如何促进实施国家对外经济新战略，需要加强研究，包括如何发挥其在提振巴基斯坦经济、探索亚洲区域经济合作、开展中国周边经济外交和迎接中美地缘经济挑战中的作用。

拉丁美洲研究一栏有2篇文章。一篇是美国德克萨斯大学奥斯汀分校社会学博士候选人陈禹的《巴西城市化进程》。作者在拉美地区的大背景下考察20世纪巴西的城市化进程，阐述了经济发展模式及政策导向对城市化的影响。长期以来，巴西政府对经济发展和城市化进程的干预程度较深。但是，这种干预建立在精英主义和现代化理论视角上，试图通过大型建设项目短时间改变国内的落后局面，解决城市问题。但是，无论是军事独裁时期的强力镇压，还是民粹主义政府貌似有利于劳工的政策，都没有触及城市问题的根本：贫困、社会排斥和不平等。民主化以来，巴西经济进行了结构性改革。80年代民主化运动中形成的新的制度框架强调公民权和公民政治参与，2002年后左翼政府为解决社会问题采取了不少措施，这些都为解决城市问题提供了新的可能。但这些努力如何应对来自当前经济形势的结构性挑战,值得学界和政策界关注。另一篇是北京大学历史学系教授董经胜的《1910年前墨西哥农村社会关系的变化与革命的根源——以莫雷洛斯州和奇瓦瓦州为中心》。墨西哥革命前,在中部地区,特别是莫雷洛斯州,庄园为扩大生产,利用国家政权的力量,侵吞村社土地,迫使失地农民以分成方式租种庄园土地或沦为庄园雇工维持生存。农民对庄园主和代表庄园主利益的国家政权的不满不断加剧,1910年革命爆发后,他们在萨帕塔的领导下,要求收回失去的土地和自主权。而北部地区,由于铁路的修建,促进了商品性的农牧业的发展,由原军事殖民地居民演变而来的小农场的土地不断被大庄园侵占,大庄园与小农场主的冲突激化。与此同时,由于商品性农牧业的市场不稳定,大庄园内部雇工的工作稳定性也受到威胁。1910年革命爆发后,小农场主和庄园雇工成为马德罗和比利亚领导的革命的重要力量。

妇女问题研究一栏有4篇文章。第一篇是台湾大学外国语文学系叶德兰所撰文章《由2015年联合国第59届妇女地位委员会暨非政府组织周边会议看〈北京宣言〉暨〈行动纲领〉20年后的女性行动》。文章提及2015年联合国妇女地位委员会暨非政府组织周边会议适逢《北京宣言》暨《行动纲领》二十周年纪念,有全球各地近九千名人士参加,举行了约二百场会议。从这些会议中可以看出对提高女权的问题,人们已不再只限于"女性参与""为了女性"或"关于女性",而是放到人类整体发展这样一个大范畴内去思考;乐见不少年轻女士发声,参加到提高女权这一行动中来;不少会议或论坛更加关注歧视女性或对女性施暴的根本原因,认为要改变社会文化才有可能真正推进性别平等。第二篇是韩国启明大学副教授李露利题为《〈北京行动纲领〉实施20年来韩国的主要法律进展及课题》的文章,介绍了北京行动纲领实施20年来,韩国在法制方面取得较大进步的几方面,即在提高女性地位的制度性措施、反对对女性的暴力、女性与人权等三个方面取得了成果,且以今后的发展问题为中心进行了前瞻性探讨。第三篇是香港中文大学副校长张妙清的文章《为妇女发声而设的跨界别全面方案:以性骚扰为例》。文章指出,1995年,在北京举行的第四届世界妇女大会上通过了《北京行动纲领》已20年。纲领提出了十二个行动领域,为影响妇女地位的各个领域提供介入的指引。虽然在某些领域上,很多国家妇女的地位已有所提升,但在其他领域上却仍旧滞落,因此需要跨界别、跨学科的合作行动。中国的性骚扰问题正说明了这一迫切性。应从机构政策和公众教育角度介入,以改变大众对性骚扰的态度并预防性骚扰。为此,需要一个跨界别的全面方案。文中作者还提出了自己的一些具体意见。第四篇是美国德克萨斯州立大学哲学系教授苑莉均的题为"自主与唯我论的客体化:女性主义关于色情观的多元辨析"的文章。文章分三个部分来检验两类对立的关于色情的观点和与之相关的其他论点,即自由主义和女性主义、女性主义之间的两种对峙,以及超越这些思索的阔展开的对自主、唯我论的哲学观念在性别平等和市场化的实践道德思考,提出了女性主义关怀伦理学方法论对女性主义色情纠结中平等和正义的单一解释可能是更合理的解决办法。女性主义应当扩大对色情暴力的分析,多吸收各阶层妇女的有分歧的关于色情问题的观点,建立在妇女经验基础上又超越个体的、以关怀关系为导向的道德观。这样才有助于促进对色情批评的健全辩论。

  学术著作评介一栏中有3篇文章。一篇是评论岳素兰、魏国英主编的《中国特色社会主义妇女理论研究》一书,由北京大学马克思主义学院博士研究生金梦撰写的《中国特色社会主义妇女理论研究》评介。作者认为该书从不同角度深入探讨了马克思主义性别研究的立场与方法,回顾了中国特色社会主义妇女理论形成和发展的历程,对中国特色社主义妇女理论的建构以及妇女发展的实践提出了颇具建设性的意见。该书有几个鲜明的特点:旗帜鲜明,立场坚定;回望历史,追根溯源;关注现实,注重对策;立足前沿,呼唤创新;视角多元,注重交叉。实践和理论的双重诉求使中国特色社会主义妇女理论的建构刻不容缓,而此书正是这一探索的有益尝试,它为推进中国特色社会主义妇女理论研究做出了一定的贡献。另一篇是北京大学东北亚研究所客座研究员吴康写的题为《求真求实续新篇》的文章。北京大学韩国学研究中心王小甫、徐万民、宋成有所著《中韩关系史》古、近、现代三卷本20世纪90年代出版后,2014年1月,经过补充修改,新版《中韩关系史》三卷本问世。吴康对新版《中韩关系史》三卷本进行了较为全面的评述,认为全书的学术水平又有了新的提高,为维护中韩两国关系和促进相互交流增加了正能量。第三篇是北京大学外国语学院博士生陈静怡和两位硕士生宋研若然、马学敏合作撰写的《首届姚楠翻译奖与获奖的七部东南亚译著》。文章介绍了姚楠翻译奖的由来,并对北京大学外国语学院东南亚系获奖的七部东南亚译著《琉璃宫史》《马来古典文学史》与同属于《东南亚古典文学翻译与研究》丛书系列的《〈帕罗赋〉翻译与研究》

《〈金云翘传〉翻译与研究》《〈马来纪年〉翻译与研究》《菲律宾史诗翻译与研究》和《缅甸古典小说翻译与研究》等七部译著逐一做了简要评述。

为了读者们了解北京大学亚太研究院进行的主要学术活动,照例在本辑最后刊录了北京大学亚太研究院2014年活动简报。

借此机会,我们要向不吝赐稿的诸位专家学者们,应本刊所求在百忙中拨冗对来稿匿名评审的教授、研究员们,协助本刊编辑部完成许多事务性工作的亚太研究院学术秘书张岩和相关研究生们表达感激之情;对我们编辑部的老搭档、北京大学出版社负责此刊的责任编辑胡利国先生表示由衷的谢忱。

执行主编 李 谋 吴杰伟

2015年6月30日

稿 约

《亚太研究论丛》是北京大学亚太研究院编辑出版的学术年刊。力求能集中反映国内外亚太研究领域的最新学术成果。竭诚欢迎校内外专家学者惠赐大作,现将征稿事项说明如下:

一、栏目设置(每辑视情况作适当调整)

1. 综论或专论(全球化与亚太发展、亚太与世界、区域主义、多边主义与多极化发展、其他综合性专稿)

2. 区域合作(亚太区域合作、中国与亚太区域、东盟自由贸易区、东北亚地区合作、南亚区域合作、其他次区域合作)

3. 地区与国家研究(亚太各地区或国别的政治、经济、社会、历史、民族、宗教、文化、教育、华人华侨、妇女等问题研究)

4. 青年学者论坛

5. 学术著作评述

6. 本院年度学术活动简报和综合性学术动态评述

二、要求

1. 本刊每年出版一辑,一般为每年3月底截稿,年内出版,凡3月底以后来稿,将考虑推迟至下一年度刊用。由于出版周期较长,本刊不接受时效性强的文章。

2. 本刊实行专家匿名审稿制,通过评审拟刊用的稿件,编委会将把评审中的重要意见或建议适时与作者沟通,作为作者进一步改稿参考;未能通过评审者,一律退稿。

3. 文稿字数以一万字左右为宜,来稿请通过电子邮箱发来电子版。

4. 请注重学术规范,稿件需附中文、英文的标题、关键词和内容提要。引文准确并请详细注明出处,注释一律采用脚注方式。

5. 来稿请附上中英文的关键词和内容提要。

6. 由于编辑、篇幅等诸多原因,本刊编辑对有些来稿可能做些适当删节,请作者谅解。

三、联系地址

北京大学王克桢楼 516 室 亚太研究院《亚太研究论丛》编辑部

E-mail：apri@pku.edu.cn

电　话：010-62756800